课堂深度变革丛书
丛书主编:刁伟波

课堂深度变革:新时代教学策略

车言勇　李军政　著

中国海洋大学出版社
·青岛·

图书在版编目(CIP)数据

课堂深度变革:新时代教学策略 / 车言勇,李军政
著 .-- 青岛:中国海洋大学出版社,2022. 8
ISBN 978-7-5670-3275-0

Ⅰ. ①课… Ⅱ. ①车… ②李… Ⅲ. ①课堂教学—教
学研究 Ⅳ. ① G424. 21

中国版本图书馆 CIP 数据核字(2022)第 168955 号

KETANG SHENDU BIANGE: XINSHIDAI JIAOXUE CELÜE

出版发行	中国海洋大学出版社		
社　　址	青岛市香港东路 23 号	**邮政编码**	266071
出 版 人	刘文菁		
网　　址	http://pub.ouc.edu.cn		
订购电话	0532－82032573(传真)		
责任编辑	赵孟欣	**电　　话**	0532－85901092
印　　制	青岛中苑金融安全印刷有限公司		
版　　次	2022 年 8 月第 1 版		
印　　次	2022 年 8 月第 1 次印刷		
成品尺寸	170 mm ×240 mm		
印　　张	17		
字　　数	279 千		
印　　数	1～1 000		
定　　价	59. 00 元		

在坚守初心中提升生命价值

认识言勇先生久矣。从刚毕业不久温和谦逊的初印象,到志趣相投彼此信赖的研究伙伴,时光不觉已是 20 余年。还记得 2005 年 4 月 26 日,我们俩赴济南参加《当代教育科学》通讯员会议间隙,结合我彼时刚刚出版的《基层教育研究:理论与实践》一书,就个人专业成长相互交流了很多思考和感悟。恰是这一年,他参编了《教师科研有问必答》一书,独立完成第六章《校本教研》部分。也恰是这一年,他将研究课堂教学的目光从理性思辨转向实践探索。后来,我们共同研究差异教育,共同编写学术专著,共同探索课堂改革,共同提炼教学成果……朋友圈里有句"哪有什么岁月静好,只不过有人为你负重前行"的话,恰是对言勇先生 20 多年以来矢志不渝、一以贯之、殷殷付出、砥砺担当最贴切的诠释与概括。当他邀我为《课堂深度变革:新时代教学策略》一书写篇序言时,我欣然答应。

通读书稿,我发现这本专著有三大特点。

一是富有实践理性。基层教育者出版的专著往往偏重于实践策略,即使有一定的理论阐释,也较为浅显。而这是一本有着较高学术性的研究专著。尤其是第一章,作者将诸多现代教学理论融会贯通,对"育人本位、课程立意、学习中心"三条核心理念进行具体阐释,并将其细化为 9 条基本观点、27 条指导原则和 81 条操作要求,这就在实践与理论之间架起一座桥梁,为教师提供了教学改革的理论支撑和行为阐释的科学依据。其他四章,是基于实践的理性概括,有背景分析(或问题归因),有内涵解释(或概念界定),有策略介绍(或模型呈现),很好地解答了有关课堂深度变革"为什么""是什么""怎么样"三大基本问题。

二是富有创新智慧。这本课堂改革专著虽然只有理念变革、规划编撰、目标设计、策略创新和课例研究五章，但涵盖了理论观点和实践操作两个层面，包括课前设计、课中实施和课后诊断三个阶段的操作程序、基本要求、先进技术、科学工具乃至实践模型，架构起一个相对科学完善的课堂改革新体系。第二章，研发出课程纲要、单元规划、课时方案的设计模板、评议要点，能够帮助教师解决三级课程规划撰写不规范的现实问题。第三章，详细分析了学习目标设计普遍存在的问题及其成因，将认知、情感、行为三个领域的学习目标按由低到高的等级进行三分类，使之变得易理解、易操作，并提炼出学习目标的设计程序及策略，能够帮助教师解决目标分类难、设计难的现实问题。第四章，概括出教材转化、范式转换和境脉转向三大策略群。教材转化，是将"教材"变成"学材"，将"教案"变成"学历案"，通过问题设计能够促使学生由"被动学习"变为"主动学习"、由"浅表学习"变为"深度学习"；范式转换，是通过学与教的方式变革实现课堂从"教"走向"学"的中心嬗变，通过立体板块构建、多条脉络融合、多组程序协同能够实现课堂教学从"单薄"走向"丰盈"的模型再造；境脉转向，就是通过情境场、交流场、心理场等场域营建，为学生深度学习创造适宜的优良生态，更有利于学生在真善美爱的熏陶中获得生命的尊重、学习的快乐和成长的感悟，帮助他们实现科学世界、现实世界、精神世界的交汇融合。这诸多富有创意的策略，能够为教师创造性开展课堂教学提供有益借鉴、给予深刻启迪。第五章，研发出一系列实用的观课框架及观课表，凝练出课堂透视的诊断理念、剖课析理的诊断策略和集智透析的诊断模型，从课堂重构、关键能力、深度学习等视角研制出许多具体可行的课堂评议指标，并提炼一些见解独到的课堂评议要求以及富有创意且便于操作的实践模型，有利于教师揭示教学机理，把握教学规律，对课堂教学知其然也知其所以然。

三是富有科研含量。这本专著虽然标识为2019年省级教改项目、规划课题的研究成果，但实质上是作者长期躬耕教学实践的心血凝集，是海阳10多年乃至20多年来以及烟台开发区近几年课堂改革的智慧结晶。从一页页文字、模型图示，可以看出作者对课堂改革的真知灼见和透彻理解；从一条条引注、参考文献，可以看出作者扎实的学术功底和深厚的理论素养。成功并非偶然，十年方磨一剑。没有足够的积淀，作者怎么能在如此短的时间就著成如此高质量的精品之作？

目前，言勇先生主持的这些项目都已通过了专家鉴定。这本书的价值便不再是证明项目研究的科学性和先进性,而在于深入探讨了如何在课堂落实"立德树人"根本任务的重大课题,在于为基础教育学校、教师乃至区域的新时代课堂教学提供了一套可行的、实用的、高品质的改革方案。

人的生命价值是什么? 这是我步入中年之后在深夜里常常思考的一个主题。言勇先生曾在博文中写道:"人生本无价值,是我们赋予其价值。"是的,每个生命个体日夜行走奔跑,力求活成自己理想的样子。言勇先生的奋发与成长历程也许可以成为所有依然坚守初心、潜心研究同行的一个基本参照,真心期待有更多同志者踔厉奋进,笃行不怠,在坚守初心中提升自己的生命价值,走向诗意的远方!

管锡基

2022 年 3 月

前　言

从理念到实践的深度变革

放眼世界,从"教"为中心走向"学"为中心,从"知识讲授"走向"学科育人",从"经验探索"走向"科学构建",已成为当代国际课堂教学改革的发展大势。毋庸置疑,课堂教学事关"培养什么人、怎样培养人、为谁培养人"这一教育根本性问题。就当前复杂多变的国际局势看,让课堂教学发生一场从理念到实践的深度变革,极其重要,也非常迫切。2019年6月,《中共中央　国务院关于深化教育教学改革全面提高义务教育质量的意见》文件的出台,意味着课堂教学改革真正上升为国家战略。综观全国各地,课堂教学改革正在经历从追求"高效率"到追求"高质量"的深度变革,而要实现这种深度变革就必须有相应的先进理念、实践路径、有效策略和科学技术,就必须设计出切实可行的、经得起实践检验的整体方案。

2019年3月,我们系统梳理10余年的课堂改革经验,先后申报山东省基础教育教学改革项目"学科育人价值导向的课堂教学诊断研究"和山东省教育科学"十三五"规划课题"学科育人价值导向的课堂深度变革研究",这两个项目均于7月通过立项。同年5月,我们设计了《"学科育人价值导向的课堂深度变革"研究方案》《关于深入推进全市中小学"学本"课堂建设的意见》,并印发至海阳所有中小学,就课堂深度变革展开理论研究与实践探索;10月,海阳、烟台开发区、龙口、牟平、招远等6个区市18所学校组建成"课堂深度变革"学校联盟,共同致力于课程统整、课堂重构、课堂诊断三大专题研究。2020年7月,"学科育人价值导向的课堂教学质量评价研究"立项为山东省教育学会教育评价专项重点课题;9月,《海阳市"新课堂"研究行动方案》由海阳市教育和体育局印发,"新课堂"即"新时代品质课堂",是海阳新时代品质教育的三大行动之一;11月,海阳承办了烟台市"基于学科核心素养的课堂教学改革启动暨全市首届课堂改革之旅会议",全面展现了课程统整、课堂重构、课堂诊断的研究成果,将《"学科育人价值导向的课堂深度变革"研究方案》《关于深入推进全市中小学"学本"课堂建设的意见》推介给烟台所有区市的中小学。2021年6月,《核心素养导向的深度课堂教学改革方案》由烟台市教育局开发区分局印发,9月,《核心素养导向的深度课堂教学指导意见》由烟台经济技术开发区教学研究室印发,"学科核心素养导向的区域课堂教学改革研究"立项为烟台市教育科学"十四五"规划重大项目,至此,课堂深度变革方案更加完善、更为科学、更具可操作性。

本书是课堂深度变革、课堂教学诊断等项目的研究成果,就理念变革、规划编撰、目标设计、策略创新、课例研究五个方面进行探讨,着重回答了"为什么要进行课堂深度变革""如何编撰课程规划""如何科学研制课时学习目标""如何富有创意地组织课堂教学""如何科学理性地开展课例研究"等基本问题,旨在为区域课堂教学改革的研究者、实践者提供理论支撑和技术支持,充分体现了"理念引领实践,技术助力变革"的思想主张。

第一章"理念变革:从学科教学走向课程育人",系统阐述了"育人本位、课程立意、学习中心"三大核心理念,并将每一条理念都分解成一系列简明扼要的理论观点、指导原则和操作要求,有利于教师重塑"三观"——关照生命发展的质量观、彰显学科本质的课程观、促进学习增值的教学观,以先进理念指导教学实践,让教学实践闪耀出理性之光。

第二章"规划编撰:从教学方案走向课程纲要",就课程纲要、单元规划、课时方案的撰写要求进行了具体探讨,倡导教师增强课程意识,像专家一样站在课程高度审视并整体设计教学,完成自身从课程的忠实执行者到课程的积极建设者、主动创造者的华丽蜕变,将"从学科教学走向课程育人的理念变革"转化为实实在在的行为自觉。

第三章"目标设计:从课程标准走向学习目标",先分析当前教师设计学习目标所存在的问题,再对教学目标分类理论进行简要梳理,然后结合案例介绍学习目标科学研制的一般流程及操作要点,为教师将课程标准转化为具体化的学习目标提供了实操技术,还创造性地将认知、情感、行为三个领域的学习目标进行二分类,使学习目标制定变得更为简便易行,有利于解决课程标准与课堂教学"两张皮"的现实问题,有利于教师制定出精准的学习目标。

第四章"策略创新:从经验探索走向科学研究",重点探讨"学/教什么""如何学/教""在什么情境中学/教"三大问题,倡导教师基于课程统整将"教材"转化为符合学生认知特点的"学历案",使课堂教学在结构上从"线性流程"转向"立体板块",通过问题链(或任务链)、学习链、评价链等多链条的设计,构成一个单元的整体教学活动,确保学生学科核心素养的进阶,同时要营建适合学生深度学习的情境场、交流场、心理场,实现学科育人价值的充分转化。

第五章"课例研究:从现象观察走向机理透析",重点介绍了多维立体的课堂观察框架、"课堂透析"的诊断理念和一系列课堂诊断的模型、策略及技巧,探讨了课堂评议的内涵、指标及要求,研发出诸多科学实用的诊断方式及议课模型,为教师在课例研究中从外在的现象描述到分析、揭示教学的内在机理提供了可能,有助于教师对课堂教学知其然也知其所以然。

须指出,虽然这些年来我们先后设计并组织"学本"课堂、新时代品质课堂、深度课堂等教学改革,但为了增强研究成果的普适性,在本书中并没有对这些课堂概念进行界定和阐释,也没有将深度变革的课堂样态统称为"学本"课堂、"新时代品质课堂"或"深度课堂"。

当然,课堂深度变革是一项须与时俱进、持久研究的系统工程,本书只是课堂深度变革的初步探索与思考。随着研究的推进与深化,我们将进一步完善理论观点,丰富实践案例,使本书的品质得到进一步提升,进而构建起更加科学完善的新时代教学策略体系。

在本书付梓之际,感谢项目组成员和实验学校研究团队的辛勤付出,没有他们的精诚协作和潜心实践,就不可能如此顺利地完成研究任务。感谢中国海洋大学出版社为本书提供了出版机会,使我们的研究成果能与更多的同人分享。

车言勇

2022 年 4 月

目 录

第一章　理念变革：从学科教学走向课程育人 / 001

理念变革是课堂深度变革的前提。当前的课堂变革呼唤教师坚持育人本位、课程立意、学习中心，重塑"三观"——质量观、课程观、教学观，从学科教学走向课程育人，有效促进学生发展尤其是核心素养的发展。

第二章　规划编撰：从教学方案走向课程纲要 / 049

从课时教案设计走向课程规划编撰，这是教师走向专业成熟的重要标志，也是课堂深度变革的必然要求。教师做课程规划，重要的是编撰学期课程纲要、单元学习规划、课时教学方案，从宏观上审视学科育人价值的挖掘与转化，以便更好地在课堂上落实学科核心素养。

第三章　目标设计:从课程标准走向学习目标 / 103

目标设计其最为核心的就是从课程标准走向学习目标,从"教"的立场转向"学"的立场,明确"谁来学""学什么""怎么学""在什么条件下学""学到什么程度"等基本问题,为学生学习真实而有效地发生提供方向和依据。

第四章 策略创新:从经验探索走向科学研究 /147

新时代呼唤课堂深度变革,倡导从学生学习的本质和学科课程的性质来思考教学策略的选择、组合与创新,从教材转化、范式转型、境脉转向等方面来探索课堂教学在内容结构、形式结构、时间结构上的深度变革,让每一位学生都实现学力与人格同步成长。

第五章 课例研究:从现象观察走向机理透析 /212

课例研究是以课为例的行动研究,在课堂深度变革中,倡导有主题地观课、有主张地诊课、有主见地议课,基于观察证据,把课堂"解剖"开来,进而分析、揭示乃至透析课堂教学的运行机理,在共同协商中议出内在联系、议出优质方案、议出实践理性,促进教师专业成长、课堂实践改善和学生持续发展的同步实现。

第一章

理念变革
从学科教学走向课程育人

　　理念决定行动,理念变革是课堂深度变革的前提。当前的课堂变革呼唤教师重塑"三观":育人本位,就是要求教师重塑质量观,能够坚持儿童立场,关照生命发展;课程立意,就是要求教师塑造课程观,能够统整教学内容,彰显学科本质;学习中心,就是要求教师重塑教学观,能够强调发展为本,促进学习增值。其实,重塑"三观"就是要求从学科教学走向课程育人,从注重"教"走向注重"学",真正做到"教"为"学"服务,有效促进学生发展尤其是核心素养的发展。

　　当今世界,正经历百年未有之大变局,未来社会变得越来越不确定。如何让现在的学生适应变化、赢得未来,成为一项摆在世界各国教育者面前的重大课题。早在 20 世纪末,世界各国就把课程改革作为实施人才竞争战略的重要举措,加快课程建设与教学创新的步伐,掀起了一场影响深远的"课堂革命"。

　　就我国而言,课堂变革倍受重视,已成为影响创新人才培养模式的关键因素。2017 年 10 月,党的十九大指出中国特色社会主义已经进入新时代。2018 年全国教育大会召开之后,国家出台了一系列有关新时代教育改革的重要文件。其中,中共中央、国务院在 2019 年 6 月出台的《关于深化教育教学改革全面提高义务教育质量的意见》中明确提出:"强化课堂主阵地作用,切实提高课堂教学质量。"[1] 这是我国把"课堂建设"放到国家战略的高度,要求"优化教学方式""加强教学管理",进而全面落实立德树人根本任务。可见,课堂深度变革回归育人本位,明确价值导向,有效促进学生深度学习与健康成长,切实负起"培养担当民

---

[1] 新华社. 中共中央 国务院关于深化教育教学改革全面提高义务教育质量的意见 [EB/OL]. (2019-06-23) [2019-07-08]. http://www. gov. cn/xinwen/2019-07/08/content_5407361. htm.

族复兴大任的时代新人"的神圣使命,已是时代召唤,已是国家意志。

为了给教师在理论与实践之间架起一座桥梁,本章对"育人本位、课程立意、学习中心"三大核心理念进行了详细阐释。

第一节　育人本位

教育就是使人成之为人,让每一个学生健康成长是教育的根本要求。课堂是育人的主阵地,一切目中无人、心中无爱的功利化行为,都与教育本真背道而驰。只有回归育人本位,课堂教学才能走向返璞归真的正途,高远的育人目标才能在课程实施中得以落地。课堂深度变革主张回归原点,成全生命,将目标定位从狭隘的"教书"转向全面的"育人",让每一个学生的生命得以成全,让每一个学生都成为完整意义的人。

一、完整育人:让学生成为全面发展的人

2018 年 9 月 10 日,习近平总书记在全国教育大会上指出:"培养什么人,是教育的首要问题……要在厚植爱国主义情怀上下功夫,让爱国主义精神在学生心中牢牢扎根,教育引导学生热爱和拥护中国共产党,立志听党话、跟党走,立志扎根人民、奉献国家。要在加强品德修养上下功夫,教育引导学生培育和践行社会主义核心价值观,踏踏实实修好品德,成为有大爱大德大情怀的人。要在增长知识见识上下功夫,教育引导学生珍惜学习时光,心无旁骛求知问学,增长见识,丰富学识,沿着求真理、悟道理、明事理的方向前进……"[①] 回归育人本位的课堂教学,应倡导完整育人,促进学生全面发展,尤其要在培根铸魂、育德润心、启智增慧上下功夫,引导学生争做有理想、有本领、有担当的"三有"时代新人,成为中国特色社会主义事业的合格建设者和可靠接班人。

(一)培根铸魂,让学生拥有爱国心

立德树人,是教育的根本任务和终极使命。在全国教育大会上,习近平总书记强调:"教师是人类灵魂的工程师,是人类文明的传承者,承载着传播知识、传播思想、传播真理,塑造灵魂、塑造生命、塑造新人的时代重任。"[①]2019 年 11 月,中共中央、国务院印发的《新时代爱国主义教育实施纲要》明确指出,"爱国

---

① 新华社. 习近平出席全国教育大会并发表重要讲话[EB/OL]. (2018-09-10)[2019-09-10]. http://www. gov. cn/xinwen/2018-09/10/content_5320835. htm.

主义是中华民族的民族心、民族魂,是中华民族最重要的精神财富,是中国人民和中华民族维护民族独立和民族尊严的强大精神动力",要求"充分发挥课堂教学的主渠道作用","推动爱国主义教育进课堂、进教材、进头脑",在普通中小学"将爱国主义教育内容融入语文、道德与法治、历史等学科教材编写和教育教学中"①。让爱国主义教育进课堂,培育学生的爱国心,意义重大而深远,就当前国内外形势看也非常紧迫、势在必行。

清华大学发布的《清华大学 2018 年毕业生就业质量报告》显示,该校的赴美留学生中,毕业后选择回国就业的只有约 19%,即不到两成,其他的都留在美国了。据《2019 年中国留学白皮书》显示,中国留学生毕业后选择马上回国就业,也只有 28%,也就是不到三成。② 2020 年 6 月 9 日,美国《纽约时报》发表《美国人工智能(AI)的秘密武器:中国人才》一文。文中指出,当美国国防部启动通过人工智能(AI)重塑美军技术的 Maven 项目时,依赖的是由 12 名工程师组成的谷歌团队。据知情人士透露,其中不少是中国人。保尔森研究所(Paulson Institute)旗下智库 Macro Polo 的新研究估计,享有盛誉的神经信息处理系统进展大会(AI 大会)2019 年推广的论文中,受过中国教育的研究者贡献近 1/3,比例远超其他国家。他们从人工智能顶级会议 Neur IPS 2019 上发表的 1 400 多篇论文中,随机抽取 175 篇论文的 671 位作者,对他们的工作和教育背景进行调查,发现其中近 30% 的学者在中国攻读的本科学位。但这些人中,有一半以上继续在美国学习、工作和生活。在美国 AI 领域,拥有中国本科学士学位、美国研究生博士学位的学者无疑做出巨大贡献。③

"培养什么人、怎样培养人、为谁培养人"的问题,是教育的根本问题。2018 年 5 月 2 日,习近平在北京大学师生座谈会上讲:"爱国,是人世间最深层、

---

① 新华社. 中共中央国务院印发《新时代爱国主义教育实施纲要》[EB/OL]. (2019-11-12)[2019-11-12]. http://www. gov. cn/zhengce/2019-11/12/content_5451352. htm.

② 百度. 彭胜玉:应禁止清华、北大抢高考状元 [EB/OL]. (2021-6-30)[2021-6-30]. https://baijiahao.baidu.com/s? id=1703971699288278325&wfr=spider&for=pc.

③ 环球网. 保罗•莫祖尔等,王会聪译. 美媒:美国 AI 的秘密武器 —— 中国人才)[EB/OL]. (2020-6-11)[2020-6-11]. http://news. sina. com. cn/c/2020-06-11/doc-iirczymk6351346. shtml.

最持久的情感，是一个立德之源、立功之本。"① 在世界处于百年未有之大变局的背景下，我们需要培养认同自己国家、认同中国文化的可靠接班人和合格建设者。培根铸魂，不应只是思政课的教学要求，也要成为所有学科教学的重要任务和隐性目标。

教师要主动变革课堂，自觉把社会主义核心价值观融入教学，选用适宜的课程资源，采用有效的教学手段，让学生在学知识、强能力的同时由衷地生发出爱党、爱国、爱社会主义之情，逐渐在心中萌发报国志、烙下中国印。

教师要有意识、有目的地将价值问题情境化，引导学生在分析问题、协商对策、反思实践等活动中做出价值的推理、辨别与评判，形成正确的价值观念，进而对学生进行价值观念的培养与引领。

教师要为核心价值而教，精心设计教学，通过典型案例或真实问题等形式，引发学生的价值冲突，并"帮助学生对不同价值历程进行批判性分析，使学生独立评估及判断实践的结果，拒绝负面价值观念"②，做到"教"高于"学"，对学生进行高位的价值引领。

（二）育德润心，让学生能够明是非

无论是《大学》的开篇句"大学之道，在明明德，在亲民，在止于至善"③，还是《学记》中的"教也者，长善而救失也"④，都强调教学的目的是培养人的美德。现代教育学之父赫尔巴特曾说："教学如果没有进行道德教育，只是一种没有目的的手段。"⑤ 新中国教学论学科重要奠基人王策三先生认为："所谓教学，乃是教师教、学生学的统一活动；在这个活动中，学生掌握一定的知识与技能，同时，身心获得一定的发展，形成一定的思想品德。"⑥ 可以说，古今中外的教学

---

① 人民网．习近平在北京大学师生座谈会上的讲话［EB/OL］．（2018-05-02）［2018-05-03］．http://politics．People．com．cn/n1/2018/0503/c1024-29961468．html．

② 张诗雅．深度学习中的价值观培养：理念、模式与实践［J］课程•教材•教法，2017（2）：67-73．

③ 傅佩荣．傅佩荣译解大学中庸［M］．北京：东方出版社，2012：3．

④ 高时良．学记研究［M］．北京：人民教育出版社，2006：3．

⑤ （德）赫尔巴特．普通教育学•教育学讲授纲要［M］．李其龙，译．北京：人民教育出版社，1989：221．

⑥ 王策三．教学论稿［M］．第二版．北京：人民教育出版社，2005：87．

都担负着育德教化的重任。

自20世纪末至今,我国很多教学改革实践在教学关系、教学方式和教学组织形式等方面取得突破性进展,但不可否认的是一些地区、学校仍然以培养考试成功者及其所需要的知识和认知能力为核心目标。著名教育家陶行知曾说:"真的教育是心心相印的活动,唯独从心里发出来的,才能打到心的深处。"① 在课堂教学中,教师应用智慧启迪智慧,用爱心点燃爱心,用生命润泽生命,让学生在形式多样的思维对话和情感交流中获得真正的心灵关照,实现真正的德性生成和精神成长。"如果孩子不善于去爱,他就不可能生活,不可能真正地在道德上得到发展,也就不可能逐渐进入公民生活的大世界。"② 培养毫无爱心的小市民、极端精致的利己主义者,并非教学的初衷和本意。

随着课程改革的深入推进,尤其是学科核心素养的提出,课堂教学要更好地触及学生的情意领域,更好地进入学生的道德和心灵世界。可以说,"使德育回归学科教学的核心地位并顺理成章地成为课堂教学的内在价值追求而不是学科教师额外的道德义务"③。当然,"教学育德不应该是由外而内向师生强加某种道德规范,而是师生基于实践主动生成德行品质"④。课堂深度变革,主张为核心价值而教,为德性生成而教,让教师成为道德领导者,成为学生道德生命成长的引路人。

　　教师要改革课堂教学,让学生拥有智慧的同时拥有美德和爱心,让学生掌握学科知识、提升学科能力的同时增强道德认知、道德情感、道德意志和行为的自觉性,以有效提升他们的道德品质。

　　教师要挖掘学科教学的德性要素,积极寻找教学目标的显现点、教学内容的德育融合点、教学过程的德育联系点、教学评价的德育强化点,"采用模拟剧、情境场、辩论赛等小策略进行教学,避免生硬灌输和简单说教"⑤,指引学生明辨是非。

① 江苏省陶行知研究会. 陶行知文集[M]. 南京:江苏教育出版社,2008:294.

② (苏)苏霍姆林斯基. 怎样培养真正的人[M]. 蔡汀,译. 北京:教育科学出版社,1992:120.

③ 田保华. 试论学科德育的问题与出路[J]. 课程·教材·教法,2015(7):3-11.

④ 王凯. 教学作为德性实践——价值多元背景下的思考[M]. 南京:江苏教育出版社,2009:121.

⑤ 车言勇,程蕾. 区域推进中小学学科德育的实践探索——基于山东省海阳经验[J]. 中国德育,2020(21):52-55.

教师要通过设置"两难"问题来引发学生理性的道德思考,让他们在"思考之加以判断,悟出相应的道德,作出相应的选择"[①],也要将国际国内最新的重大事件、当前社会的热点问题引入课堂,让学生利用所学知识进行深入分析,充分表达自己的看法,在真诚研讨中展开真正的道德学习。

(三)启智增慧,让学生做到真理解

启迪智慧,是教育的真谛,也是课堂教学的价值追求。在课堂教学中,教师应指导学生围绕着具有挑战性的学习任务展示深度学习,掌握学科核心知识与学科思维方法,让学生有问学之思、悟道之乐,做到对所学内容真明白、真理解。

思维是智慧之根,是心理过程中的核心要素。只有深入到思维,才能把握教学的本质。发展学生的思维能力,启发式教学无疑是最为常用的基本教学方式。早在春秋时代,孔子就提出启发式教学的原则,他说:"不愤不启,不悱不发。举一隅不以三隅反,则不复也。"[②]《学记》提出:"道而弗牵,强而弗抑,开而弗达。道而弗牵则和,强而弗抑则易,开而弗达则思。"[③] 这都强调教师应主动地通过"启"来诱发、引导和促进学生的"思",促使学生在主动思考、举一反三、触类旁通中实现知识的深度联结和智能的充分发展。

美国心理学家斯滕伯格认为,思维教学的主要目的在于"帮助教师提高学生的思维效率"。[④] 格兰特·威金斯(Grant Wiggins)和杰伊·麦克泰格(Jay McTighe)在《追求理解的教学设计》一书中指出:"理解意味着能够智慧地和有效地应用与迁移——在实际的任务和环境中,有效地运用知识和技能。"[⑤7]他们就教师的身份进行强调:"我们是培养学生用表现展示理解的能力的指导者,而不是将自己的理解告知学生的讲述者。"[⑤8] 由此可见,思维是课堂教学的重要发力点,思维对话应是师生和生生观点分享、人际交互、情感交流、智慧生发和心灵敞亮的有效策略。

---

① 刘慧,何泽龙. 学科德育:"渗透""融入"还是"体验"[J]. 中国德育,2014(3):6-9.

② 杨伯峻. 论语译注(简体字本)[M]. 北京:中华书局,2006:77.

③ 高时良. 学记研究[M]. 北京:人民教育出版社,2006:148.

④ (美)罗伯特·斯腾伯格(Rober J. Sternberg),路易斯·斯皮尔-史渥林(Louise Spear-Swerling). 思维教学:培养聪明的学习者[M]. 赵海燕,译. 北京:中国轻工业出版社,2001:3.

⑤ (美)格兰特·威金斯,杰伊·麦克泰格. 追求理解的教学设计(第二版)[M]. 第二版. 闫寒冰,译. 上海:华东师范大学出版社,2017.

当然,思维有低阶、高阶之分。"所谓高阶思维,是指发生在较高认知水平层次上的心智活动或认知能力。它在教学目标分类中表现为分析、综合、评价和创造。高阶思维是高阶能力的核心,主要指创新能力、问题求解能力、决策力和批判性思维能力。"[①]学生在学习中要做到"真理解",就必须由低阶思维发展到高阶思维,展开复杂的认知活动,对所学知识进行解构与重构,做到能解释、会运用、可迁移。

自 20 世纪 80 年代以来,我国中小学教师在启发式教学方面做了大量的实践探索,形成了诸多有效的教学方法,但不可否认的是当前中小学课堂教学仍然存在着知识零散、思维低阶、学习浅表等弊端。为深度理解而教、为高阶思维而教,让思维发生、让思维可见、让思维进阶,应是课堂深度变革的发展方向之一。

教师要把握学生思维发展规律,以激活、发展和提升学生思维为主线,引导学生对所学内容主动建构与有效迁移,"通过典型的深度活动来加工学习对象,在变式中把握本质"[②],做到举一反三、闻一知十;要设计能引发学生深入探究和深度思考的"大问题",并为学生架设适当的思维支点,促使学生情绪高涨地主动参与、积极思考,对所学内容做到真理解、会应用、能迁移。

教师要基于学生立场设计导学案、任务单、测试题等,以此引导学生进行多角度思考与进阶式练习,以恰当的方式合情合理地助推学生思维的发生、发展与转换,使他们能够对知识深度理解并实现高阶思维的发生。

教师要利用可视化工具,让学生呈现并分享自己的学习成果,在观看、倾听中汲取他人的智慧,敢于质疑和批判,勇于个性化地表达自己的见解,并善做学生思维的搅动者、催生者、助推者,引发学生思维的碰撞、观点的交锋和价值的辩论,以精准的点拨与评价来帮助学生化解思维障碍、矫正认知偏差,促使他们提升思维品质。

二、科学育人:让学生成为主动发展的人

教学是科学,也是艺术,但首先是科学,即要遵循教学规律、遵循人的身心发展规律、遵循学生的认知规律,不能盲目照搬、随意创新,更不能因为追求教学艺术而把学生视为配合自己"作秀"的演员。

---

① 钟志贤. 如何发展学习者的高阶思维能力?[J]. 远程教育杂志,2005(4):78.

② 郭华. 深度学习与课堂教学改进[J]. 基础教育课程,2019(2合):10-15.

第斯多惠指出:"教育的最高目标就是激发主动性,培养独立性。从广义上讲这是一切教育的最终目的。"[①] 让学生具有主动发展的倾向和能力,是教育改革的重要任务。中共中央、国务院印发的《关于深化教育教学改革全面提高义务教育质量的意见》就要求优化教学方式:"坚持教学相长,注重启发式、互动式、探究式教学,教师课前要指导学生做好预习,课上要讲清重点难点、知识体系,引导学生主动思考、积极提问、自主探究。"[②] 众所周知,教学方式的转变取决于思想观念的更新。"教学就是引起、维持与促进学生学习的所有行为。"[③] 要想引导学生主动思考、积极提问、自主探究,就需要将课堂由"教授的场所"转变为"学习的殿堂"。也就是说,课堂教学要从"以教为中心"走向"以学为中心",让学生真正成为学习的主人。这是科学育人的前提,也是课堂深度变革的基础。

(一)促进认知建构,实现意义生成

从建构主义学习观看,"学习是一个积极主动的建构过程,学习者不是被动地接受外在信息,而是根据先前的认知结构主动地和有选择性地知觉外在信息,建构当前的事物的意义"[④]。

"为了组织最佳的知识结构,布鲁纳提出了知识呈现方式的三条组织原则:一是适应性原则,是指学科知识结构的呈现方式必须与不同年龄学生的认知学习模式相适应;二是经济性原则,是指任何学科内容都应该按合理简约的原则进行排列,有利于学生的认知学习;三是有效性原则,是指经过简约的学科知识结构应该有利于学生的学习迁移……布鲁纳认为,学习包括着三种几乎同时发生的过程,即:新知识的获得,知识的转化,知识的评价。这三个过程实际上就是学习者主动地建构新认知结构的过程。更为重要的是,布鲁纳认为,人是主动参加获得知识的过程的,是主动对进入感官的信息进行选择、存储和应用的……掌握学科知识的基本结构对于促进学生认知发展具有重大意义。因此,

---

① (德)第斯多惠. 德国教师培养指南[M]. 袁一安,译. 北京:人民教育出版社,2001:88-89.

② 新华社. 中共中央 国务院关于深化教育教学改革全面提高义务教育质量的意见[EB/OL].(2019-06-23).[2019-07-08]. http://www. gov. cn/xinwen/2019-07/08/content_5407361. htm.

③ 田慧生,李如密. 教学论[M]. 石家庄:河北教育出版社,1996:1.

④ 顾明远,孟繁华. 国际教育新理念[M]. 海口:海南出版社,2001:277.

学习最适宜采取发现法,让学生自己去发现知识的基本结构。"①

基于此,课堂深度变革倡导教师树立整体教学观,将教学内容系统化、知识结构化、问题情境化,使学生学习在课堂上得以真实发生,让学生的学习变成一种主动建构意义的过程。

教师要选择相互关联的学科知识,让学生围绕着主题、话题、观点等展开有关学习活动,在深度理解中建构起新的知识结构。在这个过程中,由于经验的参与以及已有知识的被唤醒、被调动,学生"知识的学习就有了生长的根基,使知识转化为与学生个体有关联、能够操作和思考的内容"②,转化为具有内在联系的结构与系统,进而促使学生与知识建立起意义关联。

教师要依据适应性、经济性、有效性原则,把教材转换成适应学生学习的学材,将教材内容处理为符合学生认知逻辑的学历案,让学生循序渐进地学习,切实加快课堂教学在理念和结构上从"教"为中心向"学"为中心的转变,在目的和功能上从知识传授为主向素养培育为主转变。

教师要"整体设计学生的认知情境、学习体验和评价反思,引导他们体验新知发生发展的过程,经历知识建构的关键节点,对新知和已有知识结构、情意结构、思维结构产生联结"③。

(二)关照个体差异,促进学习共进

进入新时代,我们培养的人应是"尽最大可能地发挥自己的潜能,寻求自己的独特价值,成为具有独立、创新、自主、判断思考能力"④。但教育实践中,学生"并不是理论上抽象的个人,而是一个个具体的、活生生的人,这些'人'在个性、智力和体质等方面天然存在差异"⑤,在学习上也存在明显的个体差异,这让课堂学习变得复杂而难测,无疑对教师教学提出巨大挑战。"当今国际

---

① 胡谊. 教育心理学(第三版)[M]. 上海:华东师范大学出版社,2021:174-175.

② 周莹,刘东鑫[M]. 以核心素养为目标的单元整体教学的实践与思考——以北师版教材二年级上册"测量"单元为例[J]. 吉林省教育学院学报,2021(10):53-56.

③ 刁伟波. 课堂深度变革:学习中心、课程立意、育人本位[J]. 人民教育,2021(20):70-72.

④ 夏雪梅. 以学习为中心的课堂观察[M]. 北京:教育科学出版社,2012:前言1.

⑤ 管锡基,车言勇,邓婷. 中小学差异教育的原理精要与实践路径[J]. 中国教育学刊,2021(5):99-102.

基础教育的潮流,就是要保障每一个学生的学习权利,要有教无类,无差别教学。"①

我国很多中小学教师为了追求教学成绩最优化,往往按照学习基础、学习能力和学习成绩将学生划分为好、中、差等层次,实行分层教学。但佐藤学指出:" '分层教学'(ability grouping)在欧美各国已被视为落后于时代的教育,但在东亚国家和地区却被奉为圭臬,这是一种十分奇特的现象。……奥克斯的缜密的调查研究表明,'分层教学'对于'上位'组的一部分学生是能发挥有效的功能的,但对'上位'组的众多学生、'中位'组学生而言是无益的,对'下位'组学生是有害的。"② 即使分层教学原本设想因材施教,更好地激发学生的学习兴趣和动力,但实质上却促使学生群体产生了更大的差别,甚至使一些学生产生了好、中、差的"阶层"意识,不利于学生身心健康的发展。

为了真正关照学生差异,促进学生个别化学习与发展,华国栋、曾继耘等做了深入的理论研究,许多地区、许多学校都在积极地实践探索。烟台教科院提出"因学定教"的差异教育原理,探索出分类复式、分组合作、分散互动等教学范式。北京十一学校、上海晋元中学等学校提出为学生设计一人一张课程表,让学生找到适合自己的"跑道",实行"走班"制教学。但这些优秀学校的校长、师资、财力和社会资源都是一般学校无法比拟的,那么它们的成功经验能否大面积推广和转化?在课堂教学中,教师应重点关照学生的哪些差异?如何把学生差异转化为有效的教学资源?这些问题都值得深思与探讨。

课堂深度变革要以优化课程为前提,"尊重差异、利用差异、转化差异,把差异作为课堂教学的原动力,让不同的学习风格相互作用,让不同的思维方式彼此碰撞,让课堂焕发出强大的生命活力,促使每一个学生在相互学习、取长补短中成为最好的自己"③。

教师要研究学生差异、研究差异教学,在注重学生共性发展的同时,发现并充分利用学生间的个体差异,"给不同类型的学生提供不同的课程资

---

① 钟启泉. 课程改革:为社会公正和儿童发展而教 [J]. 上海教育科研,2013(3):5-6.

② (日)佐藤学,钟启泉. "分层教学"有效吗[J]. 全球教育展望,2010(5):3-7.

③ 刁伟波. 课堂深度变革:学习中心、课程立意、育人本位[J]. 人民教育,2021(20):70-72.

源,让他们展开不同目标、内容或任务、方式方法的学习活动"[1],获得最大限度的发展。

教师要精准分析学情,"在班级授课中针对学生的学习差异给予个别指导与个性激励,让他们采取适合的学习方式去探究并解决问题,在与文本对话、与师生对话、与自我对话的多维互动中学会欣赏他人、完善成果、反省自我"[1]。

教师要"建设学习共同体,明确每一个学生的职责与分工,让他们在自主探究、合作互助中有效处理信息,不断强化对自我、对学习的认知和体验,逐步形成问题意识、探究能力和合作精神"[1],同时让学生在异质小组中协同互助,在观点分享、思维碰撞、观念交锋中达成共识,让课堂教学因"差异"而精彩,让学生在主动完成富有挑战性的任务中实现学习增值。

(三)鼓励学生探究,激发强烈动机

苏霍姆林斯基曾说:"在人的心灵深处,都有一种根深蒂固的需要,这就是希望感到自己是一个发现者、研究者、探索者。而在儿童的精神世界中,这种需要则特别强烈。"[2] 在教学中,教师鼓励并指导学生探究,有利于激发学生强烈的学习动机和探究欲望,培养学生的自主意识、实践能力与创新精神,促进学生主动学习和自由成长。

探究教学理论的代表人物萨其曼和施瓦布"从不同角度论证了教学过程中'探究'的重要性。萨其曼主张'探究方法训练'模式,帮助学生认清事实,建立正确的科学概念,并形成假设以解释新接触到的现象或事物。施瓦布以'科学的结构'和'科学的结构是不断变化的'为前提,从理论方面揭示探究过程的本质及其特性,力图在教学中引进现代科学的成果,使学生把握学科的结构,体验作为探究的学习"[3]。实践表明:"由学生自己亲自制定获取知识的计划,能使学科内容有更强的内在联系、更容易理解,教学任务有利于激发内在动

---

[1] 刁伟波. 课堂深度变革:学习中心、课程立意、育人本位[J]. 人民教育,2021(20):70-72.

[2] (苏)B. A. 苏霍姆林斯基. 给教师的建议(修订版 全一册)[M]. 杜殿坤,编译. 北京:教育科学出版社,1984:58.

[3] 刘颖. 探究教学在中国的发展和研究综述(2002—2017)——基于核心期刊论文的计量分析[J]. 商丘师范学院学报,2018(8):85-88.

机,学生认知策略自然获得发展。"① 可以说,探究教学已是影响世界各国教育实践的强劲教学思潮。

就我国教学改革现状看,探究学习成为中小学课堂教学的主要学习方式。但在实际教学中,一些教师的探究教学形式化,对学生探究缺乏有效的指导策略,对探究时间、空间等"度"的把握不甚理想,甚至有的教师以热闹的"假探究"来"秀"课堂,为提高学科成绩而让学生"背实验"。有的地方认识到探究教学的重要性,但因忽视教情和学情,在机械照搬、强力推进中出现了"水土不服"的现象。

我们认为,探究教学有利于培养学生的探究能力和创新意识,学生通过全身心地投入探究活动,可以实现高阶思维能力和解决问题能力的发展。课堂深度变革倡导设计探究主题,让学生在探究活动中主动发展。

教师要设计大问题,激发学生个体认知的好奇心和群体参与的探究欲,引导学生进行自主探究、协作攻关,让他们在长期的探究学习中获得大发展、形成大格局,拥有强烈的探究意识、严谨的科学精神、宽广的学术视野以及博大的胸襟、宏大的抱负。

教师要倾听学生,敏锐地意识到、捕捉到学生的发展需求,通过问题设置、任务安排、活动组织等措施,给他们充足的探究时间、较大的探究空间,让他们站在课堂中央,让他们的学习真实发生,让他们全身心地投入学习,在主动思考与研讨中健康成长。

教师要善于激发学生的成就动机,引导学生高度专注地学习,探讨问题解决的多种可能性,讨论问题解决的最佳方案或有效方法,体验到挑战自我、学习成功带来的快乐。

三、全程育人:让学生成为持续发展的人

学生的生命成长并不是一蹴而就的事情,它需要经历一个较为漫长的过程。教育需要让人具有持久的发展愿望和强劲的发展能力,拥有终身受用的核心知识、关键能力、必备品格和正确价值观。因此,课堂深度变革要放长"眼量",全程育人,让学生通过系列化的主题学习,形成可持续发展的基本能力,具备适应现在和未来高品质学习、生活、工作的核心素养。

---

① 靳玉乐. 探究教学论 [M]. 重庆:西南师范大学出版社,2001:15.

(一)研究发展规律,让学生有序成长

课堂是"儿童成长"的场域,儿童成长有其自身的发展规律和法则。作为教师,首先要研究学生,研究学生发展规律,研究学生学习与发展情况,再设计并实施教学,让课堂充盈着好奇心的刺激和智慧的挑战,让学生的生命活力循着认知规律得到充分释放,最终让学生学会学习、学会自律。

学生是发展中的人。瑞士心理学家皮亚杰将人类从婴儿到青春期的认知发展分为感知运动(0~2岁)、前运算(2~7岁)、具体运算(7~11岁)和形式运算(11岁至成年)四个阶段。处在前运算阶段的儿童,其思维有单维思维、思维的不可逆性、自我中心、反映静止的知觉状态、不合逻辑的推理等特征;处在具体运算阶段的儿童,其思维有多维思维、思维的可逆性、去自我中心、反映事物的转化过程和具体逻辑推理等特征;处在形式运算阶段的儿童,其思维有假设-演绎思维、抽象思维、系统思维等特征。[①]

维果茨基认为,人类认知过程在个体和群体两种水平上可能表现出不同功能。在教学中,我们至少应确定儿童的两种发展水平:"第一种水平是儿童现有心理机能的发展水平(儿童实际的发展水平);第二种水平是在成人指导和帮助下所达到的解决问题的水平(儿童潜在的发展水平),也就是通过教学所获得的潜力。"[②] 这两种水平之间的差距就是最近发展区。他认为:"只有走在发展前面的教学才是好的。它能激发和引起处于自己发展区中成熟阶段的一系列机能。教学在发展中的最主要作用就在于此。儿童训练与动物训练的区别就在于此。"[③]

这些研究都对当前教学具有重要的启示。教师只有充分了解学生,知晓学生认知发展的机制及影响认知发展的因素,准确把握学生认知发展阶段,才能按照规律施教,确保学生学会、学好。

教师要成为"儿童专家"、成为"学习专家",准确把握学生的年龄特点、认知水平和思维类型,真正理解学生、关心学生,遵循其认知发展顺序来设计并实施有助于学生深度学习的教学活动,促使学生的学习由浅入深、由表及里、由简单走向复杂、由具体到抽象再到具体……让课堂闪耀出学习心理学的光芒。

---

① 皮连生. 学与教的心理学(第四版)[M]. 上海:华东师范大学出版社, 2006:32-35.

② 胡谊. 教育心理学:理论与实践的整合观[M]. 上海:华东师范大学出版社, 2009:36

③ 余震球. 维果茨基教育论著选[M]. 北京:人民教育出版社, 2005:248.

教师要整体考虑教学的内容安排,编写课程纲要、单元规划和课时方案,把高远的育人目标、抽象的课程标准逐步分解细化到学期、单元和课时,让学生循着身心发展规律、认知发展规律的"节拍"收获学习的成功和成长的喜悦。在教学整体规划时,既要关注学生核心知识、关键能力等显性目标的有序达成,也要关注他们道德情感、价值观念等隐性目标的持续发展。

教师要尊重科学,遵循规律,采用多样化手段,创设一种人际交往互动、思维共建共生的课堂氛围,让学生主动探究、主动合作、主动交流,在最近发展区内不断前行越进,实现关键能力、必备人格的自主性发展。

(二)探索增值评价,让学生学习进阶

学生生命成长需要循序渐进,核心素养形成是经历学习进阶、长期积淀的自然结果。就现实看,教师在课堂教学中过多地强调即时反馈、延迟检测,往往将视域局限于一个课时的收获,甚至将关注点投放在某个、某些知识点的掌握上,而很少探讨增值评价,不能从长远目标来思考学生学习的发展水平与进步程度。如果让学生清晰地"看见"这节课学习的增值,就能有效激发和增强学生的学习动机,有计划分步骤地培养学生的学力与人格。

崔允漷认为,课堂转型就是为了学生学习增值。学习所增的值有四:"第一是动力值,就是通过变革,让学生更想学。第二是方法值,通过对学习历程研究,让学生更会学。有时学生靠自己很难琢磨清楚一些事,教师就要通过自己的专业知能,为他们铺好台阶,搭好支架,引领到最近发展区。第三是知能值,就是通过课堂变革,让学生在一定的时间内学得更多、考得更好。第四是意义值,什么叫作意义?就是学习的东西不仅要考虑现在学得有用,还要考虑将来还有用。只顾眼前有用叫功利,关注未来有用叫意义。"①

研究学生学习增值评价,就应研究学习进阶,明确学生学科核心素养的阶段性发展指标,以此引导学生沿着一定的路线和层级依次提升学科核心素养,实现学习增值,实现生命增值。"学习进阶"是西方科学教育领域的一个研究热点。2005 年,美国国家理事会(NRC)的报告《建立州科学评价体系》中提出"学习进阶"可能是更好地解决评价、课程以及教学连贯性的工具的观点。国内不少学者结合本土实际开展学习进阶理论的研究与应用,取得了令人瞩目

---

① 崔允漷.让学生在课堂中的学习增值[J].江苏教育(小学教学)2018(2):17-19.(删除"数学"二字)

的阶段性成果。有学者认为，"学习进阶是学生在各学段学习同一主题概念时所遵循的连贯的、典型的学习路径的描述，一般呈现为围绕核心概念展开的一系列由简单到复杂、相互关联的概念序列"。[①] 对学习进阶，我们可以从时间、内容两个维度进行探讨。"在时间维度上，学习进阶一般需要经历一段学生成长历程的研究，而从内容维度上，学习进阶的内容核心是学生的思维（心理）结构……学习进阶的研究不仅适用于具体知识内容领域，而且适用于科学实践领域，如探究、论证和建模等……大致可以归纳提炼出一项标准的学习进阶所应该包含的要素：大观念、心理结构的进阶变量和进阶层级、学生表现（学生外显的行为表现）、评价示例（包括赋分标准等）。"[②] 因此，如果让学生学习进阶"可见"，就需要刻画学生特定心理结构的阶段性发展，尤其是要明确学生学习的各阶段发展水平等级。

从各学段的课程内容标准看，所有学科课程都存在"学习进阶"的要求。为此，课堂深度变革倡导学习进阶，清晰地确定学生学科核心素养的进阶变量、进阶水平等级以及具体行为表现，让学生素养生长，让学生进步可见，让学生生命增值。

教师要明确各个单元、学期、学年的学习评价标准，明确学科核心素养的构成要素及其水平等级，在一节又一节课堂上通过评价标准的干预、驱动来促进学生学习，引导学生不断地超越自我、体验成功。

教师要在单元教学规划中设计持续性评价任务，设计每个课时的评价任务及评价标准，指引学生经历一个较长时间的学习过程，并在完成挑战性任务后体验到学习带来的快乐。对学生的单元学习评价乃至学期学习评价，不要做横向比较，而是引导学生关注自己的学习进步幅度。

教师要注重学生学习力的培养，把更多的目光投放到学生学习动机、学习习惯和认知策略上，通过一次又一次的评价驱动，让学生学习持续增值，也让学生拥有持久的学习动力、形成顽强的学习毅力。

（三）创生课堂文化，让学生精神丰盈

教育改革，最为艰难的是文化再造与创生。当前，一方面国际形势越发错

---

① 刘晟，刘恩山．学习进阶：关注学生认知发展和生活经验[J]．教育学报，2012（2）：81-87.

② 王磊，黄鸣春．科学教育的新兴研究领域：学习进阶研究[J]．课程·教材·教法，2014（1）：112-118.

综复杂，不稳定不确定因素显著增多，外部环境正在发生深刻变化，我国的教育文化存在着诸多安全危机；另一方面我国基础教育进入高质量发展的新时代，教育文化重构已成为新时代对基础教育改革的必然要求。课堂教学作为教育活动的重要组成部分，它本来就是"文化传承""价值关联"的育人活动，必然折射着人类灿烂文化的光芒，蕴含着一定的核心价值观。从国家文化战略的高度看，重建课堂文化任务已十分紧迫，因为课堂文化所体现出的核心价值观对学生精神成长起着最深刻、最根本、最持久的影响。

余文森指出："课堂教学改革的核心与终极目标是重构课堂文化。"[①] 有效教学应当是求真、向善、立美的教学。"求真，就是引导学生追求真理，探索大千世界、人类社会真实的道理，揭开知识的奥秘，体验求知的乐趣；向善就是引导学生在求知的过程中去领悟做人的道德价值规范，自我培植心灵的纯真、善良、高尚、圣洁，进行人格的自我提升；立美，就是引导学生感受学科的美，发展学生们美感意识，并在审美感知、审美体验、审美鉴赏、审美表达的过程中，使自身的人性美得以进一步的发挥。"[②] 2019 年 3 月，习近平总书记在全国学校思想政治理论课教师座谈会指出："思政课教师，要给学生心灵埋下真善美的种子，引导学生扣好人生第一粒扣子。"[③] 追求人类的至真、至善、至美，使受教育者聪慧，使受教育者高尚，这是课堂教学的文化价值所在，也是学生建构新文化的人格基础。

我们认为，课堂深度变革不能只停留在外在形式的改进与创新，而要触及深层次的课堂文化改进、再造与创生，以此观照学生的精神成长，引导学生增强文化价值判断力，确立民族的"文化自信"，使他们在复杂多变的环境中不会迷失人生的方向。因此，课堂教学要有文化味，通过一切有效形式和手段，让文化传承，让文化融合，让文化润浸，让真善美的种子在学生心田生根发芽。

教师要研究教材、依托教材，创造性地挖掘、转化和融合中华优秀传统文化，让中国文化元素在课堂教学中得以充分体现，让学生更好地认识中国文化、理解中国文化、认同中国文化，进而增强他们作为中国人的骨气和

---

① 丁谷怡，孙双金. 重建课堂文化 [M]. 北京：教育科学出版社，2009：1.

② 高玉丽. 建设学校精神家园 [M]. 北京：方志出版社，2004：132.

③ 新华社. 习近平主持召开学校思想政治理论课教师座谈会 [EB/OL]. （2019-03-18）[2019-03-18]. http://www. gov. cn/xinwen/2019-03-18/content_5374831. htm？tdsourcetag=s_pcqq_aiomsg.

底气。

教师要细致地甄别课程资源中的文化价值，合理借鉴、吸纳、融合世界各国的优秀文化，让学生了解世界文化，从世界各国的优秀文化中汲取精神成长的力量，实现精神生命的持续成长。当然，要警惕有关西方文化等课程资源中所蕴含的不良价值观念，避免对学生思维习惯、审美情趣、思想道德以及行为方式等产生消极影响。

教师要与学生建立平等友善的师生关系，尊重学生学习的主体地位，营造轻松愉悦、和谐友爱、积极向上的学习氛围，创生出一种"以生为本、学为中心"的新型课堂文化，进而构建起充满活力、富有魅力的高品质课堂，通过形式多样、富有创意的学科学习活动，点燃学生的学习热情，启迪其智慧，润泽其心灵，让学生在理性与德性交织的光辉沐浴中健康成长。

简言之，课堂深度变革回归育人本位，就在于创新育人方式，为国家培养出更多能担当民族复兴大任的时代新人，培养出更多能够应对未来挑战的复合型人才、创新型人才。从某种意义上说，如今悄然兴起的这一场"课堂革命"关乎时代新人的培育质量，甚至关乎中华民族伟大复兴的中国梦的实现。

第二节　课程立意[①]

课堂改革是课程改革的核心。从课堂改革到课程改革是近 40 年来我国中小学教育实践的一次巨大跨越，而从课程改革再到课堂改革则是广大教师必须从理念到行为进行全面蜕变的一场深刻变革。2014 年 3 月，教育部出台的《关于全面深化课程改革落实立德树人根本任务的意见》指出："要在发挥各学科独特育人功能的基础上，充分发挥学科间综合育人功能，开展跨学科主题教育教学活动，将相关学科的教育内容有机整合，提高学生综合分析问题、解决问题能力。"[②] 实践证明，只有理解课程，秉持课程立意，站到课程高度审视教学，才能跳出"课堂"看"课堂"，通过学科课程的有效实施、有机整合，可以有效克服教师教学随意化、师生知识碎片化、学生学习浅表化等现实问题，确保课堂改革

---

① 本节内容经删减后，以"秉持课程立意的课堂深度变革"为题发表于《江苏教育研究》2021 年第 34 期。

② 中华人民共和国教育部. 教育部关于全面深化课程改革落实立德树人根本任务的意见 [EB/OL].（2014-03-30）[2014-04-08]. http://www. moe. gov. cn/srcsite/A26/jcj_kcjcgh/201404/t20140408_167226. html.

取得实质性突破。

一、聚焦素养：发掘学科的独特育人价值

现如今，我国第八次基础教育课程改革历时 20 余年，已步入从"三维目标"转向"学科核心素养"的新阶段。在 2017 年版普通高中课程标准颁布之后，教师需要"聚焦各学科课程本质，充分挖掘对学生核心素养培养的独特价值"[①]。回归学科本质，就是认清学科独有的根本属性，从学科教学走向课程育人，教给学生最有价值的东西，这已成为课堂深度变革的现实要求。

（一）聚焦育人价值，开展基于学科本质的教学

学科育人是学科教育的最终趋势，其价值"在于让学科知识的传递和人生价值观的培养相互交融，真正实现培养全面发展的人的目标"[②]。成尚荣认为，学科育人、教学育人、学科教学育人，说的都是同一个意思，不过，当下强调学科育人更为重要。他提出，学科之魂，是学科的核心价值，凝练为学科核心素养；学科之眼，实质是学科的思维方式，其基于学科特质，具有独特性；学科之法，即教给学生发现问题、提出问题、分析问题、解决问题的方法，它具有学科特质。[③]教师只有开展基于学科本质的教学，才能充分发挥本学科的独特育人价值。

"基于学科本质的教学就是基于学科思想方法的教学，而学科思想方法的核心是学科思维，所以基于学科本质的教学也就是基于学科思维的教学。"[④] 但当前，仍有少数教师不能把握学科本质，把语文上成思政课，甚至上成主题班会课；在数学课上，不是让学生经历逻辑推理的过程，而是直接告诉学生解题步骤；在物理、化学、科学课上，不让学生做实验，而是要求学生背"实验"的相关知识。当然，还有部分教师只注重教学生学科知识，而没有引导学生对学科方法、学科思想、学科观念、学科精神等"隐性内容"进行学习，就必然导致学生的学习变成一种片面的"知识"掌握，而失去学习的意义，甚至令学生丧失学习的兴趣。也就是说，有一部分教师在课堂上注重教书上的专家结论，而不是"通

---

① 刘月霞，郭华. 深度学习：走向核心素养（理论普及读本）[M]. 北京：教育科学出版社，2018：5.

② 罗海风，周达，刘坚. 以立德树人为目标　构建学科育人体系——从学科核心素养促进学科教育转型谈起[J]. 中小学教师培训，2018（9）：1-5.

③ 成尚荣. 用好统编教材　实现学科育人价值[J]. 课程·教材·教法，2018（8）：4-10.

④ 余文森. 核心素养导向的课堂教学[M]. 上海：上海教育出版社，2017：144-145.

过专家结论来建立学生的专家思维"①,忽视学生对专家思维方式的学习,忽视学生学科核心素养的培育、发展与提升。

叶澜认为:"任何一门学科的教学,都要认真分析本学科对于学生而言独特的发展价值,它除了指该学科领域所涉及的知识对学生的发展价值外,还应该包括服务于学生丰富对所处的变化着的世界的认识;为他们在这个世界中形成、实现自己的意愿,提供不同的路径和独特的视角;学习该学科发现问题的方法和思维的策略、特有的运算符号和逻辑;提供一种惟有在这个学科的学习中才可能获得的经历和体验;提升独特的学科美的发现、欣赏和表达能力。"② 我们认为,学科育人价值就是学科课程对学生学习与发展的价值。在内容维度上,它既包括单学科的独特育人价值,也包括学科间的综合育人价值;在功能维度上,它指促进学生认知、人际、自我三个领域能力与品质发展的价值;在时间维度上,它指包括课堂教学设计、实施、改进的全程活动的育人价值。

在课堂深度变革中,教师要聚焦育人价值,开展基于学科本质的教学,"让学生像科学家/文学家一样思考",让自己的课堂教学具有浓厚的"学科味"。

教师要深入分析教材,梳理知识结构,找出核心知识,设计关键问题,给学生提供提出自己在思维过程中碰到各种疑问、困难和障碍的机会,让学生把学科知识想清楚、弄明白,运用思维方法进行合乎逻辑地推导,真切地感受逻辑推理的力量和学科学习的魅力。

教师要充分挖掘育人价值,明确教学生什么最有价值,按照"学科结构"的教学方式,引导学生通过展开独立而充分的思维活动来获取学科知识,并对学科知识进行自觉的、高层次的理解和掌握,发现并概括学科知识所隐含的学科思维方法,为学习效果的迁移奠定基础。

教师要积极探索符合学科本质的学习方式,让学生深入地体会学科思维方法的运用与转化,在形成良性认知结构的同时形成学科核心素养,进而让课堂教学成为真正的精准教学。

(二)增强课程意识,开展基于课程标准的教学

余文森认为,课程意识本质上就是课程观,它是"教师对课程意义的理解、课程本质的把握,以及对课程价值的定位,从而将其内化于自我意识系统之中

---

① 刘徽. 大概念教学:素养导向的单元整体设计[M]. 北京:教育科学出版社,2022:2.

② 叶澜."新基础教育"发展性研究报告集[M]. 北京:中国轻工业出版社,2004:21.

并现实性地指导自我课程实践(包括课程设计、规划、实施等)的课程哲学。……课程意识或显或隐地规定、检视、省察着教师的教学观念和教学行为。教师有什么样的课程意识,就会形成什么样的课堂风貌和教学风格"①。在教学实践中,教师要研究课程标准,开展基于课程标准的教学。

课程标准是"教材编写、教学、评估和考试命题的依据……反映了国家对学生学习结果的统一的基本要求"②。它"引导着教学行为的改变,教学行为的改变折射出课标意识内化与外化的程度;课标意识增强了,教学行为改变了,课堂教学改革才能更加科学、更加深入;课程标准的理念、目标、要求、任务得到了较好的落实,课程改革就会在教学的内核上,朝向深处推进"③。可是课程标准的落实是一项极为艰巨的任务。崔允漷早就指出:"十年声势浩大的课程改革所表现出来的种种证据表明,新课程所倡导的先进理念得到了很大程度的认同,但先进的理念与残酷的现实之间的'两张皮'现象不是存在,而是十分严重……就课堂教学而言,新课程伊始,'课程标准'就已经替代了'教学大纲',但这种'替代'似乎没有给教学实践带来多少实质性的影响。"④

然而至今仍有很多教师不依据课程标准进行教学,甚至一些骨干教师、优秀教师也认为课程标准的作用不大,对课程标准缺少必要的研究,导致课堂教学与课程标准严重脱节。教师教学不能不落实课程标准,直接去教教材,也不能过于注重教学方法的探索甚至创新,在不顾教学基本要求的前提下去追求做一位教学艺术高超的名师乃至名家。

崔允漷认为:"基于课程标准的教学,就是教师根据课程标准对学生规定的学习结果来确定教学目标、设计评价、组织教学内容、实施教学、评价学生学习、改进教学等一系列设计和实施教学的过程。"⑤当然,它"并不是教师所认为的'课程标准涉及到的内容我就教,课程标准没有涉及到的内容我就不教',更不可能是简单地'模仿'他人教学和机械地'执行'教学程序,而是要在理解

---

① 余文森. 核心素养导向的课堂教学[M]. 上海:上海教育出版社,2017:125-126.

② 崔允漷,李锋. 基于课程标准教学的理论诉求[J]. 基础教育课程,2014(6上):43-46.

③ 成尚荣. 课程标准对教学行为改变的牵引. 课程透视[M]. 上海:华东师范大学出版社,2018.

④ 崔允漷. 基于课程标准,让教学"回家"[J]. 基础教育课程,2011(12):51-52.

⑤ 崔允漷. 课程实施的新取向:基于课程标准的教学[J]. 教育研究,2009(1):74-79+110.

课程标准的基础上,根据学生的实际情况将课程标准创造性地落实到课堂教学中。"① 其主要特征是教学目标源于课程标准、评价设计先于教学活动的设计,以及指向学生学习结果的质量。我们认为,教师只有开展基于课程标准的教学,才能站在课程高度审视教学、规划教学、反思教学,从"教教材"的课程执行者转变成"用教材育人"的课程建设者。

教师要慎重地思考学科教学与课程标准的关系,认真分析课程标准中学科核心素养的细化与落实,深入研究需要"学/教什么""怎么学/教""为什么学/教"和"学/教到什么程度"等基本问题,努力保持内容标准、教学目标与教学活动的一致性,做到学生学习、课堂评价和教师导教的一体化。

教师要依据对课程标准的分析、教材本身的特点和学生心智发展的情况来设计并开展基于课程标准的教学,至少做到以下基本要求:教学目标源于课程标准;评价设计先于教学设计;教学基于目标展开;目标、教学、评价三者对应一致;对学生进步和表现质量的判断必须反映出课程标准所列举的适当表现的特征。

教师要真正理解学生达到课程标准所具有的意义和形成的价值,实现自我教学理念乃至心智模式的转变,充分发挥教学的能动性和创造力,让自己日常的课堂教学不"脱标"也不严重"超标",成为一种自觉落实课程标准、落实学科核心素养的理性实践。

(三)关注终身发展,开展基于核心素养的教学

"核心素养是当今世界各国课程改革的风向标、主基调"②,也是我国新时代教学改革的大方向、新要求。"只有抓住学科核心素养,才能正确引领学科教育的深化改革,全面发挥学科的育人功能。"③ 可以说,课堂深度变革绝不仅仅是模式构建、方法创新、方式转变等技术层面的探索,而必须对学科本质、学科育人价值进行深刻反省与理性实践,让课堂教学坚持核心素养导向,为学生终身发展奠定基础。

中国学生发展核心素养就是"学生应具备的适应终身发展和社会发展需

---

① 崔允漷,李锋. 基于课程标准教学的理论诉求[J]. 基础教育课程,2014(6上):43-46.

② 崔允漷. 普通高中课程标准修订——聚焦立德树人,凝练学科核心素养[J]. 教育家,2018(3):26-27.

③ 余文森. 核心素养导向的课堂教学[M]. 上海:上海教育出版社,2017:43.

要的必备品格和关键能力"[1],它以培养"全面发展的人"为核心,分为文化基础、自主发展、社会参与三个方面,综合表现为人文底蕴、科学精神、学会学习、健康生活、责任担当、实践创新六大素养。2017年版普通高中课程标准凝练了学科核心素养,可以说学科核心素养是指学生通过本学科学习之后而逐步形成的关键能力、必备品格与价值观念。它是对中国学生发展核心素养的学科化,是学科育人价值的集中体现,也是学科教育的灵魂。可以说,学科核心素养联结了每一个学科与立德树人、社会主义核心价值观的实质关系,指明了每一个学科发展素质教育的方向和路径,建构了学科教育之"家"。离开了学科育人价值,学科教育改革无疑是"离家出走"。

表1.2.1 普通高中学科核心素养一览表

学科	学科核心素养
语文	语言建构与运用、思维发展与提升、审美鉴赏与创造、文化传承与理解
数学	数学抽象、逻辑推理、数学建型、直观想象、数学运算、数据分析
英语	语言能力、文化意识、思维品质、学习能力
思想政治	政治认同、科学精神、法治意识、公共参与
历史	唯物史观、时空观念、史料实证、历史解释、家国情怀
地理	人地协调观、综合思维、区域认知、地理实践力
物理	物理观念、科学思维、科学探究、科学态度与责任
化学	宏观辨识与微观探析、变化观念与平衡思想、证据推理与模型认知、科学探究与创新意识、科学态度与社会责任
生物学	生命观念、科学思维、科学探究、社会责任
信息技术	信息意识、计算思维、数字化学习与创新、信息社会责任
通用技术	技术意识、工程思维、创新设计、图样表达、物化能力
艺术	艺术感知、创意表达、审美情趣、文化理解
音乐	审美感知、艺术表现、文化理解
美术	图像认别、美术表现、审美判断、创意实践、文化理解
体育	运动能力、健康行为、体育品德
……	……

---

[1] 中华人民共和国教育部. 教育部关于全面深化课程改革落实立德树人根本任务的意见 [EB/OL]. (2014-03-30)[2014-04-08]. http//www. moe. gov. cn/srcsite/A26/jcj_kcjcgh/201404/t20140408_167226. html.

2022年3月,教育部以教材〔2022〕2号文印发了义务教育课程方案和课程标准(2022年版),要求大力推进教学改革,转变育人方式,切实提高育人质量[1]。《义务教育课程方案(2022年版)》就课程标准编制明确指出:"坚持素养导向,体现育人为本。落实党的教育方针,依据义务教育培养目标,凝练课程所要培养的核心素养,形成清晰、有序、可评的课程目标。"[2]

表 1.2.2　义务教育阶段各门课程培育的核心素养一览表

学科	核心素养
道德与法治	政治认同、道德修养、法治观念、健全人格、责任意识
语文	文化自信、语言运用、思维能力、审美创造
历史	唯物史观、时空观念、史料实证、历史解释、家国情怀
数学	会用数学的眼光观察现实世界,会用数学的思维思考现实世界,会用数学的语言表达现实世界
英语/日语/俄语	语言能力、文化意识、思维品质、学习能力
地理	人地协调观、综合思维、区域认知、地理实践力
科学	科学观念、科学思维、探究实践、态度责任
物理	物理观念、科学思维、科学探究、科学态度与责任
化学	化学观念、科学思维、科学探究与实践、科学态度与责任
生物学	生命观念、科学思维、探究实践、态度责任
信息科技	信息意识、计算思维、数字化学习与创新、信息社会责任
体育与健康	运动能力、健康行为、体育品德
艺术	审美感知、艺术表现、创意实践、文化理解
劳动	劳动观念、劳动能力、劳动习惯和品质、劳动精神

基于核心素养的教学,倡导教师指导学生展开深度学习,让他们在复杂的真实情境中,运用特定学习方式,提出问题、分析问题、解决问题,并交流和完善结论,进而形成学科观念、思维模式和探究能力,形成结构化的学科知识与技能,形成正确的世界观、人生观和价值观。有学者认为,基于核心素养的教学应

[1] 中华人民共和国教育部. 教育部关于印发义务教育课程方案和课程标准(2022年版)的通知[EB/OL]. (2022-03-25)[2022-04-08]. http://www.moe.gov.cn/srcsite/A26/s8001/202204/t20220420_619921.html.

[2] 中华人民共和国教育部. 义务教育课程方案(2022年版)[M]. 北京:北京师范大学出版社,2022:11.

实现以下五个转变:教学目标从短期目标向远景目标的转变,内容组织从碎片化知识向结构化图式的转变,学习任务由抽象知识学习向"基于问题或项目"学习的转变,对话方式由单向权威式向多向生成式的转变,学习评价从"关于学习的评价"到"为了学习的评价"的转变。[①] 我们认为,开展基于核心素养的教学,就是让教学找到"回家"的路,让教学更有"学科味"。

教师要把握学科本质,发掘所教学科的独特育人价值,促进学生在学科领域的特殊发展,确保学生学科核心素养可持续性的提升,还要促使学生的科学精神、责任担当、实践创新、健康生活等关键能力和必备品格得以发展与提升,为学生终身发展奠基。

教师要研究核心素养,明确统摄学科核心素养的大概念(big ideas,也译为大观念)、大问题、大任务,规划富有主题的单元学习活动,精心设计问题链、情境链、活动链和评价链。通过"多链并进"让学生经历一个持续而完整的学习过程,确保学生的学科核心素养得到全面而充分的发展,让学生成为一个完整的人。

教师要研究学科核心素养评价,制定学科核心素养评价的标准,探索有效的学科核心素养评价方式,把课堂教学视为一个收集学生学习评价信息的过程,把课堂教学视为一个运用评价标准驱动学生学习发展的过程。

二、再造结构:发挥课程的综合育人功能

学科课程改造,是当前课程改革的基本主题,也是课堂深度变革的前提条件。根据校情、学情,优化、改进和重组现有学科课程结构,能够开展综合化教学,更好地培育学生的核心素养。统整后的课程不仅使原有教材精简,还便于学生将"学科知识应用在生活中,了解事件的多面性并拓展知识领域"[②]。因此,要基于学科课程价值进行课程统整,为学生全面而主动发展提供适切的课程,探索大单元教学,开展跨学科主题性教学、项目化教学,进而充分发挥基础教育课程的综合育人功能。

---

① 杨玉琴,倪娟. 深度学习:指向核心素养的教学改革[J]. 当代教育科学,2017(8):43-47.

② 杜政荣. 课程统整的理念与实践[J]. 中国远程教育,2012(12):13-18+74.

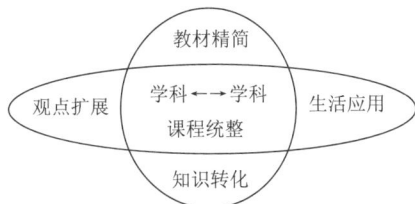

图 1.2.1　学科课程统整模型

(一)倡导学科内整合,开展大单元教学

学科核心素养的提出,不再要求教师指导学生逐个知识点地识记与理解,而是注重从知识理解到知识应用,重视知识点之间的深度联结及其运用,这就倒逼教师改革教学设计,组织大单元教学。大单元教学倡导以国家课程和教材为基础,对其中具有某种内在联系的教材内容、教材之外的教学资源等进行整体优化和系统组合。这样,教师就要站在课程高度,将学科育人的用力点从课时转向单元,从单元转向学期,整体规划、统筹安排一个学期的课堂教学,让学生学习有序推进、沿阶而上。

崔允漷认为:"确定大单元至少要考虑以下三个问题:一是研读本学期相关教材的逻辑与内容结构,厘清课程标准的相关要求,分析学生的认知准备与心理准备,利用可得到的课程资源等,按照规定的课时,确定本学期本学科的单元数。二是依据学科核心素养的相关要求,厘清本学期的大单元逻辑以及单元名称,如到底是以大任务或大项目来统率,还是以大观念或大问题来统率?按照一种逻辑还是几种不同的逻辑?三是一个单元至少要对接一个学科核心素养,依据某个核心素养的要求,结合具体的教材,按某种大任务(或观念、项目、问题)的逻辑,将相关知识或内容结构化。"[①]

可见,学科内整合是开展大单元教学的前提条件。我们认为,学科内整合之后,教师要精心组织大单元教学,依据学科核心素养,确定该单元的总体教学目标、课时数量以及相应教学任务,分课时设计完整的学历案,将单元学习置入真实情境,并给学生提供学习与反思的资源型、程序型、方法型支架,确保学生学习真正发生,提高学生高阶思维能力,促进学生心智发展与人格完善。

教师要坚持"系统设计"原则,依据课程标准对整个学期的学科教学内容进行合理规划,系统梳理学科知识体系,明确学科核心知识和教学的重点、难点,基于学科大概念,按照某种认知线索或脉络对教材内容进行改

---

① 崔允漷. 学科核心素养呼唤大单元教学设计 [J]. 上海教育科研,2019(4):1.

造,编制出适应大单元教学的学期课程纲要。这样,教师就由课程的执行者变成课程的创造者。

教师要站在学科核心思想的高度来审视、思考、分析教材,梳理一个学期相关教材的逻辑与内容结构,基于课程标准、文本研读、学生测查,确定每个单元的学习主题及目标,对原有教材内容进行适度的"增、删、调、换、改、合",使学生所学知识结构更加合理,同时要将最新的人文思想、科学技术等相关信息融入学科课程内容,使学生的"学"与时俱进。

教师要依据单元学习目标,整体设计评价任务、学习活动、作业(含学科实践)及测试题,按照学生学习认知规律设计出层层递进或有机关联的任务链(或任务群),确保学生学科核心素养得以进阶。

(二)鼓励学科间整合,开展主题性教学

就基础教育课程而言,部分学科之间存在交叉重复的现象,学科之间的知识也确实有一些相关性和相似性。如果以一门学科为载体,通过嵌入、延伸、融合等形式进行学科间的知识整合,就能为学生提供更受他们欢迎、更加适切的学习内容。教师应当在充分分析学生学习需求、课程标准、学校资源和自我教学经验的基础上,寻找各学科之间知识的"共同因子",进而确定学习主题,"将多个学科的相关内容以同一主题为中心进行整合"[①],合并同类项,力求"在目标、内容、教学、评价等方面进行系统设计,实现更高层次的融合,培养完整的人"[②]。

例如,"清华附小根据学科特点,将原有国家课程中的各学科分类整合成五个领域,即品格与社会、语言与人文、体育与健康、数学与科技、艺术与审美。品格与社会:整合品德与生活、品德与社会,共同提升学生的道德。语言与人文:整合语文与英语,强调语言类学科要以阅读带动言语的习得。突出汉语与英语的双语阅读,并加大阅读量,努力创造最宜读的书香校园。体育与健康:体育与健康学科强调出汗、安全、有趣、技能。数学与科技:整合数学、科学、信息、综合实践学科,重点体现这一类学科实践、创新等优势。艺术与审美:整合美术、音乐、书法学科,强调提高学生的审美品位"[③]。

---

① 金立文. 学科间课程整合的实践与探索[J]. 基础教育参考, 2019(24):20-21.

② 柳夕浪. 走向深度的课程整合[J]. 人民教育, 2014(4):37-40.

③ 窦桂梅,柳海民. 从主题教学到课程整合——清华附小"1+X"课程体系的建构与实施[J]. 东北师大学报(哲学社会科学版), 2014(4):163-167.

学科间课程整合的实施,主要形式是主题性教学,以明确的主题指向学生核心素养的培育。我们认为,教师可以基于学生学习与发展的需要,尝试学科间课程整合,加强不同学科间知识与方法等的相互关联和借鉴,"让学生在学习某一门学科的知识时,能合逻辑地自然关联到相近学科的相关知识或现实生活的相关事例,从而促进学生对学科知识的深入理解和整体掌握"①。

教师要坚持"量力而行"的原则,在遵循学科逻辑的前提下,以大任务、大问题为载体,拆掉学科间的那堵"墙",形成系列化、综合性的学习主题,使统整后的课程内容能更好地兼顾学科知识的整体性、关联性和学生学习发展的规律性,有利于学生减负增效,沿着系列化主题逐阶前行。

教师要坚持素养导向,推进学科变革,既正确把握学科知识的逻辑与边界,又敢于超越学科逻辑的羁绊,重新架构起更有内在逻辑联系的学科知识体系,以优良的课程结构和富有吸引力的课程内容,焕发课堂教学应有的生命活力,"使学生遭遇最小的学习阻力和最低的学习挫折,终能顺畅而成功地学习"②。

教师要基于任教学科,通过课程整合使多个学科的知识优化组合和相互融合,进而产生聚集效应,能最大限度地观照学生个体差异和促进学生个性成长,同时将学科课程建设变成"由关联性和意义性而不是由考试分数和标准而驱动的创造性过程"③,使自己摆脱机械被动、重复劳作的工作状态,走上职业幸福的康庄大道。

(三)尝试跨学科整合,开展项目化教学

课程跨界是当前世界教育发展的必然趋势,跨学科课程整合往往以项目学习的方式展开。STEM就是源于美国的一种旨在培养学生创新力的跨学科课程整合方式,即将科学(Science)、技术(Technology)、工程(Engineering)和数学(Mathematics)有机统一,让学生面对真实情境中的问题,运用跨学科的知识和方法来解决实际问题。"芬兰国家教育委员会在其2016年发布的《课程纲要》中指出,要把跨学科学习与跨学科课程放在突出位置,并明确要求自当年8月起,所有学习领域均应发展学生的跨领域素养(transversal competences),并在中

---

① 孙宽宁. 学科课程建设的边界与整合[J]. 当代教育科学,2017(4):5-8.

② 黄政杰. 课程改革的理念与实践[M]. 台北:台湾汉文书店,1997:20.

③ 徐继存. 学科课程建设的立场[J]. 当代教育科学,2017(4):3-5.

小学阶段全面推进基于现象的学习。"[1] 2019 年,中共中央、国务院出台《关于深化教育教学改革全面提高义务教育质量的意见》,要求教师"探索基于学科的课程综合化教学,开展研究型、项目化、合作式学习"[2]。

跨学科整合也称超学科统整,就是打破学科限制,基于项目或大问题而展开的课程内容整合,它往往以项目化教学的方式展开。与主题性教学相比,项目化教学不是过于注重对相关学科知识的有机整合,而是更多地关注学生的生活经验,就学习主题背后的核心概念提出驱动性问题,让学生在真实情境中将所需要的知识进行跨学科整合,进而通过实践探索形成设计方案、研究报告、创意作品等具有社会意义的产品,实现认知、社会、情感和自我调控与现实生活的无缝对接。可以说,项目化教学首先要根据实践需要有选择性建构跨学科知识体系。

项目化教学能否真正推行开来,取决于跨学科课程设计的质量好坏。就现实情况看,跨学科课程大多热闹有余而深度不足,看似学生活动机会较多,但知识掌握却并不牢固。我们认为,有能力的教师个人、教研团队可以以学科交叉内容为中心进行多学科整合,也可以以学生学习需求为中心进行跨学科整合,形成目标素养化、结构脉络化、活动任务化的新课程体系,以便有效地培养学生的创新意识、跨界思维和综合能力。

教师要坚持"跨界融通"的原则,依据师资、设备和教学场地等现实情况,聚焦学生解决复杂问题能力的培养,有效统整多个学科的相关课程内容,并确立各个学习单元,"使内容纵向上与学生的认知发展水平相衔接,横向上各板块相贯通。将学校跨学科课程分别用问题导向、情景体验和任务驱动等方式来建立符合学生认知特点和兴趣意愿的分层递进、螺旋上升、整体衔接的内容序列"[3]。

教师要推进"综合学习",积极开展跨学科主题教学活动,围绕驱动性问题,创造具有高阶思维的真实情境,"采用系统分析、问题解决、创造等高阶认知策略,从而促进学生深度地理解知识概念,实现跨越情境的成功迁

---

① 张征,陈凤菊. 是什么影响了跨学科课程质量?[J]. 上海教育,2020(11):34-36.

② 新华社. 中共中央国务院关于深化教育教学改革全面提高义务教育质量的意见[EB/OL].(2019-06-23)[2019-07-08]. http://www.gov.cn/xinwen/2019-07/08/content_5407361.htm.

③ 陈琳. 跨学科课程体系建设的学校实践模型[J]. 上海课程教学研究,2021(12):3-9.

移,在新情境中创造新知识"①,并指导学生制作一个真实作品,让他们在亲历包含知识、行动和态度等在内的学习实践中发展跨界思维、形成综合素养。

教师要倡导"以终为始"的逆向设计,在教学设计阶段将评价贯穿项目化教学的全过程,尤其要将与课程主题高度关联的核心素养或关键能力指标分布到相应的活动任务,设计出表现性评价标准及测评工具,为促进学生学科素养和综合能力的协同发展提供可能。

三、创新范式:探寻有效教学的实践路径

创新教学范式,是课堂深度变革的必由之路。在我国第八次基础教育课程改革初期,以"先学后教、当堂训练"为显著特点的教学模式倍受关注、广为传播,诸多具有鲜明特色的教学模式不断涌现。而进入基础教育高质量发展的新时代,我们必须站在课程高度审视教学,创新范式,积极探索有效教学的实践路径,确保体现国家意志的课程标准在课堂中得以实现,确保立德树人根本任务在课堂中得以落实,确保学生核心素养在课堂中得以提升。

(一)坚持以终为始,开展评价驱动教学

"最好的设计应该是'以终为始',从学习结果开始的逆向思考。"② 教师需要按照"确定预期结果、确定合适的评价证据、设计学习体验和教学"三个阶段进行逆向教学设计,通过设计评价证据将预期的学习结果具体化、标准化、可视化,让学生在课堂学习中能够清晰地知道自己达到了哪个目标。要真实做到"以终为始",就必须开展评价驱动的教学,即教师要对学与教的信息进行及时收集、反馈和解释,灵活地运用评价标准驱动学生改进学习行为和完善学习成果,促使学生学习品质的持续提升。

评价驱动的教学,就是基于目标进行以评促学的教学,"学"在"评"之前,学生的充分自学是课堂评价的前提条件,教师则根据课堂评价情况进行精准点拨与指导。"研究发现,在一个目标达成的闭合的教学回路中,评价标准至少先后三次对教学进行激拨,每一次激拨的过程就是教、学、评整合的过程。可以这么说,评价标准的产生与使用,促使教、学、评形成了一个你中有我、我中有你的

---

① 程红兵. 面向未来的课程改革[J]. 课程·教材·教学,2020(2):20-26+76.

② (美)格兰特·威金斯,杰伊·麦克泰格. 追求理解的教学设计(第二版)[M]. 闫寒冰,译. 上海:华东师范大学出版社,2017:15.

有机体，教即是学，学即是评，评即提高。"[1]就具体操作来说，评价驱动的教学是按照"商定标准→参照标准→运用标准"的程序展开的，教师在教学过程中以评价标准来持续干预和驱动学生学习，直到产生预期的学习结果。商定标准，就是教师与学生一起就教材（或其他文本）中的例子进行探究，共同提炼出具体而清晰的评价标准，为学生达成教学目标搭建脚手架；参照标准，就是参照成功表现的指标展开学习，全身心地投入以学习成果的创造上，时时依据标准来规范并改进自己的学习，做到边学边评、以评促学、学评同构；运用标准，就是在形成学习成果之后，教师组织学生展开自评和互评，引导学生运用评价标准对自己和同伴的学习成果进行质量评估，在展示、比较、争论中达成共识，明确学习成果的优劣以及改进办法，实现学习成果的内容完善与品质提升。

我们主张，坚持"以终为始"的理念，研究逆向教学设计，开展评价驱动的教学，使学生学习经历一个由认知建构、能力迁移、成果提升构成的自我认知、自我激励、自我促进的完整过程。

教师要与学生基于案例分析，共同商定学习评价标准，进而能够让学生清晰地知道预期的学习结果及相应的评价标准、评价证据，准确地知道自己在课堂学习进程中所处的位置以及所达到的程度，确保他们更好地达成既定的学习目标。

教师要通过评价标准的多次介入和干预，以收集、反馈学生学习信息的方式来驱动"学"与调控"教"的活动，进而引发、促进和完善学生学习，同时执行、调节和改进自己的助学行为，真正实现"学、评、教"一体化。须指出，与"教、学、评"一体化相比，"学、评、教"一体化是从教学实施的视角强调"学"在"教"前，即突出学习中心，基于学情而教；"评"在中间，即强调评价驱动，要求评价贯穿学习的全过程；"教"在"学"和"评"之后，即倡导依学施教、顺学而导，基于评价进行精准教学。

教师要精心设计和有效组织评价驱动的教学，促使学生学习循序渐进、步步深入，由低阶认知层次逐步达到高阶认知层次，实现学习目标，实现在动力值（想学）、方法值（会学）、数量值（学会）和意义值（学好）四个方面的学习增值。

（二）追求理解为先，开展思维对话教学

---

[1] 卢臻. 教-学-评一体化教学策略与实践[M]. 郑州:河南科学技术出版社，2017:123.

　　理解在学生学习中具有重要作用,它是学生知识应用、能力迁移以及鉴赏评价、综合创造的基础。格兰特•威金斯将"理解"分为六个层级:解释说明、阐释意义、迁移应用、形成观点、有同理心、自知之明。他提出了著名的"为理解而教"①的理念。而让学生能够真正达到"理解"的预期目标,则需要在课堂上展开多维度、多形式、多类型的思维对话,展开融入了情感、智慧和德性要素的思维对话,因为"教学的本质是思维对话"②。学生经由基于课程所展开的与文本、与他人、与自我的思维对话,对人、事、物理解更加深刻,就能体验知识的生成过程,将知识转化为智慧,生发积极的情感体验,形成基本的道德素养,实现自我生命意义的重新发现与生命价值的持续提升。

　　管锡基认为,思维对话主要包括师生与课程、师生之间、师生自我三种对话过程。其一,师生与课程的思维对话,包括教师与课程、学生与课程两种形式。教师与课程的思维对话是教师和课程文本的视界融合过程,其关注点有三,即学科课程标准、学科教材和其他课程素材。学生与课程的思维对话,是指学生对课程文本的把握与理解,实际上就是学生用自己的"前理解"去体验和建构文本意义世界的过程。其二,师生间的思维对话,主要表现为教师与学生、学生与学生两种形式。师生间的思维对话是指师生之间蕴涵着教育性的相互倾听与言说,它要更多地指向精神的沟通和心灵的敞亮,既充分发挥教师指导者的作用,又使学生享有充分言说的机会和权利,进而培养师生的生成性思维。生生间的思维对话,主要指学生之间就某一共同话题展开的讨论与交流,重在促进学生之间的思维碰撞与智慧提升,同时让学生学会欣赏、理解和尊重他人,学会与他人分享成果,学会与他人沟通与合作。其三,师生自我的思维对话,表现为教师与自我、学生与自我的两种形式。它是指现在的"我"与过去的"我",现实的"我"与理想的"我","此我"与"彼我"间的思维对话,实质上就是师生个体对自我的反思性理解,对自我过去所积淀的经验、思想等进行的探究和合理性追问。③

　　我们主张,思维对话是教学的本质,追求理解为先,展开与世界(指课程等)、与他人、与自我的高质量思维对话,能让课堂生活充满生机与活力,能让学

① 崔允漷. 指向深度学习的学历案 [J]. 人民教育, 2017(20):43-48.

② 徐建敏. 教学的本质是思维对话 [J]. 中国教育学刊, 2009(6):42-43.

③ 管锡基. 和谐高效思维对话——新课堂教学的理论研究 [M]. 北京:教育科学出版社, 2009:89-92.

生在多维对话中实现对所学知识的深度理解以及自我生命意义和价值的深刻
认识与有效提升。

　　教师要精心设计大问题(或主问题、核心问题)和问题链,指导学生在
多声对话、相互应答中展开高阶思维活动,在彼此倾听、相互接纳中生发新
的思考,产生超越自我和他人见解的新观点,在课堂上经历一次激荡心灵
的思维探究发现之旅。

　　教师要让学生基于主题(或问题、话题)展开形式多样的思维对话,将
学习变成"是建构客观世界意义的活动,是探索与塑造自我的活动,是编
织自己同他人关系的活动"①,进而深刻地理解世界、理解他人、理解自我,
实现思维共振和情感共鸣。同时,这种多维互动的思维对话也给学生带来
心智成熟和人格成长。

　　教师要营造一个有利于师生敞开心扉、平等对话的交流场,指导学生
在交互表现中建构意义,学会沟通与表达,学会尊重与包容,学会共处与协
作,学会理性批判与达成共识,同时,给学生提供有助于深度理解的工具和
技巧,使学生真正做到能解释、能应用、能迁移。

(三)强调素养为重,开展单元整体教学

　　钟启泉认为,单元设计是撬动课堂转型的一个支点,"这是因为单元不是
碎片化教学内容的堆砌,而是对知识的一种有机的、模块式的组构"②。崔允漷
强调:"指向学科核心素养的大单元设计是学科教育落实立德树人、发展素质教
育、深化课程改革的必然要求,也是学科核心素养落地的关键路径。"③ 因为,只
有当学生经历一个"整体-部分-再整体"或者"具体-抽象-再具体"的完整
学习过程时,才能实现一种有意义的深度学习,才能实现核心素养的目标。可
以说,核心素养时代赋予单元整体教学以新的内涵和使命。

　　对于单元整体教学,我们可以从三种理论视角进行探讨。

　　一是从教育技术学角度看,单元教学设计强调"三设问",即到哪去(目
标)、到了没(评价)、怎么去(学习)。这样,目标、评价和学习三位一体,成为单
元设计最重要的指标。从"三设问"可引申出单元设计的"三重心",即目标设

---

① (日)佐藤学. 学习的快乐——走向对话[M]. 钟启泉,译. 北京:教育科学出版社,
2004:38.

② 钟启泉. 学会单元设计[J]. 新教育,2017(14):1.

③ 崔允漷. 学科核心素养呼唤大单元教学设计[J]. 上海教育科研,2019(4):1.

计(明晰教学目标)、评价设计(有效反馈信息)和学习设计(聚焦知识建构)[1]。因此,教师往往采用"目标-达成-评价"的方式来设计单元教学。

二是从建构主义学习理论看,单元学习应具有情境性、主体性、对话性和深度性[2],"强调单元学习下学生的学习是建构自己知识的过程,而这种建构需要通过学习共同体的合作互动、基于真实的情境和问题来完成"[3]。因此,教师往往采用"主题-探究-表达"的方式进行单元设计。

三是从认知主义学习理论看,单元设计强调指向深度学习,通常追求"三高":"高投入强调学生自我的探究;高认知强调培养学生的高阶思维能力,掌握学科的核心知识,理解学科的本质,进而改变认知结构;高表现强调把知识应用到解决问题的实践中去。"[3]因此,教师在单元设计时强调转化核心知识、提供高阶思维和创设问题解决的探究性学习活动。

我们认为,基于核心素养的单元设计是一线教师的基本功。强调素养为重,开展单元整体教学势在必行。

教师要精心研究课程标准,系统梳理教材,整体规划单元、课时的学习目标、评价和教学,灵活地采用"目标-达成-评价"和"主题-探究-表达"方式,甚至将两种方式相融合,通过目标导向、问题探究、思维对话和学习成就测评等策略,培养学生的核心素养尤其是学科核心素养。

教师应当基于学情调研和教材分析,将学科核心素养细化,确定学习主题和学科"大概念",提炼有意义的学习内容,创设真实的问题情境,组织学生自主探究,让学生在充分表达中加深对学习成果的理解,形成相应的批判思维能力、交流沟通能力和学科关键能力。

教研团队要对单元整体教学进行实践尝试,敢于打破学科教材原有单元的内容结构,研制校本化、班本化、生本化的单元课程纲要或单元学习规划,并研发出一整套的学历案,帮助学生实现从"学会"到"会学"、从"掌握知识"到"提升素养"的"学习革命"。

秉持课程立意,站到课程高度进行教学,就要求教师不再做只知道"教教

① 钟启泉. 单元设计:撬动课堂转型的一个支点[J]. 教育发展研究,2015(24):1-5.

② 熊梅,李洪修. 发展学科核心素养:单元学习的价值、特征和策略[J]. 课程·教材·教法,2020(12):88-93.

③ 邵朝友,杨宇凡. 回顾与反思:近十年我国单元教学设计述评[J]. 现代教育论坛,2020(4):59-68.

材"的教书匠,而是像"课程专家"一样研究课程、研究课堂,把课程标准、核心素养落实到课堂中,让学生按照既定的学习目标循序渐进地实现自身的学习增值乃至生命成长。这样,教师才能实现由"经验型"到"研究型"的华丽蜕变,成为一名真正的"专业"教师,进而课堂深度变革才能拥有良好的师资基础。

第三节 学习中心

就近30年来国内外教学改革的形势看,课堂教学无论在理念上还是在结构上,都由"教为中心"朝着"学为中心"转变。钟启泉在《课堂革命》一书的引言中指出:"从'教'的课堂转为'学'的课堂,保障每一个学生挑战高水准学习的机会,是新时代中小学教师面临的挑战。"① 成尚荣也指出:"课堂教学改革要坚持以学生的学习为核心,推动课堂的根本性变革。"② 教是为了不教,让学生学会学习是当今时代教育的初心和本意。坚持学习中心,构建"学本"课堂,构建新时代高品质课堂,培养自主、能动、自律的学习者,这是课堂深度变革的必然选择。

一、转变重心,"教"要让位于"学"

从"教"走向"学",课堂改革的重心转变揭示了回归初心、回归本质是教学应有之义。毋庸置疑,"教"不可能替代"学","教了"也不等于"学会了",所有"满堂讲""满堂问"的行为都违背了教学规律。在教学实践中,教师要坚持"因学定教、顺学而教、以学评教"的原则,主动地把"教室"变"学堂",切实做到"教"让位于"学"。唯有如此,课堂教学才能发生真正意义上的颠覆性变革,名副其实的"课堂革命"也就随之兴起、不断壮大。

(一)坚持"因学定教",让"教"适切"学"

奥苏贝尔说:"假如让我把全部教育心理学仅仅归结为一条原理的话,那么我将一言以蔽之曰:影响学习的唯一最重要的因素,就是学习者已经知道了什么。要探明这一点,并据此进行教学。"③ 这句话的实质是基于学情而教,直指"因学定教"的要义。所谓"因学定教",即依据学情来确定教的起点、活动和策

---

① 钟启泉. 课堂革命[M]. 南京:江苏人民出版社,2017:3.

② 成尚荣. 课堂教学改革的坚守与走向[J]. 基础教育课程,2013(9):39-42.

③ (美)奥苏贝尔,等. 教育心理学——认知观点[M]. 佘星南,等,译. 北京:人民教育出版社,1994,扉页.

略。可以说,脱离"学"而孤立地研究"教","教"就会与"学"产生一定的"缝隙"。测查并分析学情,是教师必须掌握的一项基本技能。教师深入分析学生的学习需要、认知水平、性格特点乃至家庭背景等等,确定适切的学习目标,设计符合学情的教学活动和指导策略,就能让学生学有所思、思有所获。这样,"教"适切"学",并不是为了教得更加顺畅,而是为了更好地让学习真实发生、更好地促进学生发展,以学习为中心的教学理念由此得以转化为教师自觉的行为。

在新时代,"因学定教"有着更加丰富而深刻的意蕴。"从教育的根本价值诉求看,因学定教是一种博大的教育情怀。教育应而且必须对每一个生命抱有善意、关怀、宽容和敬畏,并持续为每一个生命的终身、全面、主动、健康发展负责……从教育的核心构成要素看,因学定教是一个普遍的教育原则。全面了解学生永远是教育的首要前提,教师必须在深刻把握每一个学生共性与个性的基础上因材施教。教师只有始终保有对教育的好奇之心,并愿意探究每一个学生成长的奥秘,才能在与每一个学生共享成长的独特历程中,永葆教育本身和教师自我的生命活力……从教育的基本组织方式看,因学定教是一条现实的教学策略。教育的终极目标是帮助学生成为自主、自律的学习者。课程实施应该以让学生学会学习为旨归,判断教师教学成效的主要标准是学生是否在自己的最近发展区获得了各种关键能力的有效提升。"[①]

因此,我们主张,把"因学定教"作为一种教育信念贯彻落实到课堂深度变革中。就实际操作而言,"因学定教"更强调教学决策,以便让"教"适切"学",让学生得到充分而自主的发展。

教师要一视同仁地对待所有学生,准确把握"教"的起点,精心设计教学方案,灵活地选择教学内容和策略,能够为学生获取知识、理解概念和解决问题提供可自行选择的不同途径,引发并促进学生差异化学习,从而使每一个学生的学习更有效,确保每一个学生都得到尽可能的发展、进步和提升。

教师要坚持以学情为主导,细致分析学生的学习基础、认知方式、性格特点等情况,按照认知风格将学生划分为不同类型,采用有针对性的教学策略和方式进行分类指导,并提供形式多样的辅助支架,让每一类学生都

---

① 管锡基,车言勇,邓婷. 中小学差异教育的原理精要与实践路径[J]. 中国教育学刊,
2021(5):99-102.

能以适合自己的方式展开完整且有深度的学习,确保每一个学生都"在学习""真学习"。

教师要在编制单元规划、课时方案时预先评估学生差异,"把差距分析集中在概念、思维技能以及学生学习展示类型上……在学生分组、教学方法和学习方法方面创造差异化教学的机会"[①],对每一个学生都给予相应的关照,为每一个学生提供充分发展的机会,确保每一个学生能够主动而富有挑战性地学习。

(二)坚持"顺学而教",让"教"匹配"学"

教学艺术的关键就在于关注学情、顺应学情,并依据学情变化而灵活施教——"顺学而教",这是判定一位教师是否成长为专家型教师的重要标志,也是对所有教师智慧导学相关要求的高度凝练。

所谓"顺学而教",即根据学生学习现场的真实表现而调整教的内容、时机、方式和进度、难度等。这就意味着教师要创设适宜的情境让学生能动地学,并依据学生的学习表现、顺应学生的学习进展而展开有针对性地导教活动,帮助、引导、促使学生解决他们遇到的困难或发现的问题。当然,教师也不能为了赶教学进度而一味地提问优生,以优生的回答来替代中等生、后进生的思考;不能因学生遇到思维的障碍,就立即"叫停学",以自己的讲解替代学生的思考;不能在学生学习过程中不时地"干扰学",随意地做出"必要"的提示、"善意"的提醒和"及时"的点拨。

理性地审视"顺学而教",我们会发现,它深刻地揭示了教与学的关系。首先,它强调学的自主性,倡导"先学后教"。学生具有一定的自主学习能力,能够根据相关要求和个人意愿展开独立自主的能动学习。其次,它强调教的针对性,倡导"教在学后"。教师先观察、分析和判断学生的学习情况,再采用富有针对性的措施,促进学生学习,引导学生深入探究问题,展示成果,反思收获,进而培养学生的自学能力。对于学生不能独立解决的问题,则启发、引导和组织学生共同解决,进而发挥教师的主导作用。第三,它强调教的灵活性,倡导"依学施教"。学生在课堂现场的表现是丰富多样的,往往会有各种即兴创作和自由发挥,甚至会出现超越预定目标的精彩表现,教师要依据瞬息多变的学情做

---

① (美)格利·格雷戈里,等. 差异化教学[J]. 赵丽琴,译. 上海:华东师范大学出版社,2015:74.

出正确的教学决策，并采取合理而匹配的指导方式。这对教师来说无疑是一种挑战行为。也正是因为这样，每一节课都成为不可重复的激情与智慧共生共长的生命历程。

因此，我们主张，"顺学而教"，让"教"更加匹配"学"，以恰当的教学策略、方法和手段等，让学生的学习向纵深推进，学得更有序、更有效、更有意义。

教师要在课堂现场中敏锐地捕捉学情，审时度势地调整教学方案，引发、维持并助推学生的学习活动，在必要时提供相应的思维支架和学习工具，让学生在自主探究、合作讨论、交流展示、评价反思中完成学习任务，实现核心知识的掌握和关键能力的提升。

教师要基于学情对学生学习进行预判，快速地思考"教"如何顺应"学"、如何匹配"学"、如何促进"学"，并做出正确的教学决策，在"学"确需帮助时给予必要的点拨、指导或讲解，甚至变换学习材料、活动分组和成果展示方式，促使学生在情思互促、情思交融中实现学习增值。

教师要借助观察技巧、信息技术等手段来把握学情、诊断学情，"评估学生已经学会了什么、有什么兴趣、是否能提供多种呈现知识的方式"[①]，并基于学情对学生进行精准指导、精准评价、精准反馈，确保每一类学生、每一个学生都得到全面而充分的发展。

（三）坚持"以学评教"，让"教"促进"学"

由"教"走向"学"，是教育的深刻变革，是课堂转型的根本标志，这必然引发课堂教学评价的转变——从"以教评教""以教评学"到"以学评教"。"以教评教"，其基本假设是教师教得好那么其课堂教学就好；"以教评学"，其基本假设是教师教得好那么学生就学得好。随着课程改革的深入推行，中小学课堂教学形态正在快速地由以教师讲授为中心转向以学生学习为中心。以学习为中心的课堂教学关注学生多方面素质发展，尤其是致力学生核心素养的培育和提升。这要求"以学评教"。

所谓"以学评教"，是以学生在课堂的学习行为、实际状态以及学习结果来评价教师导教活动的成效。其目的不在于评判教师教学水平的高低和课堂教学的优劣，而在于促进教师反思自己的导教行为对学生学习所起到的作用。我

---

① （美）凯·M. 普赖斯，卡娜·L. 纳尔逊. 有效教学设计：帮助每个学生都获得成功（第四版）[M]. 北京：中国人民大学出版社，2016：37.

们可以从知识学习、认知活动和学习成效三个维度来探讨"以学评教"。

首先,从知识学习维度看,学生在课堂上需要快速地吸收、掌握和转化新知,教师要指导学生怎样学得更好并培养他们的学力。那么,教师不仅要让学生掌握学科核心知识,还要指引他们学习相应的程序知识、策略知识和元认知知识。

其次,从认知活动维度看,学生要对信息进行识别、理解、保持和提取,经历一个感觉信息、建构意义、理解意义的完整过程。教师要采取合理教学组织形式,让学生采用自学、讨论、合作、展示等方式展开学习活动,助推学生积极主动地建构知识、提升学力。

最后,从学习效果维度看,学生通过学习能在认知领域、人际领域和个人领域得到全面发展,具体来说,学生在认知领域会形成并发展掌握核心学科知识的能力、批判性思维和解决复杂问题的能力,在人际领域会形成并发展团队协作能力和有效沟通能力,在个人领域会增强学会学习能力和坚韧的学习信念[1]。教师要组织形式多样的思维对话活动,引发和促进学生的深度学习,实现各种关键能力的发展甚至全面发展。

因此,我们主张,从学生"学"的立场来全面反思、审视教师导教行为所引起和促成学生学习的好坏。在课堂中,教师的"教"直接作用于学生的"学",如果学生学习行为的表现、状态和最终产生的效果都明显发生向好的变化,那么"教"就促进了"学";如果学生学习行为缺少针对性、能动性、多样性和选择性,即没有在原有基础上得到发展、进步和提高,那么"教"对于"学"就缺少了有效性。

教师要将评价课堂教学优劣的视角由"教"转向"学",从关注课堂结构是否完整、教学内容是否全面、教学活动是否具体等方面,转向关注学生学习的态度动机、行为表现、情感体验和具体成效等维度,进而思考如何提升教学的合理性、科学性、有效性等。

教师要时常理性地反思自己的教学,依据对学生学习行为的观察证据和当堂检测分析报告,调整和优化课堂教学的设计方案与实施策略,在后续教学挖掘师生双方的潜在能力,实现更加有效的师生合作互动,进而与学生共同度过一段破除思维束缚、挑战认知边界的学习历程。

---

① 卜彩丽、冯晓晓、张宝辉. 深度学习的概念、策略、效果及启示——美国深度学习项目(SDL)解读与分析[J]. 远程教育杂志,2016(5):75-82.

教师要在课例研究中坚持"以学评教"，基于学生的课堂表现及学习结果对同事的教学展开诊断与评议，着重分析学生的活动参与度、思维深刻度和目标达成度等相关内容，探讨同事教学理念的先进性、方案设计的合理性、教学行为的科学性和教学活动的有效性，并提出合理化建议，以便使"教"能够更好地促进学生的"学"。

二、重建关系，"教"要服务于"学"

人是具有学习的天性和巨大学习潜能的。从一定意义上说，坚持学习中心，让"教"服务于"学"，并不是课堂改革的原创性发现，而是对课堂教学的正本清源。因此，教师需要厘清"教"与"学"的主次关系，不再基于"教什么、怎么教"的问题来思考教学活动设计的逻辑，而是以学生学习为主线来贯穿课堂教学活动的始终，让学生学习成为教学活动的中心。

（一）研究"学"的逻辑，从"教程"设计走向"学程"设计

从"教"走向"学"，就需要教师从研究"教程"转向研究"学程"，甚至变"教程"为"学程"。"教程"是根据教师的教学需要来确定的教学内容和时间安排，而"学程"则是学生在教师指导下确定的学习内容和时间安排。当学生的学习起点和终点各不相同时，无论是"分层教学"还是"走班教学"都无法满足学生的学习需求，那么我们就必须为学生量身定制"学程"，让学生独立自主、能动自律地学习。让每个学生都拥有一张属于自己的学程表，虽然这种理想的教学对于大多数学校而言还有非常遥远的距离，但研究"学"的逻辑已势在必行，让课堂教学活动按照学生的认知特点展开。中学段应在"走班教学"的基础上为学生设置相应的"学程"，让学生拥有更多的时间自主研修适合自身的学习内容，为学生的差异化学习与发展创造条件，让学生能预见最好的自己。

"学程"，从广义上可以理解为学的课程及其过程，狭义上指学生的学习过程。我们认为，"学程"设计既要规划学的课程，以解决"学什么更好"的问题，也要设计学的过程，以解决"怎么学更好"的问题。"学程"设计需要以知识结构化为前提，科学合理地规划学生学习的内容及过程。就学习内容看，应将教材知识转化成一个单元与单元、课时与课时彼此高度关联的良性知识结构体系，能描绘出学生相应核心素养的发展要素，并呈现出层阶递进的基本特点。"就完整的学习过程看，教师需要系统考虑学习者（哪些人学习），学习基础（学

习有什么条件和困难),学习方式、策略、路径(怎么学),学习时间(何时学、学多久),学习空间(在哪里学)、学习内容(学什么),学习目标(学到什么程度),学习评价(学得怎么样),学习反思与调整(怎么学得更好)等一系列问题,整体把握学生学习的方向、路径和状态"[1],并尽可能找准学习过程中达成素养提升的节点,将一系列节点转化成为学生素养发展的一个又一个台阶,既有效掌握学生学习的节奏,又确保他们学习能够持续不断地进步与提升。

因此,我们主张,教学要遵循"学"的逻辑,教师应将教学研究的重点从"教程"设计转向"学程"设计,为学生学科核心素养进阶设计出适宜"学"的课程内容及符合学生认知逻辑的学习过程。

教师要遵循学生的认知规律,基于主题、话题等对教材原有内容适度调整、补充和增删,通过设计学期课程纲要、单元学习规划、课时学习任务单(或学历案)等,使所学知识内容结构化,并且更符合学生学习的内在发生机制。

教师要设计单元学习任务群、课时学习活动链,以使学生历经多轮次的"学习理解→应用实践→迁移创新"(或"理解掌握→迁移应用→批判创造")等循环式学习活动,完成从学科知识到学科能力、学科素养的转化,并沿着"知识→见识→智慧"路径实现学科核心素养的进阶。

教师要整体设计学生的认知情境、学习体验和评价反思,引导学生经历知识建构的关键节点,将新知与已知、将知识学习与生活经验有机关联,在教学过程中适时点拨引导、评价激励和组织学习反思,触及学生的心灵深处,促使他们实现生命成长。

(二)研究"学"的思路,从"教案"设计走向"学历案"设计

随着对教学专业认识的不断提高和深化,人们对教学方案的关注点开始发生深刻转变。"从专业即服务于他人的属性看,教学方案必须从起初关注'教什么'的内容立场,转到关注'怎么教'的教师立场,进而走向关注'学生学会什么'的学生立场。"[2]

依据学习中心教学论观点看,教学活动的实质性线路就是学生学习发生与

---

① 曹海永."学程"设计:离不开技术、动态和情意和观照[J]. 人民教育,2020(11):61-64.

② 崔允漷. 指向深度学习的学历案[J]. 人民教育,2017(20):43-48.

发展的脉络。这样，教师在设计教学方案时就不能一味地研究"教"的思路，而需要研究"学"的思路，要变"教案"为"学案""学历案"。"教案"是教师为自己开展教学活动而设计的课时教学方案，"学案"是教师为学生自学所编制的方案。这一概念最早由海阳一中梁希厚于 1989 年提出，梁希厚指出："我们的实践证明，把学案作为组织教学的首先和首要一环，非常有利于把教学真正扭转到'教为主导、学为主体'的轨道上来。"[①] 而"学历案"由浙江省宁波市东恩中学冯雪青老师于 2014 年提出[②]。崔允漷认为，"学历案"就是"关于学习经历或过程的方案"[③]，"是指教师在班级教学的背景下，为了便于儿童自主或社会建构经验，围绕某一相对独立的学习单位，对学生学习过程进行专业化预设的方案。"[④] 编制"学案""学历案"，需要教师基于学情将教材内容转化学习内容，形成物化的学习方案，这就为学生自主学习、主动发展提供一种有效的媒介，也由此搭建起"教"为"学"服务的桥梁。

目前，学历案颇受教师青睐。它能"记录着每一个学生学习过程的表现，因此是一种学习的认知地图，是可重复使用的学习档案，是师生、生生、师师互动的载体，也是学业质量监测的依据。"[⑤] 可以说，"学历案"是学生立场的教案革命。

有人认为，关注教的方案是教案，关注学的方案是学案，关注学习过程的方案是学历案。我们认为，"学案"与"学历案"都是由教师为学生学习所设计的专业方案，都关注"学什么""怎么学""学到什么程度"等基本问题，都注重学习过程的设计，强调对核心问题的设计。相对而言，"学案"由学习目标、学法指导、同步练习、自我测评等要素构成，更注重对学科知识的理解与掌握，而一份完整的"学历案"则由学习主题和课时、学习目标、评价任务、学习过程（学法建议、课前预习、课中学习）、检测与练习、学后反思 6 个要素构成，更注重学生学力的培养与提升。无论是"学案"还是"学历案"，教师都要立足"学"的思

---

① 梁希厚. 学案概说[J]. 中学语文，1989（10）：15-19.

② 冯雪青. 以学定教，还语文教学以本真——《吆喝》教后的反思与改变[J]. 散文百家（新语文活页），2014（5）：52-53.

③ 崔允漷. 学历案：学生立场的教案变革[J]. 中国教育报，2016-6-9.

④ 崔允漷. 指向深度学习的学历案[J]. 人民教育，2017（20）：43-48.

⑤ 卢明，崔允漷. 教案的革命——基于课程标准的学历案[M]. 上海：华东师范大学出版社，2017：10.

路,设计符合学生认知路径的学习内容与过程。

因此,我们主张,教学要顺应"学"的思路,教师应将更多的时间和精力投放在"学历案"设计上,为学生学习绘制出完整而清晰的路线图。

教师要基于学生立场编写学历案,认真研究学情,明确学生学习的起点,遵循"学"的思路,使学历案呈现的学习目标、评价任务、学习过程、检测与作业等符合学生的接受能力和认知特点,使学历案成为学生学习的认知地图,能为学生提供合适的可供选择的学习路径。

教师要照顾学生的差异,对照既定的学习目标和评价任务,将学习内容整理成一个结构化的学习材料,并把握好学习内容的层次性和核心问题的难易度,让学生依据提供的资源和建议展开课前预习和课中学习,完成检测与作业,并反思整个学习过程,确保每一个学生都能经历一个属于自己的完整而有意义的学习过程。

教师要将学习内容转化为问题,通过大问题引领、问题链(或问题串、问题组)导学,引导学生循序渐进、层层深入地展开探究活动,帮助他们掌握学科思维方法,提升学科关键能力。

(三)研究"学"的策略,从"教法"设计走向"学法"设计

以往的教学改革,过多地强调变革"教"的方式,而较少地关注"学"的策略。虽然"教"直接作用于"学",甚至直接控制着"学",但变革"教"的方式是为了促进学生学习策略发生改变,或者为应用新的学习策略创造支持性条件。也就是说,我们不能过多地关注"教"的法子,因为"教的法子必须根据学的法子"[①]。教师应将研究的关注点从"教法"移到"学法"上,花更多的时间和精力去研究如何引发和促进学生主动地学、多方式地学、个性化地学,并针对不同的学习情况采用相适应的导教方式,帮助学生学得更有针对性、更有成就感。

学法设计,重在让学生会学、学会,它在教学设计中占有重要地位。巴班斯基认为:"要合理地组织学习活动,就必须在每个具体场合都选择和运用完成学习任务的最优方案。这就是说,学生不仅应当掌握学习活动的某些技能和技巧,而且要善于从许多活动中选择最适合于该情况的方法。"[②]尽管有些学生自己能够获得和使用有效的学习方法,但多数学生并不能做到这一点。杰夫·佩第

---

① 方明. 陶行知教育名篇[M]. 北京:教育科学出版社,2005:133.

② (苏)Ю.К.巴班斯基. 教学教育过程最优化[M]. 吴文侃,译. 北京:教育科学出版社,1986:103.

倡导教师"帮助学生从图形组织者中获得学习的意义"①。所谓图形组织者,就是用图示的方法来组织内容。它能最有效地呈现关系类信息,"对有阅读障碍的学习者和主要依靠右脑的学习者帮助最大"②。

因此,我们主张,教师要精心研究并设计学法,教给学生一定的学习方法,同时为学生提供适合的且可选择的认知支架,尤其是提供一些思维可视化工具,以便引发、维持和促进学生的深度学习。

教师要设计与学生心智水平、学科能力相匹配的多样化学法,供学生自主选择,以便使学生能够更好地表述学习主题,更有效地把握学科知识结构,更容易理解学科思想、掌握学科方法和解决核心问题。

教师要基于学科特点设计富有挑战性的问题,并明确相应的学习任务要求和学习评价量规等,以此有效引发学生的深度思考,引导他们以恰当的形式个性化地呈现自己的学习成果,并以此展开多形式、多层面的深度交流与研讨,在这种多元交响的深度对话中实现深度理解。

教师要以形式多样的思维工具为学生提供认知支架,让不同学习风格类型、不同认知水平层次的学生都能达成相应的学习目标,进而既发展他们的思维能力,也增强他们的学习信心。

三、变革方式,"教"要助力于"学"

未来发展是不可预知的。作为教师,要变革学习方式,培养学生主动获取知识的能力、解决复杂问题的能力以及创新精神和实践能力,并引导学生以积极的心态去拥抱未知的变化,帮助他们形成应对未知挑战的核心素养。钟启泉早在 2002 年就指出:"要改变原有的单纯接受式的学习方式,形成旨在充分调动、发挥学生主体性的主动的、探究的学习方式,是新世纪课程与教学改革的核心任务。"③然而在 20 年后的今天,学习方式变革仍然是教学改革的重要内容。尤其是随着信息技术的突飞猛进、学习科学的日益繁荣,学习方式变革愈加迫切,以主题化、任务化、综合化、场景化、个性化为特征的学习方式越来越受到师

① (美)艾丽森•A. 卡尔-切尔曼. 教师教学设计:改进课堂教学实践 [M]. 方向,李忆凡,译. 福州:福建教育出版社,2018:52.

② (美)杰夫•佩第. 循证教学:一种有效的教学方法 [M]. 广州:广东教育出版社,2013:159.

③ 钟启泉. 新课程师资培训精要 [M]. 北京:北京大学出版社,2002:120.

生的欢迎。

（一）创设真实情境，开展深度学习

信息时代的到来，逼迫教师必须摒弃"教学即传授"的观念，发展学生的核心素养，让学生具备独立获取知识并评判信息正误的能力。这种情况下，深度学习的研究应运而生，并受到前所未有的重视。教师应指导学生"通过建构将学习内容本身所具有的关联和结构进行个人化的再关联再建构，从而形成自己的知识结构"[①]，并创设真实情境，让学生在知识的迁移应用中将所学内容转化为关键能力、创新意识乃至综合素养。当然，在深度学习过程中，学生不仅会全身心地体验知识本身所蕴含的丰富内涵和深刻意义，还会就所遭遇的人、事与活动等自觉展开质疑、批判与评价，从而形成高级的社会情感、积极的人生态度和正确的学科价值观念。

"所谓深度学习，就是在教师引领下，学生围绕着具有挑战性的学习主题，全身心积极参与、体验成功、获得发展的有意义的学习过程。"[②] 研究表明，深度学习的发生离不开真实情境的诱发。我们可以从建构主义理论、分布式认知理论、情境认知理论来揭示深度学习的内在机制。"在建构主义理论视角下，作为条件的真实情境、作为具体过程的协作和会话以及作为目的的意义建构，乃是创设深度学习环境的四个要素。根据分布式认知理论，深度学习必须突显知识的社会性，强调学习者与学习共同体和环境的多向互动。在情境认知（Situated Cognition）理论视角下，深度学习不是别的，而是学习者参与真实情境中的实践，与他人及环境相互作用的过程。"[③] 因此，情境诱发是深度学习发生的重要条件之一。

我们主张，创设有利于知识建构的真实情境，将学生基于感性认知的生活世界与尚须探究新知的科学世界建立起相互关联的桥梁，让学生在多边交互的对话活动中实现意义建构与知识迁移，确保深度学习在课堂真实发生。

---

① 郭华. 深度学习及其意义[J]. 课程·教材·教法，2016（11）：25-32.

② 刘月霞，郭华. 深度学习：走向核心素养（理论普及读本）[M]. 北京：教育科学出版社，2018：32.

③ 李松林，杨爽. 国外深度学习研究评析[J]. 比较教育研究，2020（9）：83-89.

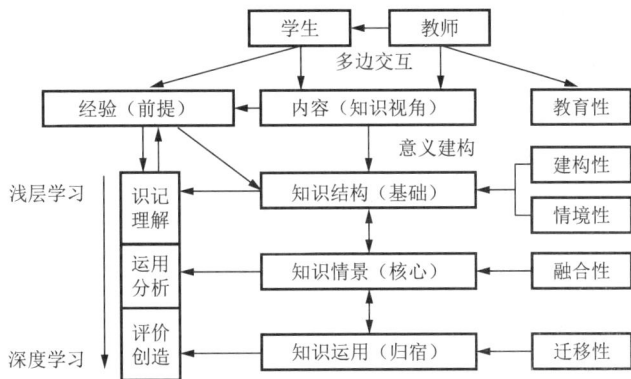

图 1.3.1　知识视域下深度学习的发生机制

　　教师要善于创设真实情境,以大问题(或主问题、核心问题)来激发学生的深层次学习动机,激活学生已有的知识经验,触发学生兴趣、情感、思维的"燃点",促使学生从浅层学习走向深度学习。

　　教师要从学科教学的实际需要出发,运用多种方式和手段创设情境,呈现直接体现学生感兴趣的有关自然、社会、人类的热点问题,引发学生强烈的认知冲突,让他们感受到心智挑战,不仅在自主探究中找到确定的答案、得出一定的结论,而且能站在高位开阔的视野来深度思考这些热点问题的解决方法。

　　教师要积极探讨真实情境的类型及创设方式,让学生在真实情境中自主学习与合作研讨,实现意义的建构,并综合运用所学知识与技能,解决较为复杂的实际问题,实现知识的迁移,进而发展高阶思维能力,增强协作意识和创新精神,形成学科核心素养乃至中国学生发展核心素养。

(二)应用信息技术,开展混合学习

　　"互联网"时代的混合学习是一种颠覆性创新,能够使线上、线下学习活动彼此呼应并相互支持,为学生创造一种高度参与的个性化学习体验。可以说,未来已来,线上、线下混合学习将成为教育新常态。

　　近年来,随着"互联网 +"概念的出现,混合学习开始"从教学的技术层面逐渐转向教学的本质层面,教学特性逐渐加强;而教学关注的重点也从'共性'(或者说标准化)的知识与技能的习得,逐渐转向个性化知识与技能的习得以及创造性知识的创生"①。从学习理论的角度看,课堂教学"依托线上和线下的混

---

① 方佳诚. 基于混合学习的中小学分层教学模式:概念、要素和设计 [J]. 中国教育信息化,
2021(2):8-14.

合学习环境,创设复杂且具有临场感的学习情境,让学习者积极投入到整个学习过程中,利用已有的知识去解释经验并得出结论,做到新旧知识的有效联系,让有意义的学习真正发生"[①]。从教学组织结构看,混合学习将线上、线下相结合,以预设的学历案为引导,"采用问题导向、任务驱动的学习单;部分内容由学生自学完成,当然要配有合适的学习资源(包括视频微课)和练习作业;及时收集学生反馈并做好数据分析,然后针对性地精讲与分类辅导(视频直播、点播结合)"[②],有利于促进学生个性化学习与发展。

混合学习是教学改革的大趋势,是课堂深度变革的新常态。技术只是手段、只是载体,使其产生赋能教育的作用,必须经过精心设计。因此,我们主张,混合学习要从方案变革做起,通过精心设计学习内容与过程,以技术为学生个性化学习与发展提供优质服务。

教师要坚持以学生学习为中心,以核心目标为导向,精心设计学习方案,着重做好学习目标、内容、活动及评价的一体化设计,注意为不同水平层次的学生设计符合其"最近发展区"的学习任务,还要为不同学生精准适配具有针对性的学习资源包,让学生个性化学习成为可能。

教师要构建以数据流为纽带的生态化学习环境,"针对学生在学习过程中可能遇到的疑难点提供适当的学习支架支持"[③],利用信息技术对学生学习情况进行数据分析,并给予精准评价与反馈,提供相匹配的学材、习材和创材,促使学生学习效果最优化。

教师要发展智慧教育理念,以数据分析为决策依据,恰当地运用精准化、高成效的教学策略,通过培植人机协同的数据智慧、教学智慧和文化智慧,让学生能获得适宜的个性化学习服务和美好的发展体验,发掘其学习潜能,发展较好的思维品质和良好的人格品性。

(三)设计复杂任务,开展跨界学习

中共中央、国务院出台的《关于深化教育教学改革全面提高义务教育质量

---

① 方佳诚. 基于混合学习的中小学分层教学模式:概念、要素和设计 [J]. 中国教育信息化, 2021(2):8-14.

② 祝智庭. 未来学习的近景是混合学习,远景是智慧教育 [J]. 上海教育,2020(9): 22-24.

③ 冯晓英,王瑞雪."互联网＋"时代核心目标导向的混合式学习设计模式 [J]. 中国远程教育,2019(7):19-26.

的意见》要求"开展综合化的学科课程教学,培养具有综合素质的人才"①。开展跨界学习,能有效促进学生综合发展,有利于学生打破不同学科、不同文化的壁垒,跨出边界寻求多元素交叉的知识整合,能为学生提供更为宽广的视野,驱使他们探索问题解决的新视角、新方案,能为未来培养更具竞争力的人才。

对于跨界学习,不同专家对其理解也不相尽同。有的认为:"跨界学习是一种教学和学习策略,根据学习内容,跨越一个或多个学科整合学习资源,融合多种学习方式,立体化达成学习目标。"②有的认为:"跨界学习是学习者主动以多维视角、综合方法、创新思维发现事物之间的内在联系、逻辑规律的综合能力,养成多领域、多元素相互交叉、融合成新内容的素养。"③

我们主张,跨界学习既是一种新的学习理念,也是提升学生核心素养的有效途径。构建跨界学习的课堂,教师要基于主题进行多学科、多元素的内容整合,以便于学生完整认知,实现综合化发展;突破教材与课堂的局限,由学校、家庭、社区和网络共同构成多维学习空间,让学生获得更加丰富多样的学习资源。

教师要基于课程标准的深刻理解和精准把握,在教学内容方面跨界,以一个学科为载体,基于主题进行相关知识的融通整合,打破原有章节结构,吸纳本学科以外的素养因子,设计出较为复杂的、富有挑战性的学习任务,促使学生综合运用知识对真实问题进行探究与解决。

教师要基于学生核心素养发展的现实之需和未来之要,寻找学科之间的关联点,有机整合相关教学内容,开发出不同于任何一个学科的新型课程,让学生展开跨界学习,进而促进学生创新能力乃至完整人格的发展。

教师要基于学情、教情和现实条件,在学习场域上跨界,让学生展开跨越时空界限的学习,或在校园调查,或在微机室、图书室查阅资源,或到公园做学科实践,或到博物馆参观考察……在解决复杂任务的过程中实现核心素养的发展和提升。

---

① 新华社. 中共中央 国务院关于深化教育教学改革全面提高义务教育质量的意见[EB/OL]. (2019-06-23)[2019-07-08]. http://www. gov. cn/xinwen/2019-07/08/content_5407361. htm.

② 李明霞,杨晶晶. 学科核心素养背景下跨界学习的思考与探索[J].吉林省教育学院学报,2019(12):26-30.

③ 叶蓓蓓,侯艳芳. 跨界学习的课堂教学样态与策略[J]. 中小学课堂教学研究,2020(7):14-17.

总之，坚持学习中心，就是倡导从"教"走向"学"，加快课堂教学重心的转变，引发课堂理念、结构、方式等诸多方面的深度变革，最终建构起以学生学习与发展为本位的新时代课堂教学体系。

第二章

规划编撰
从教学方案走向课程纲要

从课时教案设计走向课程规划编撰，这是教师走向专业成熟的重要标志，也是课堂深度变革的必然要求。对于教师来说，做课程规划重要的是编撰学期课程纲要、单元学习规划、课时教学方案。从一定意义上讲，这是要求教师提高课程领导力，真正从课程的忠实执行者转变成课程的积极建设者、主动创造者，有意识地进行课程规划、统整和实施，将从学科教学走向课程育人的理念变革转化为实实在在的行为自觉。正因为如此，教师才能够从宏观上审视学科育人价值的挖掘与转化，更好地在课堂上落实学科核心素养。

《普通高中课程方案（2017年版）》在前言中对学科课程标准进行了说明："为建立核心素养与课程教学的内在联系，充分挖掘各学科课程教学对全面贯彻党的教育方针、落实立德树人根本任务、发展素质教育的独特育人价值，各学科基于学科本质凝练了本学科的核心素养，明确了学生学习该学科课程后应达成的正确价值观念、必备品格和关键能力，对知识与技能、过程与方法、情感态度价值观三维目标进行了整合。"[①] 新一版的课程方案出台，要求教师必须提升教学设计站位，即从关注单一知识点的掌握转变为学科大概念的建构，从课时教案撰写转变为课程纲要编撰、大单元教学设计。也就是说，新课程方案倒逼教学设计的深度变革，要求教师站在课程高度审视教学、规划教学，真正实现规划编撰与学科核心素养目标达成的有效对接。

对于教师而言，课程规划主要包括课学期课程纲要、单元学习规划和课时教学方案。其中，学期课程纲要，是课程规划的重要体现，也是课堂深度变革的

---

① 中华人民共和国教育部. 普通高中课程方案（2017年版）[M]. 北京：人民教育出版社，2018：前言4.

行动蓝本。编撰学期课程纲要，是教师从课程高度进行教学所必须掌握的专业技能。但实际上，很多地方、很多学校、很多教师往往重视课时教学方案的设计，在知识点的教学上狠下功夫，在某一节课或几节课上精心研究，这就导致教师的教学研究用力零散，进而使学生所学知识难以形成完整的知识结构体系，不利于学科核心素养的形成与提升。很多学校、教师就单元教学做了大量深入细致的探索，但编撰的单元教学计划是基于教师"教"的立场设计的教学方案，而不是基于学生"学"的立场所做的课程规划，存在着缺少主题（或大概念）统摄、课程要素不全等突出问题。当然，还有很多教师撰写的课时教学方案与课程标准脱节，预设的教学活动存在教、学、评不一致的现象。因此，有效落实国家课程方案，就需要教师设计一份课程实施的行动蓝本，以便清晰把握课堂教学的预期，也为学生设计一份完整学习的认知地图，让学生能够依此规划并监控自己的学习。

第一节　课程纲要

　　课程纲要是教师教学专业化的重要标志，也是学校教学实践的专业方案。为增强教师的课程意识，"崔允漷教授提出撰写'学年/学期课程纲要'的主张，即以提纲的形式回答一门课程的目标、内容、实施和评价四个基本问题，以从根本上与'只见进度、不见内容'的教学进度表相区别"[①]。卢臻主张，教研组整体布局学科课程纲要；备课组详细规划模块/专题课程纲要；教师个人灵活撰写单元课程纲要[①]。在课堂深度变革中，我们倡导编撰学期课程纲要（可简称为"课程纲要"），让教师的研究视野从"一节课"走向"一门课程"，从整体上审视满足一门课程实施的条件，为渐次达成学习目标而统筹安排单元、课时学习内容，也便于学生明确一门课程的全貌。可以说，学期课程纲要编撰能为学生创出各种可能的美好未来，当然还会为教师开辟出一条通向获取专业幸福的重要途径。

一、基本内涵：以纲要形式一致性地呈现课程要素

　　学期课程纲要，就是学科教师依据学科课程标准和相关教材编制的一种课程规划，它以纲要的形式一致性地呈现目标、内容、实施、评价等课程要素，能有效地指导学生的"学"和教师的"教"。这种学期课程纲要能"帮助教师把教学

---

① 卢臻. 课程纲要三级撰写[J]. 基础教育课程，2015（7上）：17-19.

置于'课程'的视域下思考,实施基于课程标准的教学与评价"①。

学期课程纲要与学期教学计划、教学进度表有着本质区别,它能至少完整地呈现课程四要素——目标、内容、实施与评价,而教学计划主要是对教学工作提出具体的落实要求,教学进度表主要是对教学时间和内容进行整体安排,都没有完整地呈现课程的四要素。

表 2.1.1　学期课程纲要与学期教学计划、教学进度表的区别

	学期课程纲要	学期教学计划	学期教学进度表
构成要素	课程目标、课程内容、课程实施、课程实施等	指导思想、工作目标、主要任务、保障措施等	教学时间、教学内容安排等
强调重点	强调课程要素一致	强调确保任务完成	强调按时教完教材
关注焦点	关注课程育人	关注教学任务落实	关注教材内容安排
行为主体	学生行为	管理者/教师行为	教师行为

二、编撰要求:按学期为学生简要地设计一份认知地图

编撰学期课程纲要,就是按学期对一门课程进行整体学习规划,简明扼要地为学生设计一份"认知地图"。

一般来说,学期课程纲要包括一般项目和具体内容两大部分。一般项目包括题目、课程名称、课程类型、教材来源、适用年级、课时或学分、设计者等。具体内容至少包括背景分析、课程目标、课程内容、课程实施、课程评价等。下面仅就具体内容的基本要求进行探讨。

(一)背景分析

这部分介绍的是学期课程纲要编撰的前提条件,回答"我们为什么带学生去那里"的问题。对此,背景分析要着重概括该学期的主要内容及其作用,简述学情需要和学习发展需要。当然,背景分析可详细、可简略,应视情况而定。

1. 内容概括精练

用简洁的语句高度概括出该学期的主要内容,简要分析学习的重点和难点,说明学习内容的前后联系以及突出特点等。例如,《语文课程纲要(三年级上册)》(人教版,2019)的背景分析为:

三年级上学期处于小学第二学段的开端,学生通过第一学段的学习已经具

---

① 万伟. 课程的力量——学校课程规划、设计与实施[M]. 上海:华东师范大学出版社,2017:186.

有了一定的识字、写字、朗读和写话等能力,这一学期需要在强化这些能力的同时培养学生自主识字、自读自悟和书面表达的能力。本册教材共8个单元,所选课文内容丰富,体裁多样,在小学语文教材系统中起着承上启下的作用。本学期教学的主要任务是识字、写字、课文朗读和语句理解,难点是习作练习。

2. 价值挖掘到位

对学习内容所具有育人价值及所处地位进行挖掘,指出学习内容的意义与价值,为单元学习目标研制奠定基础。例如,海阳市亚沙城小学编写的《数学课程纲要(一年级下册)》(青岛版,2013)其背景分析如下:

本册教材中的认识图形、100以内数的认识、100以内的加法和减法都是一年级上册知识的扩展,其余内容是学生第一次接触。100以内加减法的口算是本册的重点和难点,所涉及的计算内容是整个小学阶段加减法计算教学的核心,是迅速和准确计算多位数加减法的必要前提,更是解决生活中实际问题的基础;强调在掌握计算方法的基础上,发现计算规律,形成计算技能。此外,教材非常注重对知识的回顾整理,在每个单元的结束处都设置了"问题口袋",旨在引导学生养成整理知识的好习惯,为逐步学会主动建构知识奠定基础。书中六个单元都编排了解决问题的例题,有利于学生经历观察、比较、操作的过程,初步掌握解决问题的方法和步骤,感受数学和生活的联系。

3. 学情分析深刻

对学生的学习基础及发展需要进行简要而深刻的分析,可以分析学生已有的知识储备和认知能力,分析他们的年龄特点和心理需求,分析部分学生学习的努力方向等。例如,海阳市亚沙城小学编写的《科学课程纲要(二年级下册)》,其背景分析如下:

本册教材立足于学生已有的生活经验、认知基础,贴近学生,贴近实际,贴近生活,遵循学生的认知规律和心理、生理特点。选择和设计与学生生活密切相关的,家庭、学校、社会、自然中包含丰富科学内涵的,能够呵护学生与生俱来的好奇心,并能进一步激发学生探究兴趣和欲望的内容,循序渐进地开展科学探究活动,目的是让学生用发现的眼睛看世界、用惊奇的眼光感受世界、用丰富的经历认识世界,满足学生被不断唤起、激发的好奇心。二年级的学生精力旺盛、活泼好动、好奇心强,虽然已能初步控制自己的情感和行为,但还常有不稳定的现象,有一部分学生自制力还不强,意志力较差,遇事很容易冲动,活动的自觉性和持久性都比较差。因此,教师需要不断巡视,以关注学生的观察体验进展,用学生喜欢的形式来促进学生更好地开展科学探究等活动。

(二)课程目标

这部分是课程的育人价值定位,回答"我们要把学生带到哪里"的问题,也能让学生明确"要学会什么"。课程目标的确定需要分析课程标准、教材文本和年级学情,做到定位准确、描述具体和结构严谨。

1.定位准确

课程目标要能清晰地呈现预期学习结果,由此可以看出学生经历一定课时学习后与关键结果相关的表现,即在知识、能力、情感、价值观念等方面发生的具体变化。这样就要细化课程标准,准确定位预期学习结果,明确相应内容的学习所指向的学科核心素养,使课程目标能够符合本年级学生的年龄特点、学习能力和知识基础等,并且要全面涵盖学科核心素养,兼顾学生核心知识的掌握、关键能力的提升、必备品格的形成以及正确价值观念的培养,做到学科"大概念(或大观念)"与教学"小目标"的有机整合。

2.描述具体

课程目标要描述具体,其行为主体是学生;行为指向的核心概念(名词)来自对课程内容标准的分解;所用动词最好是行为动词,以便于观察、评价或测量;行为条件可根据实际情况界定和附加;学习结果的表现程度应当相对具体。简单地说,能从目标中明显看到"学什么""怎么学""在什么条件下学""学到什么程度"等基本问题。当然,行为主体可以省略,行为条件也可以没有。目标的具体表述需要视情况而定。另外,课程目标的数量要具体,一般以4~6条为宜;语句要精练,每条至多3句。

例如,初中《美术课程纲要(七年级上册)》的课程目标如下。

(1)通过欣赏不同时代、地域的美术作品,说出美术的不同门类及表现形式,提高美术鉴赏能力。

(2)能有意识地运用线条、色彩、空间等造型元素以及形式原理,恰当地表现空间和色彩关系,提高造型表现能力和创作能力。

(3)能了解不同材质的特征,学会运用不同材质进行美术创作,提高设计意识和创新思维能力。

(4)能结合其他学科知识,运用多种美术媒材、方法和形式进行记录、创作、表演与展示,提高综合应用能力。

3.结构严谨

课程目标要具有层次性。要根据学习内容的先后顺序对各条课程目标进行排列,使其形成一定的逻辑结构,以便于教学的有序实施和学生学习结果的渐次达成。同时,每条课程目标要按照一定格式进行叙写,基本格式是"行为条件 + 行为动词 + 核心概念 + 表现程度",或"行为条件 + 表现程度 + 行为动词 + 核心概念"等。例如,《物理课程纲要(八年级下册)》(人教版,2019)的一条课程目标是:"通过实验过程,准确说出力(弹力、重力、摩擦力)及其相关概念(压强、功、功率、能量)的形成过程,正确解释概念的内涵和外延。"

(三)课程内容

这部分主要说明课程所选择的教学内容、活动项目以及它们之间的相互关系,回答"我们凭借什么带他们去那里"的问题,也能让学生明确"学什么更好"。课程内容的选择应符合既定的课程目标,符合学生的发展需要及年龄特点,能吸引学生,并让学生感到值得为此付出努力。

1.结构优化

要依据目标、学情、条件和主题对课程内容与活动安排进行结构化处理,既突出重点,又由易到难;既能体现各单元内容的均衡性和学科核心素养的全面性,又确保各单元内容的连续性与单元目标的递进性,形成一个适宜"学"的完整体系。须指出,每个单元要有明确的主题,单元之间有内在的逻辑关系,进而构成一个体系严密的课程结构,有利于提高新授课学习的有效性。

2.统整适度

学科核心素养的提出,对教师教学提出新的更高的要求。除了教材自然单元外,教师应秉持课程育人的理念,依据学科核心素养和学情需要,基于大概念、大问题、大任务,对教材原有的教学内容和活动进行合理处理、适度统整,对教材内容做必要的增补、删减、调换、整合甚至重组,使改良的教材单元、重组的单元内容更聚焦于学科核心素养,更符合学生的认知规律,更有利于学生的学习与发展。

表2.1.2 《数学课程纲要(一年级上册)》课程内容

课程内容		课时
开学第一课	⊙分享课程纲要	1
准备课	数数	1

续表

课程内容		课时
一、10以内数的认识	① 1~5各数的认、读、写、组成以及1~5各数的意义	2
	② 0的认、读、写及0的意义	2
	③ 6~10各数的认、读、写、组成以及6~10各数的意义;基数和序数的意义以及区分	3
	④ ">""<""="的认、读、写;用语言和符号描述两个数的大小关系	2
找找周围的数	寻找周围的数,感受数就在我们身边	1
二、分类与比较	① 按指定标准和自定标准进行分类	1
	② 比较长短的方法;用"谁比谁……"的形式表达比较的结果	2
三、10以内的加减法	① 5以内的加减法	3
	② 6.7的加减法	3
	③ 8.9.10的加减法	3
	④ 连加、连减	3
	⑤ 加减混合运算	3
四、认识位置	辨认左右的方法	2
智慧广场一	用画图法解决重叠问题	2
五、11~20各数的认识	① 11~20各数的认、读、写;计数单位"一"和"十"的认识;数位"个位"和"十位"的认识	3
	② "十几加几"不进位加法和"十几减几"不退位减法的计算方法;加减法各部分的名称	2
智慧广场二	用画图法解决"移多补少"问题	2
六、认识图形	长方体、正方体、圆柱和球的辨认	3
分积木	在实践活动中,按照不同的分类标准对物体进行分类	1
七、20以内的进位加法	① 20以内的进位加法的计算方法	12
	② 20以内的退位减法的计算方法	
总复习	系统整理巩固本学期所学知识	5
⊙口算技能打卡	本学期所学习的口算	2
⊙期末测试	本学期所学知识	2

续表

课程内容	课时
说明：⊙是教材之外增加的内容，根据本册书的内容和该年龄段学生的特点，在计算部分增加了"每日口算打卡"来增强口算能力；增加 4 个"补学整理"以帮助学生整理知识，养成良好的学习习惯；增设 4 个"探究实践"，以激发学习数学的兴趣，提高运用知识解决问题的能力	

（海阳市亚沙城小学一年级数学教研组提供）

3. 呈现简洁

课程内容呈现应简明扼要，可以用表格的形式呈现单元主题（或模块名称）、教学课题、活动项目、课时分配等，使人一目了然。纲要呈现的课程内容只是一个框架式的基本构想，而具体实施的课程内容，其形成还需要经历一个从简单框架到复杂体系的研发过程。值得注意的是，教师要清晰写明各单元的学习内容，并依据目标分配课时，课时数包括复习、考试时间；学期第一课时即"起始课"需要分享课程纲要，让学生对本学期的课程学习有一个整体把握。

（四）课程实施

这部分主要说明教学的资源利用、活动安排、组织形式选择、学法指导、学分认定、场地安排、设施要求、班级规模等，回答"我们怎样带他们到那里"的问题，也能让学生明确"怎样更好地学"。在课程实施部分，主要是课程资源利用、教学活动安排和教学策略选择，其中，教学策略的选择尤为重要。

1. 资源清楚

这里的课程资源包括教材、校内资源、媒体和其他社会资源。教材需要明确版本信息。校内资源包括教师设计的教学课件、研发的学历案、制作的学具等资料，也包括阅读室、实验室等功能室和操场、长廊等活动区域，还包括校长、教师、职员和学生。媒体包括电视、网络、报刊等，如《中学生语文报》《半月谈》。其他社会资源包括博物馆、公园、英雄模范人物等。课程资源利用在于为学生创设适宜的环境和便利的条件。

2. 活动具体

依据课程目标、内容和可用资源，整体设计一个学期的学习活动，进而为学生安排学习机会。通过整体设计，让教师明确这个学期要开展哪些具体教学活动，也让学生清楚这个学期要做哪些事情。尤其要明确教学组织形式、学习活动方式,例如,是面向全体的班级授课制,还是尊重差异的选课走班制;是强调新知掌握的探究课教学,还是注重反馈矫正的讲评课教学;是个人在全班进行主题性学习成果展示,还是以小组为单位进行课本情景剧表演,以此让师生明确"自己的任务是什么"。

3. 策略匹配

教与学的策略要与课程目标相匹配,以"正确的方式"做"正确的事",让学生以典型的学科学习方式进行深度学习,习得学科核心素养。同时,教与学的策略要尽可能多样化,有利于发挥教师教学的主观能动性,也利于激发学生学习的积极性,以确保课程的有效实施。有的课程纲要将内容和实施部分合并,针对每个单元的学习内容匹配相应的学习资源、安排相关学习活动,以确保内容处理与实施设计的一致性。

表 2.1.3　《语文课程纲要(八年级下册)》的内容和实施

单元专题	学习内容	课时	学习活动
第一单元	《社戏》	3	① 开展"艺术推介"活动,介绍社戏等文化艺术 ② 朗读课文,深入体会不同特点的语文表达效果 ③ 利用评价标准,有针对性地指导学生写作记叙文 ④ 举行民间采风活动,了解家乡的民俗文化
	《回延安》	2	
	《安塞腰鼓》	2	
	《灯笼》	2	
	写作　学习仿写	2	
	口语交际　应对	1	
第二单元	……	……	……

(五)课程评价

这部分主要说明评价方式、评价内容和评价结果等,回答"我们怎么知道他们已经到了那里"的问题,让学生明确"怎样证明已学会"。课程评价可以用文字描述,也可以图文并用、综合表述。

1. 框架明确

评价框架要能够回答"评什么""怎么评""谁来评"等基本问题。"评什么"是指评价内容,如课堂行为表现、实践活动表现、课后作业表现和单元测试等;"怎么评"是指评价方式,如诊断性评价、过程性评价、结果性评价等;"谁来评"是指评价主体,如学生(自评)、小组(互评)、教师(评价)。当然,评价框架的设计与结果解释都要与课程目标相匹配。

2. 结构清晰

根据激发学生学习的实际需要，分配每项评价的权重与分值。例如，过程性评价共 30 分，包括课堂行为表现 10 分、实践活动 10 分、单元检测 10 分；结果性评价占共 70 分，包括期中调研成绩 20 分、期末测试成绩 50 分。评价项目的要素要清楚，如课堂行为表现的要素有课前预习的充分程度、课堂参与的积极程度、成果展示的完整程度、当堂练习的准确程度等。评价结果呈现等级要清晰，如学期总评成绩分为优秀、良好、合格、需努力四个等级。

3. 方式具体

相对而言，学科课程评价多采用量化赋分的方式，结果性评价权重要大于过程性评价，学业水平测试占据重要位置。而校本课程、项目化学习评价多采用质性评价的方式，更注重学生的过程性表现，学业评价多采用考查而非测试。对学科课程评价而言，评价方式要具体可行，譬如是考试还是考查，是书面考试还是成果展评，都需要明确出来。要告知不及格的理由，说明相关补修补考的要求。

例如，《数学课程纲要（四年级上册）》的评价部分如下。

本学期总成绩 100 分，评价项目包括过程评价（占 30％）和结果评价（占 70％）。

1. 过程评价（30 分）

评价项目		评价要素	评价等第描述	评价方式
课堂表现 20 分	课堂常规 10 分	认真听讲、积极发言、独立思考、主动参与	根据思考、交流、合作的程度分为 A、B、C、D 四个等级，分别得到 10 分、8 分、6 分、4 分	学习小组记录表现
	课堂操作技能 10 分	动手能力、算理描述、创新意识	根据任务完成情况分为 A、B、C、D 四个等级，分别得到 10 分、8 分、6 分、4 分	课堂观察组内互评
作业评价 10 分	一般作业 5 分	作业态度、作业质量、纠错习惯、应用能力	根据作业完成情况分为 A、B、C、D 四个等级，分别得到 5 分、4 分、3 分、2 分	错题整理
	长作业 5 分	参与积极性、问题解决能力、数学意识		

2.结果评价

期末考试以笔试形式进行，满分为100分，按70%计入总成绩。

3.评价等级

学业评价成绩≥85为优秀，70～84分为良好，60～69分为及格，低于60分为不及格。不及格者需要在查漏补缺后进行补考。

(海阳市亚沙城小学提供)

三、注意事项：确保完整性、规范性和一致性

由于很多教师对课程纲要编撰重视不够、实践较少，甚至有的教师没认真研究过课程纲要，导致编撰出的课程纲要存在种种问题。为了有效编撰课程纲要，教师应注意以下几点。

一是完整性。就一般项目看，提供的信息应完整，包括题目、课程名称、课程类型、教材来源、适用年级、课时、设计者等；就正文内容看，基本结构要完整，需包括背景、目标、内容、实施、评价等要素，如有必要，还需撰写"所需条件"这一要素；就具体要素看，内容表述要完善，课程内容要包括单元(模块)专题名称、学习内容、课时、复习考试安排，还可以有"课程内容调整说明"。

二是规范性。课程纲要是教师学科教学的行动指南，是学校课堂深度变革的"施工图纸"。要以课程视角进行编撰，整体呈现课程要素，让任课教师和学校领导明确教学目标、内容设置、活动安排、评价框架等，做到格式规范而专业；要以学生立场进行表述，让学生看得明白、看得清楚，能整体把握一学期的学习目标、主要内容、学习方式及结果评价，做到语言规范而精练。

三是一致性。课程纲要编撰的难点在于保持构成要素的一致性。教师在编撰时要考虑：课程目标是否源于课程标准；课程目标能否有机体现在内容、实施和评价部分；内容处理与实施设计是否有利于学生做出更好的学习表现；评价框架是否与课程目标保持一致。

总之，课程纲要是衡量学科教师课程理解力、领导力和创造力的重要指标。在实践中，教师应潜心研究，积极探索，为学生设计出一份完整学习的精致"地图"，也为自己和同事描绘出一张课堂深度变革的"行动蓝本"。

附录:

《学期课程纲要》设计模板

> 课程名称:
> 课程类型:
> 教材来源:
> 适用年级:
> 课　　时:
> 授课对象:
> 设　计　者:

背景分析				
课程目标				
课程内容				
学习单元	学习主题	学习内容	课时	调整说明
课程实施				
课程评价				

《学期课程纲要》评议要点

维度	评议要点
1. 一般信息	提供的一般信息是完整的,至少包括:题目、课程名称、课程类型、教材来源、适用年级、课时或学分、设计者
2. 背景分析	① 内容概括精要,高度概括学习内容,简要分析学习的重点和难点,说明该课程与前后内容的关系 ② 学情分析深刻,说明相关学生已有的知识与认知特点 ③ 价值挖掘到位,指出学习内容的意义和价值

续表

维度	评议要点
3. 课程目标	① 定位准确,源于课程标准,能清晰地呈现出预期的学习结果,明确相应内容的学习所指向的学科核心素养 ② 描述具体,有可操作性,学生学习结果可观察、可评价、可测量 ③ 数量合理,一般以4~6条为宜,且语句精练,每条至多3句 ④ 结构严谨,排列顺序具有逻辑性,符合教学的有效实施和学生学习结果的渐次达成
4. 课程内容	① 结构优化,依据目标、学情、条件和主题对学习内容与活动安排进行结构化处理,使之形成一个适宜"学"的完整体系 ② 统整适度,对原有教材内容进行必要而适度的增补、删减、调换、整合甚至重组,使之更加聚焦于学科核心素养、更符合学生的认知规律 ③ 呈现简洁,以表格的形式呈现单元主题、教学课题、活动项目、课时分配等信息;依据目标合理分配课时,课时数据包括复习、考试时间;第一课时与学生分享此纲要
5. 课程实施	① 资源清楚,明确所用的教材、校本资料、媒体和其他社会资源等 ② 活动具体,整体设计一个学期/模块的学习活动,明确教学组织形式与方法 ③ 策略匹配,依据课程目标选择多样化的教与学的策略,有利于学生以典型的学科学习方式进行深度学习
6. 课程评价	① 框架明确,能回答"评什么""怎么评""谁来评"等基本问题 ② 结构清楚,评价权重具体,结果等级明确 ③ 过程评价体验对纸笔测试无法涉及的学科目标的关注,告知不及格的理由,以及相关补修补考政策
7. 一致性	① 课程目标的落实在内容、实施和评价各部分都有明显体现 ② 内容处理与实施设计有利于学生产生更好的学习表现 ③ 评价框架与课程目标保持一致

第二节 单元规划

从学习视角看,单元规划是以学习单元为教学基本单位、以知识结构为媒介而进行的学习方案设计,它是接通学期课程纲要与课时教学方案的一个重要载体,也是撬动课堂转型的一个支点。何谓单元?其实,它就是一个学习单位、一个微课程,由目标、课时、情境、任务、知识点等组成,并按照一定的主题和规范而构成一个结构化的整体。在这里,我们所说的单元是指依托现有教材中的"章"（如《生物学》）、"单元"（如《语文》）或某个学习主题而建构起来的学习单位，"可以大体分为基于学术与艺术等文化遗产的、以系统化的学科为基础所构成的'教材单元'（学科单元），和以学习者的生活经验作为基础所构成的'经验单元'（生活单元）两种"[①]。"大单元"的"大"强调高阶位目标，即指向真实情境问题的解决，倡导以作品或产品为导向；强调多课时构成，通常由多个课时乃至章节或一个专题构成；强调微课程建设，即由目标、任务、知识点、课时、情境以及学习活动、教师指导、成果展示、学习评价等结构化地构成；强调组织者统摄，即由诸如大概念（或大观念）、大问题、大任务作为一个组织者统摄所有学习活动。

一般来说，单元教学设计具有整体性、系统性、综合性、发展性等特点，整体性体现为学习主题（或大概念）、目标、评价、过程及反思等要素齐全，而且学习目标与内容适度统整；系统性指选择与目标、内容相关联，过程安排与课程目标、评价框架相关联，评价框架与学习目标、过程安排相关联；综合性体现为由大概念（或大观念）、大问题、大任务等统摄整个单元的学习，有效培养学生的核心素养，提升学科课程的育人品质；发展性体现在课程目标、内容、评价以及过程安排等都应由易到难，由低到高，从简单到复杂，体现循序渐进原则，确保学生学习进阶增值。

单元规划设计包括单元学习的主题选择、目标制定、评价设计以及活动安排等内容。其中，主题选择倡导提炼大概念（或大观念）、大问题、大任务，让单元学习有灵魂；目标制定倡导梳理概念图，让单元学习有方向；评价设计倡导追求大增值，让单元学习有标准；过程安排倡导设计任务链（或任务群），让单元学习有载体。

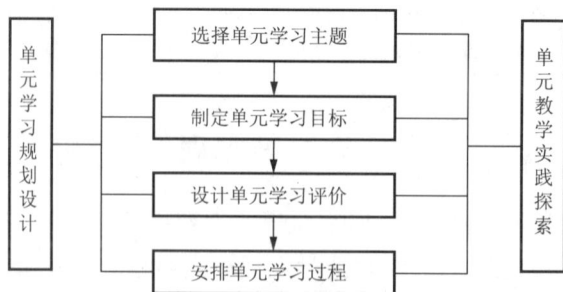

图 2.2.1　单元学习规划设计模型

----

① 钟启泉．读懂课堂 [M]．上海：华东师范大学出版社，2015：20．

一、主题选择：挖掘学科育人价值

素养导向的单元教学需要通过一定的主题（或项目）将知识与活动有机组织起来，形成一个富有内在逻辑关系的稳定结构，以便学生整体掌握、深度理解，在知识运用与能力迁移中实现素养的形成与发展。那么，什么是单元学习主题？它是指"依据课程标准，围绕学科某一核心内容组织起来的，体现学科知识发展、学科思想与方法深化或认识世界的方式丰富，能够激发学生深度参与学习活动、促进学生学科核心素养发展的主题"[①]。我们主张，单元学习主题的选择要有利于学科育人价值的深度挖掘与转化。

（一）主要特征

单元学习主题有利于学生深度学习，在长期的学习中形成学科大概念（或大观念）、思想方法和正确价值观，其主要特征体现在以下四点。

1. 导向性

学习主题的选择与确定，首先要考虑它的学科育人价值，也就是要具体考虑它对学生核心素养的形成能否起到推动作用。因此，单元学习主题确定之前，需要依据学科核心素养，对教材内容进行系统梳理，关注知识之间的内在联系，对原有单元进行适当调整，着重突出并强化某一学科大概念（或大观念），从而形成学习单元。然后，再深入分析学习内容所指向的学科核心素养，特别是要分析蕴含在核心知识中的学科思想方法，分析通过核心知识所要培养的学科关键能力，分析通过整体单元学习所能形成的正确价值观念，等等。

2. 统摄性

单元学习主题通常以学科大概念（或大观念）、大问题、大任务为主要线索，将学科的核心内容根据一定的逻辑关系和本质联系加以组织和整合，同时考虑学生学习的发展需求和可接受性等因素，从而恰当地形成一个相对完整的学习单元。这样，以学生主题来统摄整个单元的知识，就能使学生有结构地学习，在整体感知与深刻理解中系统架构知识体系。当然，围绕单元学习主题所精选的内容可以是教材中一个完整的自然章节的核心知识，也可以是跨教材章节组合或改编的相关内容。

---

① 刘月霞、郭华. 深度学习：走向核心素养（理论普及读本）[M]. 北京：教育科学出版社，2018：73.

3.探究性

单元学习主题强调具有较大的探究空间,注重学科知识的综合运用,注重学科能力的提升与迁移,往往以大概念(或大观念)、大问题、大任务将具有较强的实用性、综合性的现实问题和具有挑战性的复杂问题有机关联起来,从而形成学习单元。尤其是综合性学习、项目化学习单元的主题,更能表现出探究性的特点。这样的学习单元更有利于培养学生的综合实践能力、问题解决能力、创新意识和团队精神等核心素养。

4.适切性

单元学习所选定的主题是给学生看,而非教师本人,所以主题的选择与确定需要与学生兴趣相投,符合学生认知规律。在表述上,主题应简洁明了,让学生一看就懂、"一见倾心",能产生"亲切感""认同感"。在内涵上,应尽可能多一些兴趣性,能激发学生的好奇心和探究欲。

(二)选择依据

主题是学生单元学习的主线和脉络,也是学生走向整体学习的关键和标志,其确定依据有学科课程标准、学科教材内容、学科核心素养的进阶发展和学生学习实际情况等。那么,单元学习主题可以从哪些方面进行选择与确定呢?

1.核心素养

"每一个学科核心素养在学生发展的不同阶段都有不同表现,对之教师要全面了解、理解,才能够站在学科整体角度选择和确定单元学习主题。"[①] 聚焦核心素养的单元学习主题要能反映学科思想观念与方法,反映学生发展的关键能力与必备品格,有利于打通整个年级乃至整个学段的学科育人要求。教师或教研团队要研读课程标准,选择学科核心素养导向的学习主题,并按照学习主题对核心教学内容的学科内整合,使学习目标、学习评价、学习任务或学习活动等更有利于学生学科核心素养的形成与发展,也使这些课程要素具有更高的一致性。

2.教材内容

众所周知,教材是依据课程标准编制的教学用书,是国家落实育人目标的具体措施。其"编写要兼顾全国各地的情况,处理好教学内容的思想性与科学

---

① 刘月霞,郭华. 深度学习:走向核心素养(理论普及读本)[M]. 北京:教育科学出版社,2018:74-75.

性、理论与实际、知识和技能的广度与深度、基础知识与当代科学新成就的关系,精选学科内容,并以学科大概念为核心,按照有关科学知识的内在逻辑、学生学习的科学规律组织内容,使之结构化;然后按学期或学年分册,对每册再划分具体的单元或章节"①。现行统编教材的单元(或模块)内容有明确的学习主题,或者原生内容在一定程度上能体现出很大的"共通性",聚焦某一个学科大概念(或大观念)、大问题、大任务等。对于一般教师来说,应根据课程标准和学情,审视并解读原有单元学习的主题,最大限度地用好教材,可适度调整教材内容。换言之,教师是学科课程的建设者、创造者,重在用教材育人,即对学科课程进行校本化、班级化、生本化实施,而不在于改编教材。当然,业务能力突出的教师、研究实力较强的学校可以持慎重态度,根据课程目标、教学主张、学情状况等自主确定单元学习主题,对教材内容进行适度统整,甚至在研读版本的基础上重组教材、改造教材。

3. 学习任务

依据学生学习差异及发展需求,可以设计一些富有综合性、挑战性、开放性和实践性的学习任务,以便促使学生更好地突破学习的重点、难点,综合运用所学知识、技能和方法来持续探究并解决复杂的大问题、大项目。为此,教师就需要根据学习任务来选定单元学习主题,由于主题关联本学科的核心内容乃至其他学科的相关内容,所以学习任务既自成系统,又成为有关单元的延伸与拓展。这类主题可以源于学科内整合后形成的综合实践活动,也可以源于跨学科整合后的项目化学习任务。

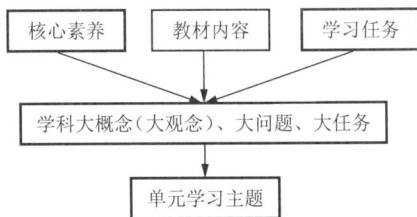

图 2.2.2 单元学习主题设计

(三)确定步骤

单元学习主题涉及学科育人价值的转化,其确定最好由教研团队以集体智

---

① 刘月霞,郭华. 深度学习:走向核心素养(理论普及读本)[M]. 北京:教育科学出版社,2018:73-74.

慧来完成,关键步骤有以下三步。

1. 梳理教材结构

分析课程标准及教材内容,依据学科大概念(或大观念),提炼单元核心概念(或核心观念),梳理单元内容结构,找出相关的核心知识。对于单元核心概念(或核心观念)的提炼,人文学科可以采用萃取法,科学学科可以采取解构法。

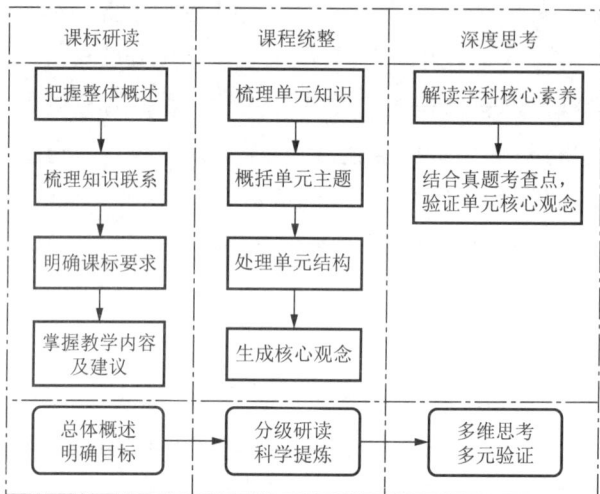

图 2.2.3　人文学科单元核心观念的萃取法

例如,初中语文七年级(人教 2019 版,五·四学制)上册第六单元的选文有《皇帝的新装》《天上的街市》《女娲造人》《寓言四则》,以及写作《发挥联想和想象》。具体来说,《皇帝的新装》《天上的街市》《女娲造人》分别属于荒诞式想象、颠覆式想象、解释性想象,《寓言四则》中的《蚊子与狮子》属于人格化想象。语文学科核心素养的思维能力类型具体包括直觉思维、形象思维、逻辑思维、辩证思维和创造思维,其中形象思维具有形象性、非逻辑性和想象性等特点。基于分析,可以将这一单元的核心观念确定为"文学中的联想和想象"。

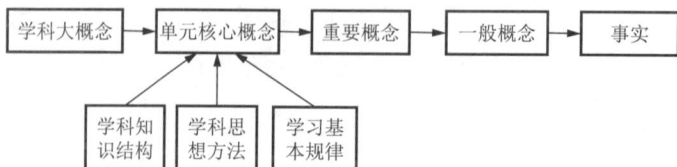

图 2.2.4　科学学科单元核心概念的解构法

2. 筛选学习内容

对学生已有的学科知识、关键能力、学科思想和方法等进行调查与分析,筛选出单元学习内容。在筛选时,要分析单元学习内容与学科核心素养乃至学生发展核心素养之间的内在关系。当然,分析二者之间的关系还需要依据课程内容标准的具体要求。

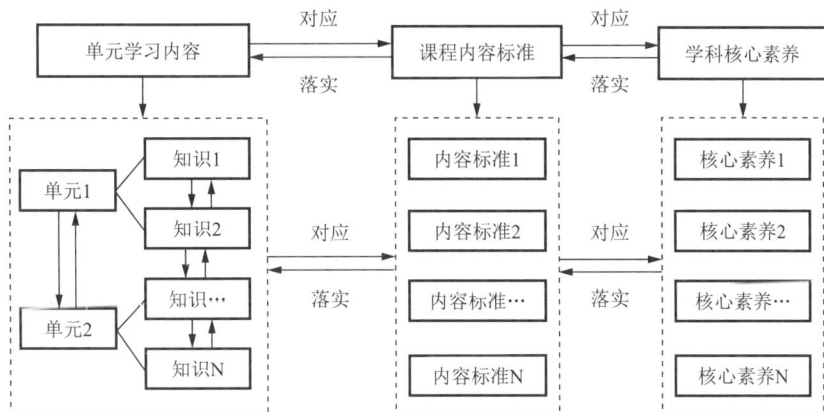

图 2.2.5 单元内容筛选框架图

《皇帝的新装》是童话,在想象中加入夸张离奇的成分;《天上的街市》是诗歌,在想象中运用变形思维,借助意象来表达;《女娲造人》是神话,在想象中借助神仙之力来征服自然;《寓言四则》是寓言,用假托的小故事来承载道理,想象简单直接。《义务教育语文课程标准》(2022 年版)第四学段有关"阅读与鉴赏"的内容标准有"能够区分写实作品与虚构作品,了解诗歌、散文、小说、戏剧等文学样式……欣赏文学作品,有自己的情感体验,初步领悟作品的内涵,从中获得对自然、社会、人生的有益启示"[①]。在原有单元教材内容的基础上,可适当拓展学习内容,借助中外神话故事引导学生展开深度学习。学生通过分析归纳想象的类型与差异,创造性运用联想与想象进行写作,能够在语言运用中培养想象力;通过中西方神话体现的文化差异,能够增强文化理解力。

3. 辨析育人价值

单元学习主题要充分体现学科育人价值,做到所选内容的原生价值与教学价值的有机统一。确定单元学习主题之前,教师要从学科核心素养的多个维度,对筛选出的单元学习内容进行综合论证,辨析该主题单元的学科育人价值。在论证与辨析时,主要看"主题对于落实课程标准的价值、对于培养学生学科核

[①] 中华人民共和国教育部. 义务教育语文课程标准(2022 年版)[M]. 北京:北京师范大学出版社,2022:14.

心素养及其进阶发展的价值、对于学生学会学习的价值;同时,还要考虑它的可操作性和可评价性……选择的单元学习主题的大小要适当。每一个学习单元通常需要若干课时完成,原则上4~10课时为宜,若主题太小则难以成为单元学习主题,若过大则难以操作"[①]。须指出,单元学习主题涵盖了学科核心内容、主干知识和主要活动、任务,但并不是所有内容都必须纳入其中。单元学习主题选定后,还要从课程标准、教材、学情三个维度进行主题解读,说明设计意图,深挖育人价值。

当然,在单元规划设计时也可以用核心概念(或核心观念)来替代学习主题,关于核心概念(或核心观念)的表现形式和提炼路径不在这里探讨。

二、目标制定:细化学科核心素养

单元学习目标是指学生在单元学习之后应达成的预期学习结果,是课程目标在学期教学过程中的阶段性体现。它集中指向学科核心素养的细化要求,包括核心知识、基本技能、关键能力,也包括学习态度、情感体验和正确价值观念等。单元学习目标为单元整体教学提供方向与评价依据。

(一)主要特征

单元学习目标总体上要体现学科育人价值,有利于落实学科核心素养及其水平进阶要求。一般来说,单元学习目标具有以下四个主要特征。

1. 一致性

课程标准中有许多关于目标的表述(表2.2.1)。单元学习目标要源于课程标准,能清晰地呈现出预期的学习结果,明确相应内容的学习所指向的学科核心素养,并与课程标准中学业质量要求、单元学习内容相一致,即学生在完成本单元的学习任务之后在学科核心素养方面应达到的水平相一致。当然,不能过高,过高则超过课程标准既定要求,或超出学生学习的接受能力;也不能过低,过低则达不到课程标准要求的学业质量水平,也不能激发学生的学习兴趣和探究欲望。

---

① 刘月霞,郭华. 深度学习:走向核心素养(理论普及读本)[M]. 北京:教育科学出版社,
2018:80.

表 2.2.1 课程标准中关于目标的表述 ①

课程标准要求	主要内涵
内容要求	是学科核心素养形成的载体,深度、广度与学业质量水平相吻合
学业要求	该主题的素养能力表现要求,是核心素养和质量标准在课程内容主题层面的具体化
学业质量水平	学生在完成本学科课程学习后的学业成就表现。以本学科核心素养及其水平为主要维度,结合课程内容,刻画学生学业成就表现
核心素养水平	学生个体学科核心素养发展的不同层次

表 2.2.2 《有余数的除法》单元学习目标一致性分析

单元学习目标	与学期课程目标的关联	与课程内容标准的关联	与学科核心素养的关联
1. 能结合实例说出有余数除法的意义	结合具体情境,理解除法、有余数的除法的意义,知道除法和有余数除法算式中各部分的名称	能计算三位数乘两位数的乘法,三位数除以两位数的除法	数学抽象
2. 能准确读、写有余数的除法	同上	同上	数学抽象
……	……	……	……

2. 发展性

单元学习目标要有利于学生学科核心素养的形成、发展与提升,既符合学生现有的学习基础、接受能力和学习需求,还要满足学生未来发展的需要;要指向对学科本质的理解,既包括具体学科知识和技能的掌握,又蕴含超越具体知识和技能的学科思想方法、价值观念等。也就是说,能让学生实现学习增值或进阶,掌握的学科知识与技能数量明显增多,学习方法更加娴熟,学科关键能力更加突出,学习愿望更加强烈,等等。

表 2.2.3 《有余数的除法》单元学习目标的认知水平层次分析

单元学习目标	认知水平
1. 能结合实例说出有余数除法的意义	识记
2. 能准确读出、写出有余数的除法	识记

---

① 杨玉琴. 核心素养视域下的单元教学设计:内涵解析及基本框架[J]. 化学教学, 2020(5):3-8+15.

续表

单元学习目标	认知水平
3.能正确阐述余数比除数小的原因,并以此为前提检验结果的准确性	理解 评价
……	……

3.逻辑性

单元学习目标是学期课程目标的具体化,"与其他单元的学习目标相互关联,互相支撑"[1]。同时,一个单元的各条学习目标也有着内在的逻辑关系,按照一定顺序进行排列,构成一个结构化的单元学习目标体系,呈现出渐次递进或螺旋上升等结构特点。这样,就有利于教师把握本单元的核心学习目标,也有利于教师合理制定课时学习目标并有序推进学习活动。

4.关键性

单元学习目标应是关键性学习目标,不仅能指向核心内容,体现核心育人价值,表述具体、明确、简洁,学习结果可观察、可评价、可测量,而且数量适宜,难度适中,力求少而精,不求大求全。一般来说,单元学习目标以4～6条为宜,每条至多3句。

例如,小学数学(青岛版,五·四学制,2017)二年级上册八单元《有余数的除法》单元的学习目标有五条。

(1)能结合实例说出有余数除法的意义。

(2)能准确读、写有余数的除法。

(3)能正确阐述余数比除数小的原因,并以此为前提检验结果的准确性。

(4)能用竖式正确计算有余数的除法,说出各部分的名称及含义。

(5)能联系生活实际,应用"进一法"和"去尾法"解决问题。

(烟台经济技术开发区第九小学刘丽老师提供)

(二)研制依据

单元学习目标的研制依据有课程内容标准、教材核心内容、学生实际情况等因素。可以说,课程内容标准是对学生学习预期结果的规定要求,教材核心内容是学生达到课程内容标准规定要求的载体,学生实际情况则是学生单元学习的现有基础和接受能力等。因此,研制单元学习目标需要对这三大因素做具

---

[1] 罗滨. 深度学习:从课时目标到单元目标[J]. 北京教育(普教),2018(12):18-19.

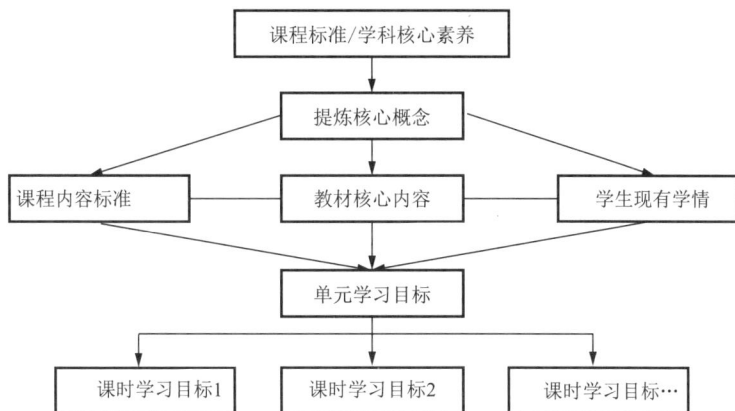

图 2.2.6　单元学习目标设计框架

体而深入的分析。

1.课程内容标准

要沿着"学段课程标准→分年级课程目标→学期课程目标→单元学习目标"的路线逐层分解，最后形成具体的单元学习目标。课程内容标准的分析，需要先看单元学习目标与学段课程标准、学期课程目标的一致性，再看单元学习目标是否有利于学生预期学习结果在学科核心素养方面的达成。

2.教材核心内容

依据单元学习主题和学科核心素养等维度对教材核心内容进行分析，是设计单元学习目标的必要前提。在教材核心内容分析时，要着重分析该单元学习内容在整个学期、整体学段乃至整个学科学习中的地位，分析教材对单元内容设计的整体思路，分析本单元的核心内容之间的内在关系，分析每个核心内容的育人价值，等等。在这里，重要的是提炼单元的核心概念，并厘清单元核心概念与学科核心素养的对应关系。

3.学生实际情况

为了帮助学生达到单元学习目标，需要对学生学情进行调研或测查。可以说，分析学情，即对学生已有知识基础、认知水平以及生活经验等实际情况进行分析，了解学生的学习态度、知识储备、认知能力和发展需求等，是单元学习目标的重要依据之一。教师可以根据自己的教学经验预判学生在这一单元学习过程中出现的问题，但更提倡采用问卷调查、知能测试和个别谈话等形式对学生做更全面更深入的了解，以便准确把握学生学习新知的基础、困难点和生长点，特别是要分析学生已有知识中可能缺少对学习新知起支撑作用的知识，或者存在会起干扰、混淆作用的知识。

表 2.2.4 单元学情分析框架

基本信息	年 级		教师姓名		教 龄	
	教材版本			单元名称		
	班 级		人 数		时 间	
项 目	具体学情分析					
学习态度						
知识储备						
认知能力						
发展需求						
前测分析						

（三）研制步骤

单元学习目标集中体现了学科育人价值，需要教师个人乃至教研团队深入研讨，其设计步骤有以下三个环节。

1. 提炼核心概念

美国课程专家埃里克森认为："核心概念是指居于学科中心、具有超越课堂之外的持久价值和迁移价值的关键性概念、原理或方法。"[1] 费德恩等人认为："核心概念是一种教师希望学生理解并能在忘记其非本质信息或周边信息之后，仍然能应用的概念性知识……"[2] 我们认为，核心概念就是在某个知识领域中处于核心地位、具有统摄功能的概念，对于某些学科而言，它表现为核心观念。

提炼核心概念，有利于确定关键目标。在具体操作时，应围绕单元学习主题，依据课程内容标准，分析筛选的教材内容。先厘清多个单元学习之间的逻辑关系；再梳理单元知识结构，提炼单元核心概念，形成单元知识结构图，以此来把握单元教材内容在不同章节中的分布、知识之间的前后联系、单元核心概念、单元的核心知识；最后立足学科核心素养，探讨单元核心概念的功能和价值。当然，还要结合学科核心素养，分析单元核心概念与学科大概念（或大观念）之间的关系。

---

① （美）林恩·埃里克森，洛伊斯·兰宁. 以概念为本的课程与教学：培养核心素养的绝佳实践 [M]. 鲁效孔，译. 上海：华东师范大学出版社，2018：.

② 张颖之，刘恩山. 核心概念在理科教学中的地位和作用——从记忆事实向理解概念的转变 [J]. 教育学报，2010（2）：57-61.

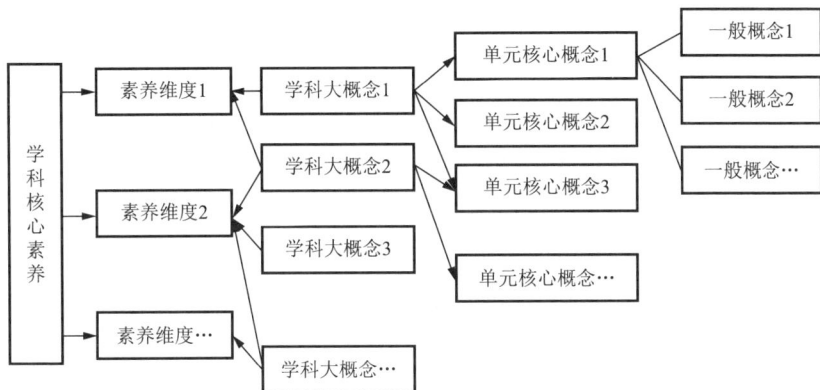

图 2.2.7 单元核心概念网

2. 构建目标体系

明确学生应学习的内容和达到的水平标准，整体设计单元学习目标。首先确定单元学习目标的类型，如成果性学习目标、过程性学习目标、创造性学习目标（关于学习目标分类将在第三章进行专门探讨）；再确定单元学习目标的维度，例如成果性学习目标，需要从知识维度来划分核心概念的类型，依据课程标准、认知目标理论来推断核心概念的认知过程；然后分析本班学生已有学科水平、现阶段思维特点和发展需求等学情，将单元学习目标具体化，清晰地表述出该单元学习的整体目标及每个课时的具体目标，进而形成一个相对完善的单元学习目标体系。对于成果性目标，仍然可以用双向细目表来确定学习水平的层次。对单元学习目标还需要专题论证和实践检验，并予以修订和完善。

为了给深度学习提供支持，应尽可能将高阶思维能力纳入单元学习目标之中，使高阶思维活动与事实性知识、概念性知识、程序性知识、元认知知识等知识类别相联系。

表 2.2.5 单元学习目标维度分析表

单元学习目标	单元核心概念	知识类别	核心素养

3. 表征关键目标

单元学习目标处于学期课程目标与课时学习目标之间，它既不可以像学期课程目标那样宏观,也不可以像课时学习目标那样具体,因此在具体表述上需要把握好度,重在表征关键目标。"至今,国内外有关学习目标表征方法有四种,分别是行为目标表征法,内部过程与外显行为相结合的目标表征法,表现性目标表征法,五成分目标表征法。其中,内部过程与外显行为相结合的目标表征法最适合表征单元学习目标,该方法利用抽象的动词来描述认知过程,比如'理解''应用'等,然后用可测量、可评价的、具体而明确地能反映内心活动的外显行为动词来界定学习目标,如'说出''计算''辨别''区分'等。"[①]布卢姆教育目标分类框架中认知过程及其亚类有助于单元学习目标的表征和具体化。

单元学习目标的设计,需要教师不断追问该单元学科育人的最大价值是什么,教师应利用目标分类表来思考单元学习目标的整体分布情况,检查单元学习目标设计是否合理,进而从整体上思考学生应达到的学科核心素养目标,努力做到从"学科教学"到"课程育人"的心智模式转变。

三、评价设计:确定学习表现证据

单元学习评价是"检验目标是否达成的学习工具,是将内容隐含在过程中的学习驱动器,是评价学生具体学习表现的神秘武器"[②]。其设计主要包括评价任务、评价标准和评价方式等三大内容的研发与选择。按照逆向设计要求,单元学习评价设计要先于单元教学活动设计,确定学习成功的具体标准。

(一)主要特征

单元学习评价的关注点从教师的"教"转向学生的"学",注重学生学科核心素养的发展水平,以及学生在学习活动中的参与度、合作能力和创新意识等。一般来说,它具有以下四个主要特征。

1. 系统性

从内容维度,单元学习评价是以学科核心素养为导向,对学业质量进行系统性评价。从"质"的维度看,需要确定学习评价的内容;从"量"的维度看,需要确定学习评价的量规,即"明确学生通过单元学习之后,在目标和内容上达

---

① 梁俊. 单元教学目标设计:框架、思路与表达——以"物质构成的奥秘"为例[J]. 中学化学教学参考,2020(2):21-25.

② 李勤华. 单元学习设计的要点与策略[J]. 江苏教育(小学版),2019(30):7-11.

到何种状况和水平"[1]。从纵向的时间维度看,需要确定学生达到学科核心素养发展的水平层级;从横向的指标维度看,需要考虑各项评价指标之间的相互关联,以体现学科核心素养在各维度发展的均衡性。

2. 激励性

从目的维度看,单元学习评价是一种激励性评价,其理念应从"对学习的评价"转向"为了学习的评价"。它与学期学习评价有显明的区别,其目的不在于对学生学习结果做出相应的等级评定,而在于通过反馈评价结果来激发和维持学生学习的动力,挖掘学生学习潜能,用发展的眼光评价学生的发展与提升,肯定学生的成绩和优点,以促使学生在后续学习中有更多精彩的表现,获得更充分的发展。

3. 多元性

从形式维度看,单元学习评价应具有多元性。就评价主体而言,单元学习评价可以有学生自评、小组互评、教师评价等形式,以适应从多个视角对学生学习态度、学习行为、学习结果的审视与判断。就评价范式而言,可以有纸笔测试和表现性评价。就评价类型而言,可以有诊断性评价、形成性评价和终结性评价,坚持三者相结合,以便对学生单元学习状况做出整体而全面的评价。就评价方式而言,可以有课堂行为观察、课后作业评价、单元质量测试、学习作品展评等形式,使每个学生都有出彩的机会,都能获得成就感。

4. 持续性

从时间维度看,单元学习评价是一种持续性评价。由于课时的安排,学生需要完成相应的学习任务,这样就会渐次达成既定的学习目标,做到素养进阶,实现学习增值。也就是说,在单元学习进程中,学生通过持续地参照和运用评价标准,来驱动自己的学习不断完善和提升,也及时监测与调控自己的学习过程。同时,教师对收集的各类信息进行及时分析与判断,通过持续反馈信息来改善和调整自己的教学,并指导学生改进学习方式与策略。

---

① 熊梅,杨雨,刘文元. 如何评价:学科核心素养导向的单元学习——以小学"认识万以内的数"为例[J]. 基础教育课程,2019(10 上):67-73.

(二)设计依据

评价设计是课程规划的难点,要根据学习主题、目标与内容进行量身定制。因此,单元学习评价设计应综合考虑单元学习主题、单元学习目标、单元学习内容等多种因素。

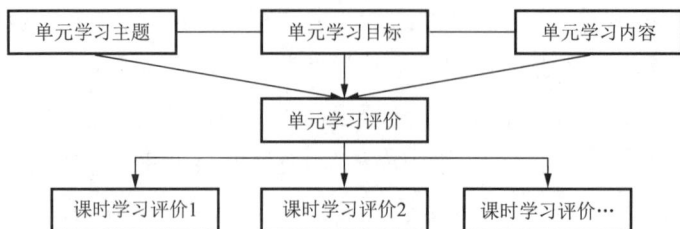

图 2.2.8　单元学习评价设计框架图

1.单元学习主题

单元学习主题决定着评价的方向,直接影响着学科育人价值的全面挖掘与有效转化。要围绕学习主题,从学科核心素养的预期发展情况来思考单元学习评价方案的制定。具体来说,要考虑评价标准含盖了学科核心素养的哪些维度,考虑评价工具能够收集哪些学生学科核心素养的发展证据,考虑评价结果能够反馈哪些用于指导师生改进教学的学生的重要信息,尤其是要考虑将学科核心素养分布到具体的单元评价任务中。

2.单元学习目标

单元学习评价设计的核心依据是考虑课程标准的实施要求。单元学习目标是课程标准分解到一个单元的学业质量要求,是学生在一个单元学习之后最终需要到达的"目的地",它是单元学习评价的前提和依据。评价标准研制时,主要是考虑评价的水平标准层级与目标中的学习结果表现程度保持一致性。

3.单元学习内容

相对学习内容而言,学习目标虽然在一定程度上解决了"评什么"的问题,但还不够具体和清晰。单元学习内容是根据单元学习主题和目标来组织的,对教材原有内容、其他课程资源等进行了重组乃至统整,在很大程度上规定了单元学习评价的内容与维度。也就是说,要考虑单元学习评价与学习内容两者的一致性,使评价标准能全面而准确地判断出学生的单元学习状况。

(三)设计步骤

随着学科核心素养导向的课堂深度变革的推进,如何设计单元学习评价成为当前教师需要深入研究并尽快解决的一项重要课题。其设计步骤有以下三个关键环节。

1. 研发评价方案

依据单元学习目标以及课时目标,整体设计单元学习评价方案,研发评价任务、评价指标和评价工具,确定相应的评价方式。对于结果性学习目标的达成,可以采用单元过关检测的形式进行评价,具体来说可采用纸笔测验,重点检验学生对学习内容的理解与掌握程度,诊断学习中存在的问题;对过程性(或体验性)学习目标的达成,可以采用表现性评价的形式,针对学生学习活动表现和作品等,确定表现性评价维度和指标、层级标准。

2. 研制评价标准

因为有着明确的评价任务和评价标准,教师在整个单元教学过程中就能及时收集学生学习质量评价的证据,并以此推论和判断单元学习目标是否达成。当然,学生会因此知晓衡量单元学习结果的成功标准,为实现达到学科核心素养的规定水平、为表现出更多的精彩而投入精力和时间。当然,评价标准的制定应当由教师团队共同制定,可以专家论证和指导;或者由师生共同制定标准,让学生参与评价标准的研发活动。与学生一起开发成功指标的好处是,能创造"一种学生可借此来讨论进而内化学习目标和成功指标的机制,这使得学生更有可能在自己的学习情境中应用学习目标和成功指标"[1]。

3. 确定信息反馈

根据单元学习进程,确定单元学习评价反馈的内容与方式。简要地说,信息反馈的目的在于让学生知道自己"已走到哪里",明确自己所处的位置,进而及时调整学习的策略、状态和节奏等,以更好地继续前行,达成单元学习目标。

为了便于教师理解和操作,单元学习评价可以按照"学习目标"与"评价任务(或学习任务) + 评价标准"相对应的原则进行设计,而不是按照学术规范由"评价目标"来确定评价任务。例如,高中语文统编教材必修上册第四单元"家乡文化生活"的评价任务可以这样设计(表 2.2.6)。

---

① (美)迪伦•威廉. 融于教学的形成性评价(原著第 2 版)[M]. 王少非,译. 南京:江苏凤凰科学技术出版社,2021:80.

表 2.2.6　单元学习评价设计

学习目标	评价任务 + 评价标准
1.通过查阅文献、访谈、考察等方式,记录家乡风物,了解家乡文化特色	完成以"家乡文化节"为题的作文。① 能说出家乡地名的由来及其变迁;② 介绍家乡与地名有关的古迹或当地的标志性建设;③ 图文并茂,字数 800 字以内
2.问卷调查,了解方言使用现状,概括方言特点,体会家乡语言魅力	用方言表现家乡生活。① 能用方言熟语;② 会说 1～2 首方言儿歌或民谣;③ 符合家乡生活的真实情况,时间 3～5 分钟
3.设计访谈方案,制作人物展板,通过家乡名人事迹展示家乡文化的人文精神	制作家乡名人事迹展板。① 简要介绍家乡名人先贤的生平事迹;② 对名人先贤事迹进行主题化整合;③ 明确体现出家乡文化的某种人文精神
……	……

四、过程安排:提供学习进阶路径

规划单元学习过程,就是通过安排一些必要的任务或活动来帮助学生有效地开展学习并达成预期的学习目标。尽管单元规划必须明确并确保学生有效达到既定的课程标准,"但我们也要时刻牢记教育的长远目标是:在达到标准的同时,为学生创造有趣且有意义的学习体验,不断开发学生的理解力和好奇心"①。因此,我们要全面考虑安排什么样的学习过程,提供什么样的学习进阶路径,最为适合、最有利于学生的学习与发展。当然,学习与评价是同步建构的,教师要将评价标准嵌入单元教学的各个环节,时时处处进行评价,灵活调整教学实施,从而确保学生更好、更迅捷地达成学习目标。

(一)主要特征

单元学习过程规划就是将一个单元的学习任务或活动进行整体设计与安排,它回答"怎么更好地到那里"的问题。那么,它具有哪些主要特征呢?

1. 整体性

依据学习主题和目标对单元学习活动进行统筹规划、整体架构,使学习活动及有价值的学习任务组合成一个有利于学生学习真实发生并获得预期学习结果的完整体系。在此基础上,要设计具有一定挑战性并能统领整个单元学习过程的大任务,再根据课时设计并分布有价值的学习任务,进而构成任务链(或

---

① (美)格兰特·威金斯,杰伊·麦克泰. 理解为先模式——单元教学设计指南(二)[M]. 沈祖芸,陈金慧,张强,译. 福州:福建教育出版社,2021:4.

任务串、任务群），为学生循序渐进的学习、学科核心素养的进阶铺就"行进道路"。就学习过程而言，它由主体、内容、任务、程序、成果、时间和规则等要素构成，当然这些构成要素之间并非各自独立，而是彼此联系的。

例如高中语文统编教材必修下册第四单元"信息时代的语文生活"是"跨媒介阅读与交流"任务群，教材中设计了"认识多媒介""善用多媒介""辨识媒介信息"三个活动。以教材中"学习活动二"的"戏剧节宣传推广方案"为依据，联系戏剧单元（第二单元）的学习经历，可以设计如下任务：

学校近期拟举办一次戏剧节——以第二单元中的《雷雨》和《哈姆莱特》选段作为参演剧目，每个班级参加展示及评比。小组合作，为你的班级节目设计一个跨媒介宣传推广方案，展现班级戏剧编制特色，以赢得更多关注和支持。

设计跨媒介宣传推广方案具有整体性。要完成这一单元任务，学生需要完成以下两项具体任务：一是分组制订班级戏剧节目宣传推广方案；二是制作两到三种媒介宣传作品，可以选用海报、短视频等形式。这样，两项具体任务就构成一个有时间顺序、内在逻辑的任务链，而"制作两到三种媒介宣传作品"可视为一个微型任务群。

2. 开放性

单元学习过程具有开放性，需要以大问题为统领，给学生提供较大的探究空间。大问题由诸多需要学生解释、概括、论述、展示的问题构成，这些问题解决的思路、方法不唯一，其答案、观点也不唯一。学生需要运用多种知识、方法和技能进行探究，并予以解决，甚至在探究过程中，还需要讨论、争论、辩论，展开思维碰撞与观点交锋，实现批判性思维和创新性思维的发展。当然，有价值的大任务也是有生成性的，学生也需要经历知识发现、智慧复演、意义生成的过程，能够在学习活动中展现自己对人、事、物的新发现、新认识和新见解。另外，开放性还表现为师生之间、生生之间、小组之间的多维互动，在相互分享中实现知识共建、思维共振和情感共鸣。

3. 情境性

单元学习过程往往以复杂问题为载体，以真实情境为背景。学生在大任务、任务链（或任务串、任务群）的解决过程中需要置身大情境之中，通过知识、方法与技能的综合运用，将知识世界、生活世界和心灵世界有机融通起来。例如，高中语文统编版必修教材（高一上册）第三单元包括8篇古典诗词（《短歌行》《归园田居（其一）》《梦游天姥吟留别》《登高》《琵琶行并序》《念奴娇·赤壁怀古》

《永遇乐•京口北固亭怀古》《声声慢(寻寻觅觅)》),其学习任务是"借助知人论世和以意逆志的方法,理解诗人及作品,把握诗人的人生感悟和生命情怀"。对此,可以创设这样的大情境:电视台邀请你参加《经典鉴赏》节目,请你以多样化的手法来表现这些作品?

另外,一般性的学习任务也具有情境性,以有利于激活学生的生活经验和情感体验,有利于引发学生深度学习的发生与发展,有利于考查学生学科关键能力的形成与迁移。例如,就《琵琶行并序》一课,可以设计央视"经典咏流传"大舞台的情境,并提出"假如你是经典传唱人,你将如何演绎《琵琶行》"的驱动性问题,进而将真实情境嵌入学习任务。

4.丰富性

单元学习任务或活动应当丰富多样,有着不同的类型和表现形式,以便于学生展示自己的精彩表现、优秀作品,培养学生的学科核心素养。仍以高中语文统编版必修教材(高一上册)第三单元为例,可以设计"诗歌评论"任务,以分析相同体式诗歌表述方式、表现手法和风格的异同;可以设计"诗歌改写"任务,将古体诗改成现代诗,体会诗歌的意境和诗人的思想情感;可以设计"诗歌朗读"任务,撰写诗歌朗诵脚本,并参加诗歌朗读比赛。

当然,一个好的学习任务应当内涵丰富,能调动学生多种感官、多种认知活动的参与,有利于学生全面而持续地发展,进而体现出育人价值的丰富性。就以"诗歌评论"任务而言,指向学生"将具体的语言文字作品置于特定的交际情境和历史文化情境中理解、分析和评价";指向学生"运用批判性思维来审视语言文字作品","有理有据地表达自己的观点和阐述自己的发现",进而发展学生的逻辑思维能力;指向学生"欣赏、鉴别和评价不同时代、不同风格的作品,具有正确的价值观、高尚的审美情趣和审美品位";还指向学生"体会中华文化核心思想理念和人文精神,增强文化自信,理解、认同、热爱中华文化,传承、弘扬中华优秀传统文化和革命文化",有利于多维度发展学生的语文学科核心素养。

(二)规划依据

单元学习过程要依据主题、目标、内容和学情进行精心规划与安排。在这里,仅就目标、内容和学情进行探讨。

1.学习目标

学习目标是单元学习规划的"灵魂",学习过程是基于目标展开的单元教学实施,没有清晰的目标,教学活动就有可能偏离既定的方向,甚至会出现学、评、教三者相互脱节的现象,进而影响学生预期学习结果的获得。在规划时,要分析单元学习活动与学习目标之间的一致性,分析两者的学习结果水平标准是否表现在同一层级,学科核心素养的具体要求是否聚焦在同一维度。

具体来说,结合单元学习目标和课时学习目标,考虑学习任务的认知水平层次,考虑学生思维过程的外在表现,考虑学生才能发挥的弹性空间,考虑学生参与活动的情感体验,考虑能否确保大多数学生如期达成学习目标,部分学生表现出超过预设的精彩。也就是说,单元学习过程规划必须以目标为导向,绘制出一个单元学习"路线图"。

表 2.2.7　单元学习过程与目标一致性分析表

单元学习过程	学习目标	水平标准	素养指向
学习任务 1			
学习任务 2			
学习任务…			
学习任务 N			

2. 内容结构

虽然"教科书并不是唯一的教学资源,它只是为学生的学习提供一种知识上的线索,为学生学习活动的提供引导和参考"[1],但规划单元学习过程仍需要把原有或改进、重组的学习内容作为重要依据,根据学习内容的结构体系和逻辑关系,将结构化的学习内容嵌入学习任务,通过有价值的、有意义的活动促进学生知识的自我建构,或促进学生知识与技能的迁移。

具体来说,要分析单元核心概念、一般概念以及事实、知识和技能的层级结构,以安排序列化的学习任务,促使学生形成良好的认知结构乃至学科核心素养;分析单元大任务的设计是否基于单元核心概念、教材内容或将学习内容转化成的大问题,将具体的事实、概念、知识和技能等建立起关联,有利于学生问题解决能力的提升和学科思想方法的形成;分析课时学习任务的完成需要哪些知识和技能作为支撑,这些知识、技能与单元核心概念是否形成有机对接,如何恰当地融入具体学习活动情境中。

---

① 李锋. 基于标准的教学设计:理论、实践与案例[M]. 上海:华东师范大学出版社,
　2013:160.

表 2.2.8　学习任务与知识概念一致性分析表

单元主题			
单元核心概念		单元大任务	
一般概念		课时学习任务	
事实、知识和技能		具体学习活动	

3. 现有学情

单元学习过程是为学生的"学"而规划的，它"如何体现学生在能力、风格与兴趣方面的差异"[①]？这是教师必须认真思考的问题。在规划学习过程时，教师要分析学情，依据单元核心概念和知识之间的内在逻辑关系，选择适合的学习任务和教学组织形式，整体架构起单元学习活动体系。

具体来说，要从实际出来，对教材原有知识内容的数量、范围、深度和难度进行适度调整，或者对内容呈现的顺序进行改良与重组，形成更合理的学习任务顺序，以更好地满足学生不同的学习兴趣、学习进度和学习方式等需求；要厘清该单元课时之间学习活动的逻辑关系，使每节课的学习活动各有侧重，更加符合学生的认知规律，以更好地满足学生学科核心素养各维度的发展需求；要"在每个学习任务中提示出任务目标、可采用的学习方法、可寻求的帮助、建议完成的时间以及发展性学习内容等"[②]，以便于学生自定学习速度，自选学习方法，完成学习任务。

（三）规划步骤

单元学习规划是单元学习设计的关键环节，直接影响到落实目标与评价的载体的品质。基于对单元学习目标、单元内容结构和学生现有学情的分析，单元学习过程大致可以依循"设计学习任务、创设问题情境、明晰具体要求"三个关键步骤。

---

① （美）格兰特•威金斯，杰伊•麦克泰. 理解为先模式——单元教学设计指南（二）[M]. 沈祖芸，陈金慧，张强，译. 福州：福建教育出版社，2021：100.

② 刘晓玫. 深度学习：走向核心素养（学科教学指南•初中数学）[M]. 北京：教育科学出版社，2019：40.

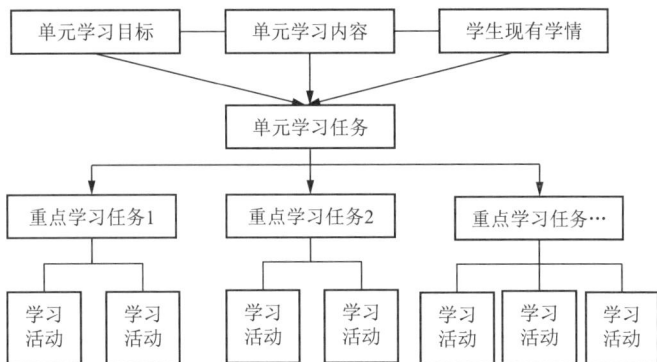

图 2.2.9　单元学习任务设计

1.设计学习任务

为了确保单元学习活动能够取得理想成效,充分发挥课程育人功能,要围绕富有挑战性的单元学习主题和目标,结合学习内容的特点和学生的学习兴趣、学习基础、学习障碍和发展需求等,设计出具有开放性、探究性、综合性和实践性的学习任务。

一般来说,学习任务具有以下特征:任务的重心在于学生能开展有意义的学习,即其特点和认知过程与真实世界的任务相同,具有真实性;任务的完成需要一系列的知识和技能;学习者完成任务须利用认知过程,特别是高级认知能力的参与;任务的完成具有明确的结果。

当然,学习任务的设计还要聚焦单元核心概念,符合学生的兴趣,如果有必要还须体现出学科内部或学科之间的整合性。学习任务应基于学习主题、学习目标构成一个任务链或任务群,为学生持久理解和迁移应用创造条件。

2.创设问题情境

研究表明:"只有将学习镶嵌在它所进行的社会的和物理的境脉中时,有意义的学习才会发生。"[1] 也就是说,"学习是一种情境化的实践"[2],离开具体情境,很难形成对知识的准确理解。因此,单元学习过程安排不仅要创设学习情境,还需要将学习内容合理地融入学习情境,以促进学生学科核心素养的发展与提升。

---

[1] 巩子坤,李绅. 论情境认知理论视野下的课堂情境[J]. 课程·教材·教法,2005(8):26-29+53.

[2] 王文静. 理解实践:活动与情境的观点[J]. 全球教育展望,2001(5):48-53.

在具体创设时,要把学习内容依次转化为有利于发展高阶思维的大问题、核心问题、关键问题,让学生通过解决情境中的问题发展认知策略,实现知识、技能的建构与迁移,发展解决问题的能力;要对情境进行具体描述,能最大限度地反映知识、技能在实际中应用的方式,并将学生的实际经验与所学的知识、技能等产生有意义的关联;要与学习主题、学习目标相一致,贴近学生生活,能激发他们的学习兴趣,调动其学习积极性,有利于学生在时间、空间、设备、人际互动等多因素构成的整体环境中展开深度学习,实现全面而充分的发展。当然,教师还要将问题情境有机地嵌入学习任务中,努力做到单元学习的内容问题化、问题情境化、情境生活化。

3. 明晰具体要求

学习任务的要求陈述必须做到内容明确、指令清晰,学生阅读后能清楚地知道做什么、怎么做,任务结束后要完成什么。也就是说,要明确学习任务的指令要求,让学生知道所必须做的具体任务;同时要明确学习结果要求,让学生知道学习结束后所需要显示的具体结果。

就一个单元而言,教师要统筹安排学习过程,并对每个课时的主要学习活动提出具体要求,以帮助学生深度理解学习的意义,形成完整的知识结构。当然,教师还需要依据学习目标、评价任务把这些活动要求转化为具体的表现性评价标准,并选择与学生学习活动相匹配的组织形式和指导策略,实现"学、评、教"一体化。

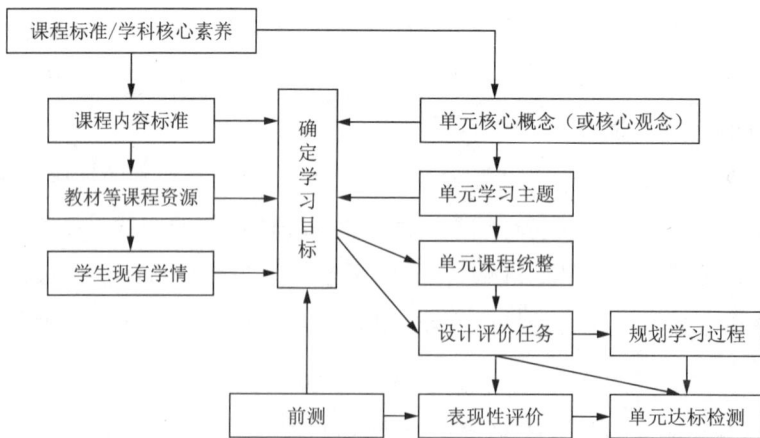

图 2.2.10 单元学习规划设计模型

　　须指出,从"教"的视角看,单元规划可以称为单元教学计划,也有人从"课程"的视角,将其称为单元课程纲要。但不论从"学"的视角、"教"的视角还是"课程"的视角审视,单元规划都要将主题、目标、评价和活动有机融合,形成一个完整的教学方案。对这一教学方案还需要在实践检验后予以修订和完善,进一步增强其适切性。如果处于初步探索阶段,学校应邀请学科教研员乃至知名的学科教研专家对单元规划进行论证,着重论证学习主题的育人价值,论证学习目标、学习评价、学习过程设计的科学性、合理性、适切性,论证学习目标、学习评价、学习过程三者的一致性、关联性和可行性,使单元教学能在高起点上前行,获得高质量发展。

　　附:

单元学习规划设计模板

姓　　名		学　　科		
年　　级		教材版本		
单元名称			课　时	
学习主题				

主题解读	课标分析	
	教材分析	
	学情分析	

学习目标	学习评价

学习过程	课题名称	学习任务(或学习活动)	课时

练习检测	
实施建议	
学后反思	

<h3 style="text-align:center">《单元学习规划》评议要点</h3>

维度	评议要点
1. 一般信息	姓名、学科、年级、教材版本、单元名称、课时、学习主题等基本信息完整
2. 单元主题	聚焦学科本质,指向素养提升,体现学科大概念,统摄整个单元的学习内容
3. 主题解读	(1)课标分析:对相关课程标准中的"学什么"(即行为表现)、"怎么学"(即行为条件)、"学到什么程度"(即表现程度)等具体要求进行分析,对行为表现的行为动词、核心概念(名词)进行解释,指明预期学习结果指向的学科核心素养,描述学习目标达成后的成功标准 (2)教材分析:说明学习内容在教材体系中的地位与作用,介绍与前后单元学习内容的基本联系,指出该单元学习的核心任务(或核心概念、核心问题),解释学生学习的重点和难点 (3)学情分析:陈述现阶段学生的学习基础(侧重已知已会)和认知特点,呈现学前检测的基本信息,预判学生将来学习可能遇到的困惑、障碍和易错点、易混点
4. 学习目标	(1)一致性:能清晰地呈现出预期的学习结果,明确相应内容的学习所指向的学科核心素养,并与课程标准中学业质量要求、单元学习内容相一致 (2)发展性:符合学生现有的学习基础、接受能力和学习需求,有利于学生学科核心素养的形成、发展与提升,有助于学生实现学习增值(或进阶) (3)逻辑性:各目标相互关联,排列顺序呈现渐次递进或螺旋上升等结构特点,有利于课时学习目标的合理分配和学习活动的有序推进 (4)关键性:指向核心内容,体现核心育人价值,表述具体,学习结果可观察、可评价、可测量;数量合理,难度适中,一般以4~6条为宜,每条至多3句
5. 学习评价	(1)系统性:确定学生达到学科核心素养发展的水平层级,考虑各项评价指标之间的相互关联,有利于学生学科核心素养各维度的均衡发展 (2)激励性:用发展的眼光评价学生学科核心素养的发展与提升,肯定成绩和优点,激发和维持学生学习的动力 (3)多元性:评价主体多元,评价形式多样,从多个视角对学生学习态度、学习行为、学习结果进行整体而全面的评价 (4)持续性:有利于学生持续地参照和运用评价标准来驱动自己学习,有利于教师通过持续地反馈信息来改善和调整自己的教学

续表

维度	评议要点
6. 学习过程	(1) 整体性:依据学习主题和目标对单元学习活动过程进行整体架构,设计富有挑战性的大任务、任务链(或任务串、任务群),有利于学生循序渐进地学习 (2) 开放性:具有较大的探究空间,有利于学生经历知识发现、意义生成的过程,有利于师生之间展开多维互动,实现知识共建、思维共振和情感共鸣 (3) 情境性:以复杂性问题为载体,以真实情境为背景,有利于学生综合运用所学知识、方法与技能,将知识世界、生活世界和心灵世界有机融通 (4) 丰富性:设计不同类型和表现形式的学习活动,便于学生展示学习成果,能调动学生多种感官、多种认知活动的参与,有利于学生全面而持续地发展
7. 练习检测	(1) 明确性:明确练习检测的功能、针对性和递进性,规定完成的时间 (2) 导向性:发挥课后作业对于复习巩固、自主探究、引导后续学习的作用 (3) 多样性:面向全体,将分层作业、任务式作业和个性化作业相结合,研制难度适中的单元测试题

第三节　课时方案

课时方案就是课时教学方案。就构成要素看,它与学期课程纲要、单元学习规划有相似之处,都需要对目标、评价、活动等进行合理设计。在后续章节中,会对课时的目标研制、活动重构等进行具体介绍,在本节就仅对逆向设计这一问题进行探讨。从顺向设计到逆向设计,是课堂深度变革的具体表现之一。

一、设计程序:"评价设计"要先于"活动设计"

逆向设计分为"确定预期结果、确定合适的评估证据、设计学习体验和教学"三个阶段。[①]它不仅适用于单元教学规划设计,同样适用于课时教学方案撰写。在课堂深度变革中,我们基于学生立场设计出逆向设计模型(图2.3.1),这种模型既能确保学科育人价值的深度挖掘与充分转化,又能增强"学、评、教"的一致性,使基于目标的"学、评、教"活动浑然一体。

---

① (美)格兰特•威金斯,杰伊•麦克泰格. 追求理解的教学设计(第二版)[M]. 闫寒冰,译. 上海:华东师范大学出版社,2017:19.

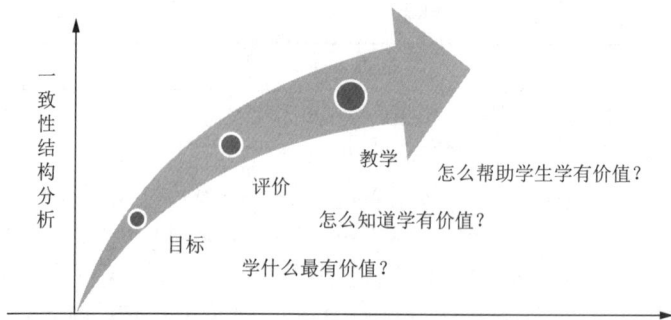

图 2.3.1 "学、评、教"一体化设计

(一) 确定预期结果

逆向设计首先考虑学生学习之后的结果将会是怎样的,即学习目标的设计。威金斯和麦克泰格强调思考以下问题:"学生应该知道什么,理解什么,能够做什么?什么内容值得理解?什么是期望的持久理解?"[1]这就要求教师坚持"以终为始"的理念,依据课程内容标准,设计教学目标。在一定的课时内,教师要教授的内容是有限的,但这有限的内容也远比学生所能学的内容要多得多。因此,对学习内容必须有所选择,这样才能确保学生预期的学习结果达到课程标准的规定要求。课程标准对预期结果的要求分为内容标准(指向"学什么")、成就标准(指向"学到什么程度")和机会标准(指向"怎么学")。因此,"教师需要深刻理解课程标准,把握对学生的总体期望,将课程标准具体化为每一堂课的学习目标"[2],即做到学习目标源于课程标准。

(二) 确定合适的评估证据

逆向设计的第二阶段,要考虑如何证明学生达到了预期的学习结果?可以获得哪些证据?即设计学习评价。威金斯和麦克泰格认为在这个阶段要思考的关键问题是:"我们如何知道学生是否已经达到了预期的学习结果?哪些证据能够证明学生掌握和理解的程度?"[1]他们主张,教师和课程设计者应该像"评估员一样思考",思考如何确定学生是否已经达到了预期的理解。根据逆向设计要求,教师应确定一系列的评价标准,以确保学生实现预期的学习结果,避

① (美)格兰特•威金斯,杰伊•麦克泰格. 追求理解的教学设计(第二版)[M]. 闫寒冰,译. 上海:华东师范大学出版社,2017:19.

② 崔允漷. 基于课程标准教学的理论诉求 [J]. 基础教育课程,2014(6上):43-46.

免教学设计流于形式和走过场。因此,教师要对学习评价进行深入研究,能清晰地构想出学生在结课时必须完成的任务以及作业的质量要求,设计出判断学生学习成功的标准及指标,具体的评价方式又有哪些,并能对学生做出解释。也就是说,评估设计必须先于教学活动的设计,这正是逆向设计的显著特征。

（三）设计学习体验和教学

逆向设计的第三阶段,要考虑最适合的教学活动有哪些? 如何安排这些教学活动? 即设计学习活动。威金斯和麦克泰格指出,在这个阶段必须思考的关键问题有:"如果学生要有效地开展学习并获得预期结果,他们需要哪些知识(事实、概念、原理)和技能(过程、步骤、策略)? 哪些活动可以使学生获得所需知识和技能? 根据表现性目标,我们需要教哪些内容,指导学生做什么,以及如何用最恰当的方法开展教学? 要完成这些目标,哪些材料和资源是最合适的?"[1]19 也就是说,教师要制订明确的学习计划,具体包括课程内容及具体学习资源的选择与组织,学习活动的安排,问题情境的创设,教学方法的选择,以及对学生给予的具体指导,等等。

二、设计模板:从"理解为先"走向"育人价值"

威金斯和麦克泰格在《追求理解的教学设计(第二版)》(Understanding by Design, UbD)中详细介绍了体现逆向设计特点的 UbD 模板,为教师设计理解为先的教学提供了支架。课堂深度变革,可以借鉴 UbD 模板进行课时方案设计,并在此基础上进行本土化改造,研发出更加简便实用的教学设计模板。

（一）UbD 模板

UbD 模板"是追求理解的教学设计的实用性基础,其目的是养成正确的思维习惯,完成有助于学生理解的设计,避免活动导向各灌输式教学设计中的错误习惯"[1]22。其包括设计问题的单页模板,能为教师提供一个简洁清晰的逆向设计全景图,便于教师"快速检查、调整评估(阶段 2)和学习活动(阶段 3)与既定目标(阶段 1)的匹配程度"[1]22-23。

---

① （美）格兰特·威金斯,杰伊·麦克泰格. 追求理解的教学设计(第二版)[M]. 闫寒冰,译. 上海:华东师范大学出版社,2017.

UbD 模板的阶段 1,要求教师考虑自己想要学生理解什么,根据问题构建理解框架。阶段 2,提示教师为预期的理解目标思考多种评估方法以收集证据。阶段 3,则要求列出主要学习活动和课程。一旦填入这些内容,教师应该能够识别"WHERETO"的各个元素。[1][24]

表 2.3.1　包含设计问题的单页模板[1][23]

阶段 1——预期结果	
所确定的目标: • 此设计将达到什么目标(例如:内容标准、课程或项目目标、学习结果)? （G）	
理解: （U） 学生将理解…… • 大概念是什么? • 期望他们获得的特定理解是什么? • 可预见的误解是什么?	基本问题: （Q） • 什么样的启发性问题能够促进探究、理解和学习迁移?
学生将会知道…… （K） • 作为本单元的学习结果,学生将会获得哪些关键知识和技能? • 习得这些知识和技能后,他们最终能够做什么?	学生将能够做到…… （S）
阶段 2——评估证据	
表现性任务: （T） • 学生通过哪些真实的表现性任务证明自己达到了预期的理解目标? • 通过什么标准评判理解成效?	其他证据: （OE） • 学生通过哪些其他证据(例如:小测验、考试、问答题、观察、作业、日志)证明自己达到了预期结果? • 学生如何反馈和自评自己的学习?

---

① 格兰特·威金斯,杰伊·麦克泰格. 追求理解的教学设计(第二版)[M]. 闫寒冰,译. 上海: 华东师范大学出版社,2017.

续表

阶段 3——学习计划	
学习活动: 哪些学习体验和教学能够使学生达到预期的结果?设计将如何? W = 帮助学生知道此单元的方向(Where)和预期结果(What)? 帮助教师知道学生从哪(Where)开始(先前知识、兴趣)? H = 把握(Hook)学生情况和保持(Hold)学生兴趣? E = 武装(Equip)学生,帮助他们体验(Experience)主要观点和探索(Explore)问题? R = 提供机会去反思(Rethink)和修改(Revise)他们的理解及学习表现? E = 允许学生评价(Evaluate)他们的学习表现及其含义? T = 对于学生不同的需要、兴趣和能力做到量体裁衣(Tailor)(个性化)? O = 组织(Organize)教学使其最大程度地提升学生的学习动机与持续参与的热情,提升学习效果?	ⓛ

UbD 模板 2.0 版本有利于阐明合理的课程应具备的基本原则,并为开发有效的单元规划和课时方案提供帮助,尤其是能帮助教师掌握 UbD 的整体内容并发掘其改善学生学习的内在潜力。

表 2.3.2 UbD 模板 2.0 版本 ①

阶段一:明确预期学习结果		
课程标准: 本单元要达到的内容标准和任务目标是哪些? 本单元学习的思维习惯和跨学科的目标是哪些?	学习迁移	
	学生能自主地将所学运用到…… 学生将获得何种持久的、自主的学习成果?	
	理解意义	
	深入持久理解 学生将会理解…… 教师特别期望学生理解什么? 学生如何将它们联系在一起?	核心问题 学生将不断地思考…… 何种引人深思的问题能促进学生的质疑问难、理解意义和学习迁移?
	掌握知能	
	学生该掌握的知识是…… 学生应当掌握并能再现哪些事实和基本概念?	学生形成的技能是…… 学生应当会用哪些具体的技能和程序?

① (美)格兰特·威金斯,杰伊·麦克泰. 理解为先模式——单元教学设计指南(一)[M]. 盛群力,沈祖芸,等,译. 福州:福建教育出版社,2018:18-19.

续表

阶段二：确定恰当评估办法		
目标代码	评估的标准	
是否所有的预期学习结果都进行了合理的评估？	采用何种标准来评估预期学习结果的成效？不考虑具体形式，评估中最重要的本质属性是什么？	真实情境任务：将用哪些表现说明学生实现了理解……在复杂的情境任务中，学生将如何展示自身的理解（理解意义和学习迁移）？
		其他评估：通过其他哪些方式说明学生达成了"阶段一"中的目标？教师将收集哪些其他方式说明学生达成了"阶段一"中的目标？
阶段三：规划相关教学过程		
目标编码	前测 教师将采用何种前测方法来确定学生已有的知识、技能和潜在的误解？	
每个学习活动的目标（类型）是什么？	教学活动 学生学习迁移、理解意义和掌握知识技能取决于…… *教学活动是否致力于达成三种类型的目标（知识技能、意义理解和学习迁移）？ *教学活动是否体现了学习的基本原则和最佳的教学实践？ *阶段一和阶段二之间是否始终保持一致？ *教学活动对学生是否有吸引力和有效果？	教学监控 *在课堂活动中，教师如何监控学生知识技能、理解意义和学习迁移的学习进程？ *潜在的薄弱点和误解是什么？ *学生如何获很明显必要的反馈？

在阶段一，"理解"既包含"实现迁移"和"理解意义"。"理解意义"又包含"核心问题"和"深入持久理解"，核心问题有利于引导学生主动质疑，深入挖掘内容，产生新的理解并积极应对尝试迁移后的结果。知识和技能是获得深入持久理解以及学会迁移的必需工具（即手段），所以在教学和评估时应充分考虑学生所要达到预期结果的相关知能目标。可以说，"掌握知能是达到最终理解目标的手段，而核心问题是任何达到理解意义和迁移目标的关键"[1]，而课程

---

① （美）格兰特·威金斯，杰伊·麦克泰．理解为先模式——单元教学设计指南（一）[M]．盛群力，沈祖芸，等，译．福州：福建教育出版社，2018：28．

标准则是制定理解意义目标和掌握知能目标的依据。这样设计，有利于教师将事实性问题和核心问题区分开来，缩减知识目标清单。

在阶段二，"教师必须像评审员一样认真地思考采用怎样的证据，可以最大限度地证明学生已经获得阶段一所规定的知识、技能和理解水平。本质上来说，逆向设计是梳理教学目标（阶段一）对评估（阶段二）和教学（阶段三）设计的逻辑意义"[①28]。评估学生是否真正理解时，通常需要设计至少一项真实性情境任务。为此，教师需要设立评价标准来判断学生的行为表现。而"其他证据"是指对于知识、技能、标准以及其他学业表现任务无法检测的目标，则须采用传统的评价方式，例如填空题、判断题、多选题、配对题和简答题等客观测试题。"也可以通过技能测试或简单的演示来评估学生具体技能的掌握程度。或者，也可以要求以一两个核心问题为主题写一篇文章来衡量学生是否已经真正理解。"[①29]不管采取何种评估方式，都必须能够精确地检验既定目标，以便从评估结果中得出可靠的推论。

在阶段三，主要任务是"规划最合理的学习经验和必需的教学活动。逆向设计的逻辑思维要求学习计划和目标（阶段一）以及相应的评估办法（阶段二）保持一致……在起草一个单元时，学习规划时没有必要面面俱到，把所有的细节都解释清楚"[①30]。但制订课时方案则要详尽具体，以顺利地满足目标和评估的要求。

（二）L-A-I 详案模板

为了精研课堂教学，我们坚持以学科育人价值为导向，基于学生"学"的立场，研发出彰显"学（Learn）、评（Assess）、教（Instruct）"一体化特点的课堂教学详案模板。这一模板的应用强调以下几点。

学习主题要明确，即要求学生在该节课的有限时间解决一个大问题，将学习精力聚焦于一点，以此促使教师深入研究并挖掘学科育人价值。黄爱华认为，大问题"指的是课堂的'课眼'，文本的'文眼'，是课堂教学的主线。它强调的是问题的'质'，有一定的开放性或自由度，能够给学生的独立思考与主动探究留下充分的探究空间"[②]。在我们看来，大问题是指能统领整个学习内容的开放

---

① （美）格兰特·威金斯，杰伊·麦克泰. 理解为先模式——单元教学设计指南（一）[M]. 盛群力，沈祖芸，等，译. 福州：福建教育出版社，2018.

② 黄爱华，林炜. 基于"问题本位学习"理论的"大问题"教学[J]. 课程·教材·教法，2017（7）：38-42.

性问题,它触及学科本质,涉及学生所学习的核心概念和关键技能,能联结其他的问题,还可以激发和维持学生的学习兴趣。

（1）学习目标。学习目标制定要坚持"源于课标、据于教材、基于学情"的原则,深入分析课标,以确保育人价值方向正确;要深入分析教材,以确保育人价值具体;要深入分析学情,以确保育人价值适切。数量适中,以3～5条为宜;有核心目标,目标之间有内在逻辑关系;叙述规范,使用可测量、可评价的行为动词。

（2）学习评价。学习评价要与教学目标相对应,具体包括"评价任务"和"评价标准"两部分内容,"评价任务"要高度概括,"评价标准"则要具体化、条理化、规范化,能清晰地描绘出学生学习成功的行为表现或完成成果的特征要求。

（3）学习过程。学习过程的设计,要先拟定大问题或大任务,再选择最适合的学习活动;要以主线贯穿整个学习过程,使学习任务（或活动）形成有内在关联的链条、群组,有利于学生持久理解、实现迁移;要将真实情境介入学习活动,通过情境诱发和问题驱动使学生深度学习得以发生和发展。课堂评价,主要指评价任务、评价标准和评价方式,在设计时要依据学习任务（或活动）设计相匹配的评价任务,评价任务指向学习目标,表述清晰,让学生看得明白;评价标准应尽可能具体,表现性评价要有明确的等级;评价方式应多元化,能引出目标达成所需要的表现证据。导教活动设计,教师要选择与目标、评价和学习活动相匹配的学习指导方式,以确保既定的学科育人价值有效实现;要给学生留有充分表现的机会和空间,以便教师基于学情给予精准指导、分类评价和有效激励。为了体现"学、评、教"一体化要求,教师在课时方案设计时可将"学习过程""课堂评价"和"导教活动"三个栏目合并为"教学活动"一个栏目。

（4）课后作业。课后作业要扣紧学习主题,与学习目标、学习评价相匹配,能通过学生行为表现判断学习目标的达成度;内容适量,难易适度,能促进学生课堂学习的深入;坚持素养导向,有利于激发学生学习兴趣,侧重培养学生的学科关键能力或学科实践能力;形式尽可能多样化,可设计分层作业（如基础作业、拓展作业）,可设计任务式作业（如实践型作业、探究型作业）,也可设计个性化作业（如根据学生学习评价情况,利用互联网为学生个体提供相适应的针对性作业,在详案中不必呈现）。

表 2.3.3　L-A-I 课堂教学详案模板

课题名称				设计者	
内容来源				课　时	
授课类型				使用班级	
学习主题					
目标依据	课标分析				
	教材分析				
	学情分析				
学习目标			学习评价		
板块	目标	学习活动	课堂评价		导教策略
课后作业					
板书设计					
教后反思					

注:与板块对应的目标只填写编码。导教策略需与学习活动匹配。

(三)L-A-I 简案模板

为了便于教师操作,我们研发出 L-A-I 课时教学简案模板,它适用于发展期、成熟期的教师,重在确保基于目标的学生学习、课堂评价、教师导教三者的一致性和一体化。当然,它在使用时与课时教学详案的要求有许多相同相似之处。

学习目标制定,需聚焦学科核心素养,能充分体现学科育人价值;有指向高阶思维、迁移创新的核心目标以学生为主语进行叙写,要求通俗易懂、简洁条理。

学习评价要与学习目标相对应,仍包括"评价任务"和"评价标准"两部分,评价任务要符合"刺激情境(即与人互动的真实情境) + 应答规定(即对所回答问题涉及的具体知识点、所做的学习任务进行的限定)"的构成要求,明确学生学习的条件要求以及预期学习结果;评价标准要在描绘学习成果表现或特征的同时,能预留学生创造性发挥的空间,激励学生创造超越学习目标的精彩表现。

学习过程仍然要以板块形式呈现,以明确的主线贯穿全过程,每个板块都将学生的"学"、(师生)对学习的"评"以及教师的"教"融为一体;基于学习目标,设计富有挑战性的核心问题、安排学习活动、呈现课堂评价任务及标准、选择相匹配的导教策略,以有利于学生在问题探究中展开深度学习,发展学科核心素养。这样,就可以形成目标链、问题(或任务)链、情境链、活动链和学习评价链,进而使课堂教学统筹安排、有序推进,又能使基于"目标"的"学、评、教"三者彼此联动、融为一体,为最大限度地落实学科育人提供有力保障。

表2.3.4　L-A-I课堂教学简案模板

课题名称				设计者	
内容来源				课　时	
学习主题					
学习目标			学习评价		
目标	评价	学习过程			
		板块1:			
		板块2:			
		板块3:			
作业设计					
板书设计					
学后反思					

注:对应板块的目标、评价只填写编码

三、设计标准:从监控参考转向研讨依据

除了 UbD 模板外,威金斯和麦克泰格还研发了相配套的设计标准(表2.3.5),用于单元(包含课时)教学设计的质量控制。在课堂深度变革中,我们倡导学校、团队、教师之间展开课例研讨活动,就课时方案分享经验和反馈建议,这就需要研发出相应的教学设计标准。

(一)理论为先的教学设计标准

威金斯和麦克泰格认为:"作为问题框架,UbD 设计标准服务于课程设计者,就像评分量规服务于学生一样。在学生开始工作之前就将量规呈现给他们,量规通过明确学生应努力获得的重要品质来提供表现性目标。同样,根据 UbD

框架,设计标准明确了有效的单元设计应达到的质量水平。"① 这样,教师就可以依据设计标准(表 2.3.5)定期检查教学设计(包括单元规划、课时方案)的构成要素,特别关注的要点是否齐全、准确,如,目标是否指向学生深度理解或迁移创造,阐释学习目标达成的评估证据是否充分、有效,等等。当然,教师还可以依据设计标准进行课程规划的质量监控,在自我评价时思考教学设计是否还需要改进,如果与同行交流,可依据设计标准反馈自己的观点并提出改善建议。

表 2.3.5　理论为先的教学设计标准 2.0②

单元规划				
阶段 1	3	2	1	反馈与指导
1. 详细阐述最终需要完成的学习迁移目标				
2. 确定需要探索与理解的可迁移的重要知识				
3. 用"学生能够理解……"明确表述学生需达成的理解				
4. 是否由开放的、发人深省且重点明确的基本问题组成				
5. 明确将在三个阶段解决的相关标准、任务或计划目标				
6. 明确达成理解与解决既定目标所需的知识与技能				
7. 保持所有内容协同一致,使阶段 1 目标保持连贯				
阶段 2				
8. 阐明最终学习目标的有效评估证据:阶段 1 与阶段 2 要保持一致性				
9. 包括基于一个或多个维度理解的真实性表现任务				
10. 提供充分的机会让学生展示他们的成果				
11. 包括具体任务与最终学习目标一致性及学生表现恰当反馈的评价标准				
阶段 3				
12. 包括学习活动与需要帮助学习者的教学: a. 获得有针对性的知识和技能 b. 对关键内容的意义理解 c. 将所学内容迁移到新的情境				

① (美)格兰特·威金斯,杰伊·麦克泰格. 追求理解的教学设计(第二版)[M]. 闫寒冰,译. 上海:华东师范大学出版社, 2017:24-27.

② (美)格兰特·威金斯,杰伊·麦克泰. 理解为先模式——单元教学设计指南(二)[M]. 沈祖芸,陈金慧,张强,译. 福州:福建教育出版社, 2021:130-131.

续表

单元规划			
13. 有效整合 WHERETO 要素，让单元设计促进有效学习			
总体			
14. 与所有三个阶段保持一致性且条理清晰			
15. 能有效运行，针对具体情境是可行、恰当的			

（注：3 = 达到标准，2 = 部分达到标准，1 = 尚未符合标准）

（二）基于标准的教学设计要求

为了让教学"回家"，崔允漷倡导追求目标-教学-评价的一致性，建议按照如下五步程序设计基于课程标准的教学：第一，确立清晰的学科目标体系；第二，设计基于目标的评价任务，以便于自己做出基于证据的教学决策；第三，规划基于目标的教学过程（要体现以学定教、目标导向教学、教学与评价二合一等思想）；第四，实施规划好的教学过程；第五，布置基于目标检测的有效作业。[1]

崔允漷、周文叶还编制出《基于标准的教学方案》评议要点，为教师理解并落实基于课程标准的教学提供了质量标准。

表 2.3.6 《基于标准的教学方案》评议要点[2]

维度	子维度	评议要点
结构维度	1. 一般信息	提供的一般信息是完整的，至少包括：题目（《XXX》教案）；设计者（人名、单位）；来源（如一年级语文上册第几课）；课时（共几课时、第几课时；也可以递交一份教案，包括 2 或 3 课时的，但不能超过 3 课时）
	2. 正文内容	包括：对应的课程标准要求；背景分析；目标；评价任务；教学过程；所需要条件（如有必要的话）
	3. 整体印象	通过整合学科课程标准、教材、教参和学情，完整、清楚地说明了某一主题（知识点）教学的专业活动设计，凸显评价任务的设计及安排
	4. 课标要求	按照一对一、一对多、多对一的路径，从课程标准中摘录相应的要求

---

[1] 崔允漷. 基于课程标准：让教学"回家"[J]. 基础教育课程，2011（12）：51-52.

[2] 崔允漷，周文胜，周文叶. 基于标准的课程纲要和教案[J]. 上海：华东师范大学出版社，2014：3.

续表

维度	子维度	评议要点
结构维度	5. 背景分析	通过教材分析，判断该知识或技能的课程地位；通过学情分析，判断相关学生的知识或经验基础
	6. 学习目标	分解或具体化课程标准的要求；结合学情；描述至少三分之二学生能达到的关键结果；这些结果是指向基本学科素养或关键能力的；教案目标一般 3～5 条，每条至多 3 句；按目标叙写规范，每条按三维陈述；相类似的陈述方式如：通过什么方式学习什么，理解或会做什么，提高或体会什么
	7. 评价任务	评价任务叙述清晰；明确指向某条目标；评价方式多样；必然会引出目标达成所需要的行为表现（证据）
	8. 教学过程	教学环节清楚，有利于学生的学习；预设的评价任务必须镶嵌在教学过程中，而且安排合理；学习活动设计与安排聚焦目标达成，学习方式多样；凸显课堂中的"在学习、真学习"；方法选择体现学科性
	9. 一致性	关键目标在评价任务、教学过程部分的落实情况；学习活动设计与方法选择是否有利于目标达成
	10. 所需条件	有特殊要求的教学须说清楚所需要的资源等条件，这些条件是必需的且是可得到的

（三）L-A-I 教学设计标准

为了便于教师灵活地研发 L-A-I 课时教学方案，我们借鉴国内外已有研究成果，研发出逆向设计的核心内容，让教师以此为参考来理性地审视教学设计，以确保学生学最有价值的内容，明确衡量预期学习结果的标准，以及更加合理地安排学习活动。

表 2.3.7 逆向设计核心内容

三阶段	分析要素	主要任务		价值指向
1. 学习目标设计	课程标准分析	学习目标陈述	最应该学什么	事实价值
	学生学情分析			
	学习内容分析			
2. 学习评价设计	评价任务设计	学习评价制定	学得怎么样	意义价值
	评价标准设计			
	评价方式设计			

续表

三阶段	分析要素	主要任务	价值指向	
3. 学习过程设计	学习内容选择	学习任务（或活动）设置	怎么更好地学	技术价值
	学习方式选择			
	学习工具选择			

我们还坚持以学科育人价值为导向，研发出 L-A-I 课时教学方案设计要素说明表，对教学设计的主要构成要素阐述其具体的设计要求，以便于教师对教学设计有整体的把握和准确的认识，进而能够在较短时间内设计出更具有育人价值、更便于实际操作的课时教学方案。

表 2.3.8　L-A-I 课时教学方案设计要素说明表

构成要素	要求说明
1. 教学主题	指向核心概念，体现学科核心素养的要求
2. 课标分析	摘录课程标准，分析相关内容标准以及学科核心素养的具体要求
3. 教材分析	① 分析学习内容在学科课程中的地位和作用，以及与前后内容的联系 ② 分析教学内容所蕴含的最为核心的价值，以及对学生学科核心素养发展的影响 ③ 分析教学内容与学生认知能力之间的差距，确定对教材的处理方案
4. 学情分析	① 分析学生的年龄特点、知识储备、认知水平和对学科学习的情感表现 ② 分析学生学习中存在的问题、学习需要和学习兴趣等，确定学习起点
5. 目标陈述	① 确定预期学习结果，明确学习目标的类型和数量 ② 明确核心目标，并规范叙述学习目标
6. 评价设计	① 依据学习目标设计评价任务，能检测与评价目标达成情况 ② 与具体的学习目标相对应，即设定的学习目标必定有相应的评价任务 ③ 评价标准必须明确可测，学生能清楚地知道目标达成的具体要求 ④ 评价形式多样化，综合运用交流性评价、表现性评价和纸笔测试
7. 过程设计	① 课堂板块清楚，板块与板之间既自成体系又彼此关联，有利于学生深度学习的发生与推进 ② 每个板块的学习目标、学习任务（或核心问题、学习活动）、评价标准以及导教策略明确，呈现"学、评、教"一体化特点 ③ 正确处于教学主线与辅线、明线与暗线的关系，将价值的识别与冲突、理解与生成、判断与选择、认同与践行等蕴含在教学活动中

　　基于实践反思，我们研发出《L-A-I课时教学方案》评议要点，教师可将其作为自我监控课时教学方案设计的参考依据，也可将其作为同行研讨课时教学方案的评议标准。该评议要点从9个构成要素、共计25个要点对课时教学方案进行评议，着重强调目标设计的源于课标、据于教材、基于学情，指向学科核心素养，体现核心的学科育人价值；评价设计对应学习目标，有利于收集评价学生达成学习目标的证据；教学活动整体框架，问题链（或任务链）、活动链、评价链三链并进且有机融合，呈现出"学、评、教"一体化的显著特点。

表 2.3.9　《L-A-I课时教学方案》评议要点

要素	评议指标	4	3	2
教学主题	1. 是否指向核心概念，能统摄所学知识			
	2. 能否体现出学科核心素养的要求，激发学生学习兴趣			
课标分析	3. 是否从课程标准中摘录相应的要求，并简要分析关键词			
	4. 是否分析学科核心素养指向，确定学生认知的水平等级			
	5. 是否找出学生学习的基本方式			
教材分析	6. 是否说明知识和技能的课程地位，确定学习的重点、难点			
	7. 能否找到最为核心的学科育人价值，说出所知内容对学生学习与发展的影响			
	8. 是否分析教学内容与学生接受能力之间的差距，说明教学资源利用与整合的原因			
学情分析	9. 是否分析学生的知识基础、接受能力、认知风格以及发展需求			
	10. 是否考虑学生的身心特点，并关注个别学生的学情状况			
	11. 是否考虑学生学习的最近发展区、认知障碍点、能力迁移处			
目标研制	12. 预期学习结果是否源于课程标准，指向学科核心素养			
	13. 目标表述是否规范，将内在过程与外显行为相结合			
	14. 目标是否类型明确、数量适中，一般控制在3～5条			
评价设计	15. 评价任务是否叙述清晰，指向学习目标			
	16. 评价标准是否分等级，有利于调动各类学生的学习积极性			
	17. 评价方式是否多样化，能引出目标达成所需要的表现证据			

要素	评议指标	4	3	2
过程设计	18.主线是否清晰,问题链/任务链、活动链、评价链有机融合			
	19.板块是否分明,评价任务嵌入教学活动,融学、评、教为一体			
	20.学习活动安排是否聚焦目标达成,引发学生的深度学习			
	21.问题是否具有情境性、开放性、挑战性,能否激发深层动机			
	22.学习方式是否多样,并体现学科典型性			
整体性	23.构成要素是否齐全,凸显评价任务设计,活动安排结构化			
	24.关键性目标是否在评价任务、教学活动部分得到体现			
	25.学习活动安排与方法选择是否有利于目标达成			
评议意见		总分		

注:91～100为优秀,75～90为良好,60～74为合格,50～60为有待改进。

第三章

目标设计
从课程标准走向学习目标

目标设计，是课堂深度变革的核心内容，也是教师必须具备的专业技能。在教学实践中，许多中小学教师往往忽视学习目标设计，在目标设计上存有诸多问题。而这些问题的有效解决，则需要深入研究课程标准，掌握课程标准分解策略，采用解构概念、替换动词和细化限定词等技术，设计出具体化的学习目标。可以说，目标设计其最为核心的就是从课程标准走向学习目标，从"教"的立场转向"学"的立场，明确"谁来学""学什么""怎么学""在什么条件下学""学到什么程度"等基本问题，为学生学习真实而有效地发生提供方向和依据。

学习目标是课堂教学的灵魂，也是落实学科核心素养的关键因素。但在实际教学中，学习目标笼统模糊，甚至等同于课程标准；学习目标脱离学情，只考虑教材的内容要求；学习目标之间缺少内在的逻辑关系，表述也不规范，等等。而尤为突出的是，不能将"教"的目标转化为"学"的目标，更缺少对学科核心素养的关照。有知识、没能力、缺品格是现行学习目标存在的最普遍、最突出的问题，可以说，这体现的是"为了知识的教育"，而提炼为素养的方法、能力、态度等却被弱化、被边缘化了，甚至不见其踪影。[①]

研究表明，"教师将学习目的表达得越清楚，学生越能投入到实现目的所必需的努力中。同样，学生越明白成功的标准，他们就越能看清和悦纳达到标准所必需的特定行为"[②]。如果缺少对学习目标的精准化确定，教师就无法清楚地把握学科育人价值，也无法清晰地评价学生的学习结果，那么课堂教学就会陷

① 蒋永贵. 指向核心素养的学习目标研制[J]. 课程·教材·教法，2017(9)：29-35.

① 蒋永贵. 指向核心素养的学习目标研制[J]. 课程·教材·教法，2017(9)：29-35.

② （新西兰）约翰·哈蒂. 可见的学习：最大程度地促进学习（教师版）[M]. 金莺莲，洪超，裴新宁，译. 北京：教育科学出版社，2015：52.

入"教得随意、学得糊涂"的低效境地,更不能站在育人高度、站在课程高度进行教学,最终培育学生核心素养或者更为具体的学科核心素养就会成为空谈。

课堂深度变革,亟须教师从"教"的立场转向"学"的立场,经过深思熟虑、系统规划而研制出素养导向的学习目标,使之能够真正契合学生发展实际,并能有效引领学生全身心地投入学习,确保学生体验成功、获得发展,进而使学科育人价值得深度发掘与转化。

第一节　问题归因

学习目标设计是一种技术活儿,也是教师必备的专业素质。从所设计的学习目标不仅可以看出教师的专业水准,还可以洞察教师的工作态度乃至教学理念。不可否认,在设计学习目标时,的确有教师生搬他人教案,有教师照抄参考书,有教师硬套名师课例,有教师凭经验自我拟定,甚至有教师从网页上直接复制。当然,还有教师集体备课所设计的学习目标也不恰当,或脱离学情,或表述繁杂,或不够具体明确,等等。基于长期研究,我们将学习目标设计存在的问题概括为以下三类,并简要进行归因分析。

一、不正确:不知道学习目标为"何物"

由于许多一线教师整天忙于完成教学任务,也积极参与各种教研活动,但却没有真正地深入研究学习目标,导致他们不知学习目标是"何物"。在实现教学中,这些教师不知学习目标为"何物"的主要行为表现是,将学习目标或等同于教育目标,或等同于课程目标,或等同于课程标准,或等同于学习任务,或等同于教学目标,甚至还有的偏离学科本质,等等。下面,对这些行为表现进行具体分析。

(一)将学习目标等同于教育目标

教育目标是"规定学习者按照既定方向发展过程中,身心发展的各个方面应该达到的水平指标"[①]。它是宏观而高远的,可逐级分解为课程目标、教学目标,而教学目标又可分为学段目标、学期目标、单元目标和课时目标。有的教师却将学习目标等同于教育目标。

例如,J老师设计《纪念白求恩》(人教版初中语文七年级上册)一课的学习目标3是"学习白求恩的优秀品德,做一个品德高尚的人",他就把育人目标

① 黄甫全,王本陆. 现代教学论学程(修订版)[M]. 北京:教育科学出版社,1998:166.

作为课时学习目标,"做一个品德高尚的人"是所有学生终其一生致力追求才能达成的高远目标。

还有一位教师设计的《简单的小数加减法》(青岛版,五•四学制,小学数学第四单元《家居中的学问——小数的初步认识》信息窗二)的学习目标如下:

1. 通过观察信息窗,发现数学信息,提出数学问题并能列出算式,提高发现问题和解决问题的能力,养成有条理、有逻辑的思维习惯与表达能力。

2. 通过小组合作学习和全班交流展示,理解小数加减法的算理,掌握其算法,养成勇于探究、敢于质疑的理性精神。

3. 通过练习,学生熟练掌握简单的小数加减法的计算方法,感受数学与生活的密切联系,养成规范表达、言必有据的好习惯。

就这三条学习目标看,目标1的"提高发现问题和解决问题的能力,养成有条理、有逻辑和思维习惯与表达能力",目标2的"养成勇于探究、敢于质疑的理性精神",目标3的"养成规范表达、言必有据的好习惯",这些都是教育目标,无论是能力的提升、习惯的培养还是精神的培育,都在一个课时内无法达成。因此,学习目标是有限的,必须在规定的课时内能够实现。

(二)把学习目标等同于课程目标

课程目标是指一门课程所要实现的具体目标,是贯通教育目的(或育人目标)和教学目标的桥梁,它规定了一个教育阶段的学生通过课程学习后在品德、智力、体质等方面期望达到的程度。在实践中,很多教师根据课程目标的三个维度来表述课时学习目标,这是把学习目标等同于课程目标的一种行为表现。

例如,H老师设计《小数的意义》(人教版小学数学四年级下册第四单元)的学习目标如下:

1. 知识与技能:掌握分母是10、100、1000的分数与小数的关系,认识小数的计数单位。

2. 过程与方法:经历实际的测量活动,体会小数产生的必要性,理解小数的意义。

3. 情感态度与价值观:结合具体的情景,体会数学与生活的联系。

其实,新课程改革初期,我国学者将课程目标按照"知识与技能""过程与方法""情感态度与价值观"三维度进行呈现,是在研究布卢姆教育目标分类学基础上的一个创造性成果。为了便于理解课程多侧面的育人功能,课程目标在"知识与技能"维度上指向"学什么",旨在让学生学会;在"过程与方法"维度上指向"怎么学"，旨在让学生会学；在"情感态度与价值观"维度上指向"为什么学"，旨在让学生乐学。由此可见，课程目标是三维一体的。H老师对学习目标的科学设计缺少研究或思考，只是机械地按照三个维度对学习目标进行分条设计。其实，学习目标的"三维"是相互融合的，不是相互割裂的。

（三）将学习目标等同于课程标准

"国家课程课程标准是从学科角度回应国家教育目的的落实情况，即学科的育人价值问题。"[①] 虽然课程标准非常重要，但因为它是一个纲领性、指导性文件，对学生学习结果的描述高度概括，导致一线教师往往觉得它"高高在上"，难以落地。有的教师对课程标准缺少研究，在教学时直接把课程标准等同于学习目标。

例如，某老师设计《雅鲁藏布大峡谷》（人教版小学语文四年级上册）一课的学习目标1："根据提纲把握课文内容，正确、流利、有感情地朗读课文。"其中"正确、流利、有感情地朗读课文"是课程标准，而不是课时学习目标。因为"正确地读"包括字音正确、断词正确、句尾句间停顿正确等基本要求，做到不读错字、不落字、不添字、不唱读（拖尾音）、不重复、不颠倒、不破词句。"流利地读"是指在正确朗读的基础上，读得通顺流畅，语速适中，能掌握轻重音、换气、停顿等技巧，做到不顿读、不读破句子、不中断朗读等。"有感情地读"是指在正确、流利朗读的基础上，能准确把握作品的感情基调，正确处理重音、停连、语速、节奏、语气等，用声音生动地表达对课文的理解，做到以情感人，具体来说，要读出心理的变化，读出态度的变化，读出心情的变化，读出神情的变化，读出认识的变化等，其情感要具体到悲、喜、乐、惧等。显然，"正确、流利、有感情地朗读课文"是需要经过小学、初中、高中三个学段的学习才能实现的课程目标，而通过一个课时的努力是无法达成的。直接将摘抄出的"课程标准"作为学习目标，说明教师心中有课标，但对课程标准却缺乏基本的认识和理解。

（四）将学习目标等同于学习任务

学习任务是指学生学习过程中需要做的具体事情，或所要展开的活动。学习任务与学习目标有着本质的区别，学习任务是具体的，指向过程，而学习目标是抽象的，指向结果。教师之所以要设计学习目标，是让学生清楚地知道自己将在知识掌握、思维发展、能力提升、态度生成、情感影响以及价值判断等方面

① 崔允漷. 基于课程标准：让教学"回家"[J] 基础教育课程，2011（12）：51-52.

所发生的变化,当然教师也需要依此进行教学,让自己清楚地知道"已经把学生带到了哪里";而设计一定的学习任务则是为了达到学习目标。

但在教学中,有的教师却将学习任务当作学习目标。例如:某教师设计《真分数和假分数》的学习目标:"先独立思考,再合作探究,对真分数和假分数类进行分类比较。"其实,这是学习任务,也可以说是一种学习过程的具体要求。"先独立思考,再合作探究"是对学习活动顺序的要求,而"对真分数和假分数进行分类比较"则是所做事情的要求,但并没有指向学生学习的预期结果或成功标准。

再如,J 老师所设计的《纪念白求恩》学习目标 3 是"学习叙议结合、以议为主的写法",某老师所设计的《回忆我的母亲》(人教版八年级语文上册第二单元)学习目标 3 是"学习运用具体事例写人的手法",显然这两个都是学习任务,仅指出了对学习内容的要求。

(五)将学习目标等同于教学目标

学习目标与教学目标不尽相同,学习目标强调学生立场,其主语是学生。很多教师设计的学习目标其语言往往表现为"培养学生……""指导学生……""使学生……""让学生……"等等,这是只传递了教师要做什么,而严重忽视了学生的学习需求。这种所谓的学习目标实质上是教学目标,强调的是教师要完成规定的教学任务,而不是促进学生的学习与发展。

X 老师执讲《异域风情》的一节单元整合复习课,所设计的学习目标如下:

1. 以导学案为载体,运用形式多样的方法,让孩子们在自主学习与合作探究中对本组课文的重点字词句段篇进行回顾整合,提高孩子们的语文素养。

2. 注重调动孩子们的学习积极性,激发孩子们对美好世界的热爱,激发孩子们更浓的阅读兴趣。

就这两条学习目标看,我们可以发现,X 老师的语言表述为"让孩子们……""提高孩子们……""调动孩子们……""激发孩子们……",虽然把学生亲切地称为"孩子们",但也从中传递出教师的施教要求。学生的语文素养究竟能提高到什么程度,哪些语文素养在这节课需要提高,怎么提高语文素养,学生都不能从教学习目标中清楚地看到这些。当然,第二条中的"调动学习积极性""激发对美好世界的热爱""激发更浓的阅读兴趣",具体成功标准是什么,怎么才能实现? 对此学生也不清楚。因此,如何将教学目标转化为学习目标,就变得极为重要,也尤为迫切,因为这是课堂深度变革——从"教为中心"

走向"学为中心"的必然要求。

（六）学习目标偏离学科本质

由于有的教师漠视学科本质，所设计的学习目标偏离了本学科的既定要求，导致把语文课上成了思政课，把思政课上成了主题班会课，把英语课上成了才艺展示课，等等。

例如，某教师设计《陶罐与铁罐》的学习目标：

1. 理解课文故事内容，学会正确地看问题。

2. 结合身边的人和事，积极发表自己的见解和观点。

3. 在读懂故事的基础上，思考正确为人处世，学习与人相处，能正确看待长处和短处。

且不说第二条不是学习目标而是学习任务，就其用力倾向而言，这三条"目标"的实质都在于让学生能正确看待长处和短处，而不是强调学习国家通用语言文字的综合运用与实践。这样教学就偏离了语文的课程性质——"语文课程是一门学习国家通用语言文字运用的综合性、实践性课程。工具性与人文性的统一，是语文课程的基本特点"①。如果只强调人文性而忽视工具性，那么"语文课"就变成了"思政课"。

从上述行为表现可以看出，的确有一些教师不知学习目标为"何物"。诗人纪伯伦曾说过一句哲理名言："不要因为走得太远，而忘记为什么出发。"对于教师而言，不要因为教得太久，也不要因为急着去教，而忘记了为什么出发，忘记了何为"学习目标"。

二、不具体：说不出学习目标是"啥样"

拉尔夫·泰勒认为："陈述教育目标的目的，是想指出要使学生产生哪种变化，这样就能以可能达成目标的那种方式来计划和开展教学活动，亦即给学生带来这些变化。"②而表明将给学生带来的各种变化，那么我们就要将期望的最终结果具体化，甚至可视化。其实，不仅教师应当如此，而且学生也需要知道自己将要达到的哪些目的，正如约翰·哈蒂所言："最为重要的是，学生需要了解每

---

① 中华人民共和国教育部. 义务教育语文课程标准（2022年版）[M]. 北京：北京师范大学出版社，2022:1.

② （美）拉尔夫·泰勒. 课程与教学的基本原理（英汉对照版）[M]. 罗康，张阅，译. 北京：中国轻工业出版社，2017:46.

堂课的目的和达到这些目的的成功标准。"[1] 学习目标要具体化,则需要用核心概念(名词)、行为动词、限定词语、限定条件来准确地反映"学什么""怎么学""学得怎样""在什么条件下学"的基本问题。也就是说,用准确的概念名词使学习内容具体化,以回答"学什么"的问题;用准确的行为动词使学习行为具体化,以回答"怎么学"的问题;用准确的限定词语使预期结果具体化,以回答"学得怎样"的问题;用准确的限定条件使学习条件具体化,以回答"在什么条件下学"的问题。但遗憾的是,很多教师设计的课时学习目标非常笼统,其主要表现为以下四种现象。

(一)核心概念(名词)不具体,学习目标不可观察

学习内容应当是明确的,甚至是精确的,这样学生才能清楚地知道自己"应到哪里去"。因此,学习目标是的核心概念(名词)要具体。但实际上,核心概念(名词)往往不具体,其表现主要有三种情况。

首先是对学生学习内容的描述过于笼统。例如,有一位教师就《回忆我的母亲》一课所设计的学习目标 1 是"掌握本文的字词"。该文的字词很多,究竟要掌握哪些,学生对此并不清楚。根据教材分析和教师的实际上课情况看,建议将这条学习目标修改为:"正确读写'佃农、祖籍、不辍劳作、溺死、劳碌、豌豆、妯娌、横蛮、迁徙'等 12 个词语,知道'标本、为富不仁、周济、东挪西借'等 9 个词语的意思。"

其次,对核心概念(名词)的要求脱离文本内容。例如,S 老师设计《狼》(人教版初中语文七年级上册)的学习目标如下。

1. 能够正确、流利、有感情地朗读课文,受到文言文的熏陶,激发对语言文字的热爱。

2. 能够借助资料(课下注释和教师下发资料),读懂文章的大意,激发勇于与邪恶势力做斗争的勇气和胆识。

3. 结合以前学过的文言文和相关成语,积累重点文言词语的用法,养成良好的学习习惯,形成自主解决问题的能力。

就这三条学习目标看,都与文本内容没有内在的联系,可以适用所有的文言文学习。因为受推行学科德育的影响,S 老师在每条学习目标中都加上了大而不当的"德育"要求。

---

① (新西兰)约翰·哈蒂. 可见的学习:最大程度地促进学习(教师版)[M]. 金莺莲,洪超,裴新宁,译. 北京:教育科学出版社,2015:79.

再次,学习目标没有指向核心价值。每个文本都有多重育人价值,但一般教师往往难以确定其核心价值。这导致学习目标在学科育人价值的转化上不能充分发挥作用。例如,一位老师设计的《爱莲说》学习目标如下:

1.有感情地朗读课文,掌握积累文言词句,理解文章大意,熟读成诵。

2.了解"说"的文体特点,学习本文托物言志的写法。

3.探究莲的美好形象,学习作者高雅脱俗的情怀。

经分析上述目标可以发现,这位教师按照知识与技能、能力与方法、情感态度和价值观三个维度来分条陈述目标,目标 3 是该节的核心目标,目标 1、目标 2 都是为目标 3 的达成服务的。从学科性质看,这样教学就失去"语文味",而变成了"思政课"——过于强调人文性,把"靶心"放在"学习作者高雅脱俗的情怀"上。须说明的是,"学习作者高雅脱俗的情怀"是一节课所不能达成的学习目标。其实,语文教学应将工具性与人文性有机统一起来,培养和发展学生的学科核心素养。基于研读文本,我们知道,通过品析关键语句来把握写作意图以及探究文章的写作手法,是《爱莲说》这节课的学习重点。所以,其学习目标可以修改为:

1.通过默读课文,能抓住文中写莲的关键语句,简要概括出莲的形象特点。

2.通过小组合作,能比较莲、菊、牡丹的形象,推断出文章主旨及主要写法。

3.通过独立思考,能联系社会实际和自身体验,清晰地表达出《爱莲说》的现实意义。

(二)行为动词不具体,学习目标不可测评

在这里须指出,学习目标应当是可以观察、可以测量、可以评价的。教师在表述学习目标时经常使用的动词是"了解""理解""感受""体会""领悟"等,其实这些都是心理动词,而不是行为动词。

例如,某老师设计《回忆我的母亲》一文的学习目标 2 是:"抓住文章思想内容的要点,感受母亲的高尚品德。"这里的"感受"就应修改为行为动词。基于对课程标准、教材内容和学情分析,可以将其修改为"结合文中的语句,分析表现母亲高尚品德的写作手法"。也就是说,学生经过阅读课文,其内心已形成对"母亲"高尚品德的基本认识和判断,但需要通过一定的行为表现将其内心感受转化为外显行为,以此可以评价学生认识水平的高低和价值判断的正误。修改后的学习目标旨在学生结合文中的语句来解释作者运用哪些写作手法表现"母亲"的高尚品德,学生在解释过程中既概括出"母亲"高尚品德的基本内

涵和具体表现,又说出运用的写作手法有哪些,甚至还需要说出这样写的巧妙之处。如果学生能够做到这种程度,那么其理解必然是深层次的,深度学习也就在课堂上真实发生。

再如,某老师执教《梅花魂》(人教版小学语文五年级上册)一课,设计如下三条学习目标:

1. 认识并掌握本课生字,理解词语意思。

2. 小组合作,概括主要事件,理解梅花的高洁品格。

3. 有感情地朗读课文,感悟外祖父对祖国无限眷恋的深情,理解梅花魂的含义。

上述学习目标,每条都有"理解"一词。目标1的"理解"是专指"理解词语"。在小学阶段"理解词语"有三个能力等级。第一阶段(1～2年级):"结合上下文和生活实际了解课文中词句的意思,在阅读中积累词语。"[①8]第二阶段(3～4年级):"能联系上下文,理解词句的意思,体会课文中关键词句表情达意的作用。"[①9]第三阶段(5～6年级):"能联系上下文和自己的积累,推想课文中有关词句的意思,辨别词语的感情色彩,体会其表达效果。"[①12]显然,对于五年级的学生来说"理解词语"意思是指向第三能力等级的。目标2中的"理解"是指总结,即根据课文中有关梅花的关键语句以及个人积累,概括出梅花都有哪些高洁品格。目标3中的"理解"是指推断,即发现课文中有关梅花的主要事件与思乡爱国之情的联系,进而推断出作者以"梅花魂"为题目的真实意图。也就是说,这三个"理解"是心理动词,不可观察,不可评价。在学习目标表述中需要将"理解"具体化,以恰当的行为动词来替代"理解"一词,进而真正做到学习目标的准确表述,让学习结果具体化、可视化。

(三)限定词语不具体,学习目标不够精确

学习目标是学生完成学习任务后达到的质量标准。学生明确学习目标后,就能激发学习动机,将自己的精力投入学习活动中。"这就要求学习目标的设计应该是基于学生的实际经验和能力水平,切实考虑学生的实际。"[②]但很多教师忽视学生实际的能力水准以及可达到的学业质量水平等级,导致学习目标不够精准,或过高,或过低。如果将目标定得过高,就会打击学生学习的信心;如

---

① 中华人民共和国教育部. 义务教育语文课程标准(2022年版)[M]. 北京:北京师范大学出版社,2022.

② 刘静波. 课堂学习目标叙写问题及改进策略[J]. 现代中小学教育,2019(11):20-24.

果将目标定得过低,就不利于调动学生学习的积极性。

学习目标定得如何,主要看限定词语是否适当。限定词语可以是限定行为动词表现程度的,如"初步""合理""准确地""熟练地""恰当地""有感情地"等;或者对核心概念(名词)的限定,如"简单(图形)""基本(说明方法)""日常生活中的(文化活动)""新文化运动的(基本内容)""中国交通运输线的(主要特征)"等。

例如,F老师设计的《轴对称图形》(青岛版五四制小学数学四年级下册)学习目标如下:

1. 理解轴对称图形和对称轴的含义,能用对折的方法找出轴对称图形的对称轴,并能按要求画出轴对称图形的另一半。

2. 在探究轴对称图形性质的过程中,体会对应思想,在总结画法的过程中,提高学生的抽象、概括能力以及空间观念。

3. 能在活动中欣赏图形变换所创造出的美,充分感知轴对称图形的对称美,进一步感受轴对称在生活中的应用,体会数学的价值。

在实际教学中,学生做"探究练习:在白纸上补全雪松的另一半"时遇到困难,大多数学生都做不出来。观课时,我们科研人员就此产生疑惑,为什么会产生这样的学习结果,难道是学习目标定得过高?课例研讨时,我们向执教老师及其数学教研团队提出这一疑惑。她们研读课程标准后,竟然发现这道试题是七年级的教学要求——"通过具体实例了解轴对称的概念,探索它的基本性质;成轴对称的两个图形中,对应点的连线被对称轴垂直平分"[1]36。而四年级课程标准的要求是"通过观察、操作等活动,进一步认识轴对称图形及其对称轴,能在方格纸上画出对称图形的对称轴;能在方格纸上补全一个简单的轴对称图形"[1]24。"在方格纸上"这个限定语,就降低了"画"的难度,符合小学四年级学生的认知水平。但通过对比分析,发现七年级课程标准要求的"探索"一词是具有很大开放性的空间,学生需要具有较高的抽象概括能力方能探索出轴对称的基本性质,而四年级课程标准要求"在方格纸上补全一个简单的轴对称图形"则难度较低,学生凭借方格纸,通过找重要的对应点就能"补全简单的轴对称图形的另一半",也就是说学生只需要具备一定的技能就可以完成。组织二次备课,数学教研团队设计出如下精准化的学习目标:

---

① 中华人民共和国教育部. 义务教育数学课程标准(2011年版)[M]. 北京:北京师范大学出版社,2012.

1. 能用对折的方法解释轴对称图形以及对称轴的含义。

2. 能用对折的方法找全平面图形的对称轴。

3. 能用数格子的方法在方格纸上画出轴对称图形的对称轴。

4. 能通过找重要点、对应点的方法在方格纸上补全轴对称图形的另一半。

(四)限定条件不具体,学习目标难以达成

限定条件是指学生在何种条件下能够达成学习目标,主要包括环境、材料、资源、工具、时间和学习方式等方面的限定。如果忽视学习条件的限定,就会导致学习目标达成效果不理想,甚至难以达成。

例如,某老师设计《春》(人教版初中语文七年级上册)的学习目标如下:

1. 理清文章思路,学习本文清晰的脉络结构。

2. 品味优美语句,揣摩关键语句,掌握运用感官细致描写景物的方法。

3. 有感情地朗读课文,体会用词准确的特点,学习比喻修辞、拟人等修辞手法。

在课例研讨时,教研团队成员都认为实际教学效果不如人意,就学习目标做了专题分析。在讨论核心概念(名词)知识、行为动词不具体的基础上,就限定条件进行了探讨,找到课程标准的相关阅读要求:"3. 在通读课文的基础上,理清思路,理解、分析主要内容,体味和推敲重要词句在语言环境中的意义和作用。4. 对课文的内容和表达有自己的心得,能提出自己的看法;并能运用合作的方式,共同探讨、分析、解决疑难问题。"[1]学生"理清思路"的前提是"通读课文","探讨、分析、解决疑难问题"的前提是"运用合作的方式"。由此可见,上述学习目标中缺少学生学习的限定条件。经共同研讨,将学习目标进行了修改。

1. 通过自主朗读和小组研讨,能准确说出文章的写作思路和内容结构,分析出其内部逻辑关系。

2. 通过小组合作探讨,能找出运用感官细致描写景物的关键语句,说出其修辞手法和表达效果。

3. 通过听录音范读、教师指导和个别朗读,能读准重音和停连,读出作者热爱春天、憧憬未来的思想情感。

---

① 中华人民共和国教育部. 义务教育课程标准(2011年版)[M]. 北京:人民教育出版社,2012:15.

三、无逻辑:找不出学习目标的"靶心"

无论是一条学习目标的内在结构,还是多条学习目标的组合排序,都需要讲究逻辑性。如果是一条学习目标,那么其内容的排序要符合学生的认知逻辑。就多条学习目标而言,讲究逻辑性是因为"靶心"只有一个,其余的学习目标需要为突破"靶心"这个焦点服务。在教学实践中,很多教师设计的学习目标存在着逻辑混乱的现象,这反映了教师不知教学应该往哪里用力,也不知道让学生学习什么是最有价值的。

(一)语序颠倒,学习关系错乱

学习目标是学生学习的起点和归宿,其中暗含着学生的认知逻辑。就一条学习目标而言,也要认真思考其语序的表达。但实际上,有的教师不能够用审慎的态度来设计和表述学习目标,导致各内容的学习要求之间或没有内在联系,或者是关系错乱。

一位教师设计的《藤野先生》(人教版初中语文八年级上册第二单元第五课)学习目标如下:

1. 查阅字典,掌握本文的生字词。

2. 朗读课文,梳理文章结构,理清文章线索。

3. 抓住重点段落,学习藤野先生的高尚品质,体会作者强烈的爱国主义情感。

4. 学习本文运用语言、动作、外貌等描写人物的方法。

经过分析可知,文章结构是一个整体概念,它包括文章线索。就认知逻辑而言,理清线索在先,梳理结构在后,但学习目标2的表述却恰恰相反。只有通过写作方法的分析之后,才能深刻把握人物品质,所以目标4应与目标3的"学习藤野先生的高尚品质"一起表述。这样,该课的学习目标可以修改为以下四条:

1. 能正确读写"畸、杳、髻、瞥、驿"等12个生字,解释"绯红、标致、诘问、匿名"等9个词语的意思。

2. 能正确划分文章层次,概括出文中的主要事件,归纳出文章的主旨。

3. 能列出描写人物的主要语段,分析藤野先生的人物形象和高尚品质。

4. 能说出塑造藤野先生人物的主要写作方法,据此仿写出人物片段。

(二)主次不分,缺少核心目标

"涉及多个学习结果类型的教学目标时,往往需要一个核心目标作为支撑,学习才有价值。"[①] 这个核心目标就是这节课最有价值的内容体现,也是学生最应该学习的。其他目标都是为达成这个核心目标服务的,与核心目标构成一个渐次支持的关系。如果缺少核心目标,对于最有价值的内容,学生就不能深刻地理解与掌握,其至没有学习,这就必然导致学科育人价值的落实打了折扣。

例如,一位老师设计《登高》(人教版高中语文必修三第二单元第五课"杜甫诗三首"中的最后一首)的学习目标如下:

1.了解杜甫平生以及其对诗歌创作的影响。

2.掌握诗歌鉴赏的基本方法。

3.赏析情景交融、气象恢宏的艺术特点。

4.感受诗人深沉的痛苦与忧思。

粗略分析可知,这位老师已将对文本内容的学习要求嵌入学习目标之中,但对《登高》一诗深入分析后,我们知道,诗人杜甫采用借景抒情、情景交融的写作手法,将主观情感融合到"落木、长江、猿啸、哀鸟"等客观事物之中,不仅恰当、贴切地反映了自己老病孤独、身世凄凉的现实,也充分体现出了诗人眷念家乡、亲人以及忧心国家的心情,深刻表达了对国家命运的关切和个人身世的慨叹。学生需要学习的是情景交融的写作手法以及作者的忧国忧民的博大情怀。由此可见,上述学习目标应当修订,可将其修改为以下三条:

1.能正确默写诗歌,独自说出诗歌中的意象和诗歌表达的意境。

2.通过独立思考与合作讨论,列出作者表达的情感,解释情与景的关系。

3.联系杜甫个人际遇与社会变迁,简要评述诗歌的艺术特点。

目标 1 是指向整体感知诗歌的,是指向语言建构与运用的,重在培养学生提取信息的能力;目标 2 是指向情景交融的写作手法和作者忧国忧民之情的,是指向思维发展与提升的,重在培养学生的逻辑思维能力;目标 3 是指向诗歌赏析的,是指向审美鉴定与创造的,重在培养学生评价诗歌作品的能力。其中,目标 2 体现了文本的核心价值,也就是本节课的核心学习目标。目标 1 是为达成目标 2 作铺垫的,而目标 3 是对目标 2 的深化与拓展。

---

① 卢臻. 教-学-评一体化教学策略与实践[M]. 郑州:河南科学技术出版社,2017:58.

(三)排序失当,结构逻辑混乱

一位教师设计的《将相和》(人教版部编本小学语文五年级上册第六课)学习目标如下:

1.理解课文的主要内容,感受蔺相如和廉颇的优秀品质。

2.小组讨论,分清事情的前因后果,了解故事之间的联系。

3.认读"璧""蔺"等生字,会写"赵""拒"等生字。

这位教师是按照重要程度来对学习目标排序的。按照学生认知逻辑来看,应当是先解读生字词,再分析故事的联系,最后探讨人物的性格特点和优秀品质。所以说,这种学习目标排序是不合理的。

另一位教师设计本课的学习目标有四条:

1.认识本课的生字,理解新词的含义。

2.抓住主要句子,能品析文中人物的性格特点和美好品质。

3.流利、有感情地朗读课文,理清文章思路,体味"和"的意义。

4.积累文中成语,激发读书兴趣。

由教学实际情况可以推断出,这位教师是按照"预习检查→人物分析→分角色表演→作业布置"的教学流程来给学习目标排序的。其实,语文学习是先整体感知再局部分析的,也就是说应先理清文章思路,再探讨人物性格特点。显然,目标2排在目标3之前,是违背学生认知规律的。需指出的是,目标4中的"积累文中成语"是一种低层次的学习要求,而"激发读书兴趣"则是一种课程目标。因此,建议这节课的学习目标修改为:

1.能正确认读"璧""臣"等16个生字,读准多音字"相""强""划",会写"召""臣"等12个生字和"召集""大臣"等20个词语。

2.通过朗读课文,能概括出课文的主要事件,归纳出文章的主旨。

3.通过合作讨论,能抓住主要语句,分析出廉颇和蔺相如的性格特点。

总而言之,学习目标研制是一种专业性很强的技术活儿。在实际教学中,还存在着学习目标条数过多、分层过细、不面向全体、缺少弹性空间、直接抄写学科核心素养的解读要求等问题。在充分了解这些问题之后,才能在今后实践中避免错误,少走弯路。

第二节　理性审视

有精准目标的学习,是课堂深度变革必须首先关注的基本问题。学习目标的设计,需要从基于自我经验的感性确定走向基于科学分析的理性研制,因为好的学习目标"能让学生清楚地知道他们需要达到的表现类型或表现水平,这样他们就能明白在何时何处投入精力、策略和思考,以及他们在通往成功学习的轨道上正身处何处"①。明确目标设计存在的问题表现及其成因后,我们就需要对学习目标进行理性审视,至少知晓"学习目标是什么""教学目标有哪些类型""怎样的学习目标是好的"三个基本问题。

一、内涵把握:学习目标是什么

学习目标就是学生在教师指导下经历一定时间的学习所应达到的质量标准。它是教学的起点和归宿,"支配着教学的全过程,并规定教与学的方向"②。教师在教学前首先要弄清楚学习目标,将学生学习的预期结果清晰化,即学生在学习之后在知识掌握、能力发展、行为表现以及情感态度、价值观念等诸方面有何变化,其按照课程要求应达到什么程度,要实现预期结果应学/教哪些内容,创设怎样的学习条件,等等。

表 3.2.1　学习目标的层次

课程标准	—	学段学习目标
课程纲要	—	学期学习目标
单元规划	—	单元学习目标
课时方案	—	课时学习目标

严格意义上讲,学习目标与教学目标有相同之处,也有明显的区别。教学目标是由教师制定的,是教师对学生通过课堂学习应达到的预期结果的具体描述。而学习目标是教师为学生学习而设计的,它旨在让学生清楚自己的预期学习结果。两者的区别就在于主体不同,其本质区别是所体现的教学理念不同。浅显地说,教学目标是教师写给自己看的,学习目标是教师写给学生看的;往深处说,教学目标所体现的是"教为中心"的理念,而学习目标则需要体现"学为中心"的理念。

---

① (新西兰)约翰·哈蒂. 可见的学习:最大程度地促进学习(教师版)[M]. 金莺莲,洪超,裴新宁,译. 北京:教育科学出版社,2015:53.

② 崔允漷. 有效教学[M]. 上海:华东师范大学,2009:110.

二、类型划分:教学目标分几类

自 20 世纪 50 年代以来,人们提出了不同的教育目标分类设想,影响较大的有美国布卢姆的教育目标分类理论,加涅的学习结果分类,马扎诺的"两维"教育目标分类学,霍恩斯坦的"四领域五层次"教育目标分类,以及中国学者顾泠沅、崔允漷等专家的教学目标分类。需指出,"教育目标分类,既是教育活动的指针,也是学习结果的归依。一般我们所说的教育目标分类,往往是指预期的学习结果,而学习结果,同理也就是已经实现的教育目标"[①]。

(一)国外教学目标分类

"在 20 世纪,许多心理学和教育学家都对教育领域中目标分类问题进行了深入研究,提出了自己的主张和观点以及分类体系,形成了关于教学目标的若干理论,各具特色。"[②]这为我们正确认识、设计、实施和进一步研究教学目标提供了理论依据和基础。下面简要介绍三种影响较大或易于操作的目标分类理论。

1. 布卢姆的教育目标分类学

B.S.布卢姆将教育目标分为认知领域目标、情感领域目标和动作技能领域目标,这样教学目标就相应地分为认知目标、情感目标和动作技能目标。

仅就认知目标看,布卢姆将认知过程分为识记、理解、应用、分析、综合、评价六个水平等级。后来安德森等专家将认识过程修订为记忆、理解、应用、分析、评价、创造六种思维类别,共分为具体的十九种认知过程,每个认知过程罗列出相应的行为动词,同时将"知识"水平中的三个层次单独列为知识维度,并在这个知识维度添加了元认知知识,将知识维度具体分为事实性知识、概念性知识、程序性知识、元认知知识四个水平等级。目标分类也由一维变成两维,这是一个重大的突破。但这也给教师确定学习目标程度时带来了困难甚至是困惑,许多教师在实操时很难根据学习内容所对应的知识水平选择出恰当的行为动词。

① 盛群力,毛伟,贺巍. 国际教育目标分类研究进展要览及其创新价值[J]. 数学教育,2015(6):1-7.

② 黄甫全,王本陆. 现代教学论学程(修订版)[M]. 北京:教育科学出版社,1998:169.

表 3.2.2　认知过程的六个类别及相关认知过程 [①]

过程类别	认知过程及其例子
1. 记忆 / 回忆(Remember)——从长时记忆中提取相关的知识	
1.1 识别(Recognizing) 1.2 回忆(Recalling)	如,识别美国历史中重要事件的日期 如,回忆美国历史中重要事件的日期
2. 理解(Understand)——从口头、书面和图像等交流形式的教学信息中建构意义	
2.1 解释(Interpreting) 2.2 举例(Exemplifying) 2.3 分类(Classifying) 2.4 总结(Summarizing) 2.5 推断(Inferring) 2.6 比较(Comparing) 2.7 说明(Explaining)	如,阐释重要讲演和文献的意义 如,列举各种绘画艺术风格的例子 如,将观察到的或描述过的精神疾病案例分类 如,写出录像带所放映的事件的简介 如,学习外语时从例子中推断语法规则 如,将历史事件与当代的情形进行比较 如,说明法国 18 世纪重要事件的原因
3. 应用(Apply)——在给定的情景中执行或使用程序	
3.1 执行(Executing) 3.2 实施(Implementing)	如,两个多位数的整数相除 如,在牛顿第二定律适用的问题情境中运用该定律
4. 分析(Analyze)——将材料分解为它的组成部分,确定部分之间的相互关系,以及各部分与总体结构或总目的之间的关系	
4.1 区别(Differentiating) 4.2 组织(Organizing) 4.3 归因(Attributing)	如,区分一道数学应用题中的相关数字与无关数字 如,将历史描述组织起来,形成赞同或否定某一历史解释的证据 如,依据其政治观点来确定文章作者的立场
5. 评价(Evaluate)——基于准则和标准做出判断	
5.1 检查(Checking) 5.2 评论(Critiquing)	如,确定科学家的结论是否与观察数据相吻合 如,判断解决某个问题的两种方法哪一种更好
6. 创造(Create)——将要素组成内在一致的整体或功能性整体,将要素重新组织成新的模型或体系	
6.1 产生(Generating) 6.2 计划(Planning) 6.3 生成(Producing)	如,提出解释观察现象的假设 如,计划关于特定历史主题的研究报告 如,有目的地建立某些物种的栖息地

---

① (美)洛林·W. 安德森,等. 布卢姆教育目标分类学(修订版):分类学视野下的学与教及其测评 [M]. 蒋小评,张琴美,罗晶晶,译. 北京:外语教学与研究出版社,2009:23.

表 3.2.3　安德森认知目标完善二维分类

知识维度	认知过程维度					
	记忆	理解	应用	分析	评价	创造
事实性知识						
概念性知识						
程序性知识						
元认知知识						

当然,布卢姆认知目标分类学在理论基础上也存在着缺陷。"20 世纪 80 年代后,人们开始探讨脑科学和学习的本质,关注学生高级思维技能的发展,在教学中促进思维和推理能力的培养。人们注意到布卢姆教育目标分类学认为认知过程可以按认知活动的难易程度和复杂程度来划分层次,是过分简化了思维的本质及其学习的关系。"[①] 正如安德森等学者指出的那样,"任何企图以心智过程的难度为基础来设计分类法的努力最终都将注定是失败的,因为心理学的一条难以动摇的原理就是,甚至最复杂的心理过程也几乎可以不用或根本不用有意识的努力来进行学习"[②]。

1964 年,克拉斯沃尔、布卢姆和马西亚出版了《教育目标分类学,第二册:情感领域》。该领域将人的情感教育目标根据价值内化的程度被分为接受(或注意)、反应、价值评价、价值观的组织、品格形成(即由价值或价值复合体形成的性格化)五个等级。

表 3.2.4　情感领域各个层次的目标及结果 [③]

层次	基本特征	描述动词举例
接受(或注意)	对明显特征的觉知;显示愿意接受;显示能够注意	描述、指出、选择、示范
反应	接受规则和责任的需要性;选择被他人接受的反应方式;显示反应后的满足感	示范、说出、表现
价值评价	能设定假设或立场;显示在价值上的偏好;显示对价值的遵行	解释、判断、示范、申辩

---

① 黎加厚. 新教育目标分类学概论 [M]. 上海:上海教育出版社,2010:2.

② (美)罗伯特·J. 马扎诺,约翰·S. 肯德尔. 教育目标的新分类学 [M]. 高凌飚,吴有昌,苏峻,译. 北京:教育科学出版社,2012:10.

③ 黄甫全,王本陆. 现代教学论学程(修订版)[M]. 北京:教育科学出版社,1998:173.

层次	基本特征	描述动词举例
价值观的组织	了解不同价值观的关系;发现一个价值系统	解释、申辩、判断
品格形成	配合价值理念的一致行为	表现、实践、示范

布卢姆本人并没有编写出动作技能领域的目标分类,这个领域出现了好几个分类法。比较著名的有哈罗的六分类和辛普森的七分类。1972 年,哈罗将动作技能领域的教育目标分为反射动作、基本动作、知觉能力、体能、技巧动作、有意的沟通。同年,辛普森将动作技能领域的教育目标分为知觉、准备、指导的反应、机械练习、复杂的外显反应、适应、创造七个层级。

表 3.2.5　辛普森动作技能领域各个层次的目标及结果 [①]

层次	一般目标	行为动词
知觉(注意)	注意到明显的线索;知道线索和行动的关系	选择、检查、指出、区别
准备(心向)	显示行动前的心理准备;显示行动前的身体准备;显示行动前的情绪准备	开始、执行、表现、示范
有指导的反应	模仿反应;练习反应	表现、示范、操控
机械动作	习惯性地从事工作	表现、示范、操控
复杂的外显反应	自信的和有效率的行动	表现、示范、操控
适应	表现配合状态调整的能力	改变、修改
创作	创造新的行为	创造、组合、创造、建立、修改

"为了使动作技能领域和情感领域在结构上更为平衡,克拉斯沃尔和斯特瓦特在 1973 年对哈罗和辛普森的目标分类作了归纳,形成动作技能领域的五类目标:第一,基本动作,包括外力动作、操作动作、肢体动作三个亚类;第二,准备,包括提示的敏感性、提示和行为选择、定势三个亚类;第三,动作技能发展,包括心理映象转化为动觉、正确行为的形成两个亚类;第四,动作模式发展,包括动作模式的形成、动作模式的完美两个亚类;第五,修改和创造动作模式,包括修改动作模式(在一组运动中,强调自动性和依据情境作出反应)、选择和修改动作模式(强调独创性和创造性)两个亚类。这个动作技能领域的目标分类

---

① 黄甫全,王本陆. 现代教学论学程(修订版)[M]. 北京:教育科学出版社,1998:174.

当时并未出版，而是以手稿的形式流传。"①

2. 梶田叡一的教育目标分类

梶田叡一是日本大阪大学教授，1983 年他在《教育评价》一书较为系统地阐述了他的教育目标分类思想，提出学校教育至少要包括达成、提高和体验三类教育目标。②

达成目标，是指通过一系列指导，期待在学习者身上发生明显的变化，要求学生掌握规定的、具体的知识和能力。

提高目标，是要求学生向一定目标提高和发展，或期待学生在某一方面有所提高或深化。如逻辑思维能力、鉴赏力、社会性、价值观等综合性的高级目标。

体验目标，是通过学生的某种行为变化，了解学生所产生的某种切身体验。不是以学生表现出某种行为变化为直接目的，而是期待学生自身产生某种特定内容的体验。

这三种目标都包含认知、情感、动作技能领域的一系列目标，并有相应的具体要求。梶田叡一认为，这三种目标的关系是相辅相成的，而不是单纯阶梯形的、由低到高的层次关系。它们之间是相互渗透、互为表里、互为交叉发挥作用的。

梶田叡一的教育目标分类思想重视教育目标各个领域之间相互联系，注重它的综合实现，在一定意义上补充了布卢姆以行为结果分类的教育目标的不足。

表 3.2.6　梶田叡一的教育目标分类

目标类型	达成目标	提高目标	体验目标
认知领域	知识、理解等	逻辑思维能力、创造性等	发现等
情意领域	兴趣、爱好等	态度、价值观等	感触、感动等
动作技能领域	技能、技术等	熟练等	技术成就等

3. 威金斯和麦克泰格的目标分类

威金斯和麦克泰格认为，知识是指掌握事实、定义和基本概念（陈述性知

① 张华. 课程与教学论 [M]. 上海：上海教育出版社，2000：168.

② 黄甫全，王本陆. 现代教学论学程（修订版）[M]. 北京：教育科学出版社，1998：176-177.

识);技能是指能够熟悉操作某一动作或过程(程序性知识);理解是指有效的推断和联系;迁移是指将已有知识运用到新的情境中。虽然知识和技能是建立联系和应用的前提,但其并不足以帮助我们达到最终的理解或迁移目标,实现长期目标。学习者知道许多零碎的知识,但还无法有效将其应用到具体情境中。理解意义和学习迁移不同于掌握知能,其需要不同的学习和教学策略(以及不同的评估方式)。为了证明这些分类的价值,他们将目标分为知识(K)、技能(S)、理解意义(M)和迁移(T)四个种类。[①]

表 3.2.7　四种目标类型举例

主题:美国革命(《独立宣言》)
*知道《独立宣言》的起草者是谁。K
*运用研究技能了解宣言的任何一个签名者。S
*从不历史情境、"听众"和"目的"等角度来分析宣言,并写一篇论文。M
*在模拟的镇会议上,运用你对内容的理解角色扮演一名宣言签名者,将你的决定解释给镇上的人民,并随时准备对别人的批评做出回应。T
主题:代数的线性关系
*知道"斜率"的含义和 $y = mx + b$。K
*给各种线性关系作图。S
*一般而言,解释线性关系能帮助发现价值拐点,但不可能帮助你预测销售。M
*运用线性方程组和实验得来的真实数据帮助你决定甜甜圈和自制咖啡的价格,并在体育竞技赛中出售,利润用于筹集赛事资金。T

总的来说,布卢姆教育目标分类学理论对我国教学影响最为深远,目前绝大多数教师制定教学目标仍然以其为理论依据。虽然梶田叡一的教育目标分类富有创意,可我国中小学教师知之甚少。相对而言,威金斯和麦克泰格的目标分类便于实践操作。

(二)国内教学目标分类

我国借鉴国外有关研究成果,对教学目标分类问题进行了深入探讨,取得一些成果。20世纪五六十年代,我国教育界特别重视"基础知识和基本技能",形成了以"双基"为中心的教学目标体系;20世纪80年代之后,开始提出"三基教学",即"基础知识、基本技能和基本能力",后来人们开始重视健康个性的形成与发展,基于此提出了"三基一个性"的教学目标体系,也就是授受基础知

①(美)格兰特•威金斯,杰伊•麦克泰. 理解为先模式——单元教学设计指南(一)[M]. 盛群力,沈祖芸,等,译. 福州:福建教育出版社,2018:64-66.

识、形成基本技能、发展基本能力、促进个性健康发展。[①] 随着对目标教学研究的深入,顾泠沅、崔允漷等专家以及山东省课题组都提出了相应的教学目标分类。下面仅就山东省课题组和崔允漷教授的目标分类进行简要介绍。

1. 山东教改中的教学目标分类

我国目标教学研究发端于 1982 年上海市开展的平面几何形成性评价研究。1986 年 9 月布卢姆应邀来华讲学以后,他的掌握学习策略、教育目标分类学和教学评价理论等在我国得到广泛传播,促进了目标教学的发展。[②] 到 1996 年,全国参与目标教学理论与实践研究的省、市、自治区已达到 29 个。其中,山东省课题组对布卢姆教育目标分类进行了本土化改造,将认知、情感、动作技能三个领域的教育目标都简化为四个层级。[③]

认知领域教学目标分为记忆、理解、运用和综合四个层次。

(1)记忆:记忆分原型的记忆、本意的记忆和变式的记忆三个亚类。原型的记忆,指可区别事物的外部特征;本意的记忆,指记住有关事物的概念、法则、原理、性质和学说等,能把这些关于事物内在特征的抽象描述,联系具体事物再现出来;变式的记忆,指记住同一事物的表现或同一内容的表达方式,能根据事物内在的联系,有选择地复现事物的某些方面或某种结构。

(2)理解:理解分领会、阐释和应用三个亚类。领会,指学习者觉悟到学习的对象是"什么"或"为什么";阐释,是较充分和圆满的解释;应用,指用学过的知识解决类似的问题。

(3)运用:运用分归纳、分析和转化三个亚类。归纳,指界定事物的范畴和性质,对事物外部或内部的某种关系赋予确定的内涵和意义;分析,指将认识对象分解为组成它的因素或部分,并明确各因素或各部分之间的具体联系或结构原理;转化,指用另一事物取代某事物。

(4)综合:综合分联系、概括和评价三个亚类。联系,指把不同的成分联结为一个新的整体;概括,指把若干复杂的或具体的东西归结为一个简单的东西或抽象的概念;评价,指根据特定的目的,依据一定的准则对事物做出价值判断。

---

① 黄甫全,王本陆. 现代教学论学程[M]. 北京:教育科学出版社,2003:177-179.

② 李建刚,张志勇. 目标教学的理论与实验研究[M]. 北京:学苑出版社,2000:10.

③ 徐建敏,管锡基. 国内外当代教学理论简明读本[M]. 北京:教育科学出版社,2011:217-218.

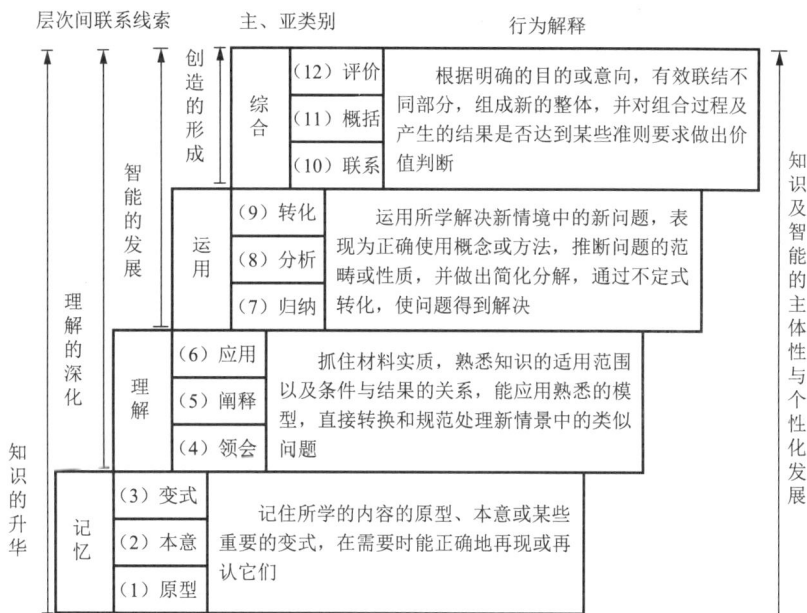

图 3.2.1 认知领域目标分类框架 ①

情感领域教学目标分为接受、偏好、信奉、适应四个层次。

（1）接受：接受分觉察、默认、认可三个亚类。觉察，指学习者意识到或感觉到存在；默认，指学习者虽然接受了某一事物，但对事物的必要性或意义还没有深切感受；认可，是一种较完全、较坚定的接受，是一种选择性反应。

（2）偏好：偏好分愿意、满意、偏爱三个亚类。愿意，是学习者对客观事物做出的自发性反应，是一种自愿的行为；满意，是以满足心理体验为主的自发反应，是主体与客体"共鸣""共振"的行为；偏爱，其本意是爱好，可以被看作兴趣的高级形式。

（3）信奉：信奉分专注、选择、追求三个亚类。专注，指专心致志于某一事物；选择，是通过比较做出决定；追求，是有明确目的的持续努力。

（4）适应：适应分平衡、习惯、泛化三个亚类。平衡，是协调各种事物或冲突之间的关系，它表示主体在处理问题时能有一致的做法和看法，并能使处理结果符合这种做法或看法；习惯，是自动重复的行为，它是一种心理和行为牢固

① 依据张振国等主编的《教学目标实验与研究》书中第 46 页布卢姆认知领域教育目标分类框架及网络资料绘制而成。

的定向或定势;泛化,指主体对普遍事物和关系的一致理解和处理,它是一种基本观念、态度、方法在最一般意义上的迁移。

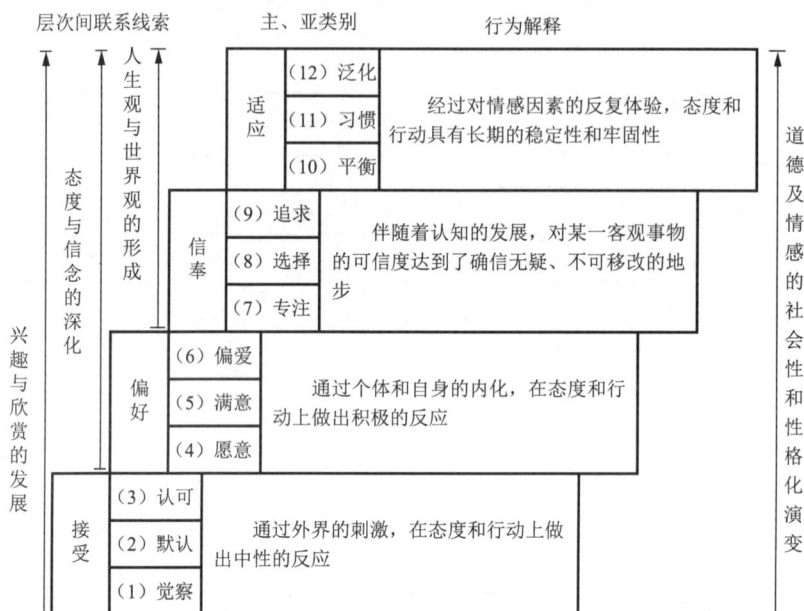

图 3.2.2　情感领域目标分类框架 [①]

动作技能领域教学目标分为模仿、定势、熟练、自动化四个层次。

(1)模仿:模仿分知觉、试误两个亚类。知觉,指通过感觉器官觉察事物的运动过程,同时为操作某种动作做好心理与生理的准备;试误,指在原有动作的基础上,根据新动作的要领进行不同程度的尝试,从各种不同的行为中,选择符合标准的行为反应,它是局部性的尝试。

(2)定势:定势分连贯、规范两个亚类。连贯,指在较为准确的分解动作的基础上,能组合成整体性的动作;规范,指学习者能使连贯动作中的每个细节动作都符合要求。

(3)熟练:熟练分协调、灵巧两个亚类。协调,指学习者在做某一动作时,不仅没有犹豫,且头脑中会立即展现出动作图像,其动作不但非常正确,而且身体各部位的配合也实现了精细的协调;灵巧,指对较复杂的动作过程能进行灵活自如的处理,并达到较佳效果。

① 张振国,刘子忠,杜在仪. 教学目标实验与研究 [M]. 北京师范大出版社,1992:104.

（4）自动化:自动化分修正、创新两个亚类。修正,指对原来动作进行必要的修改调整,以符合新情况的要求;创新,学习者根据新情境的要求,将已掌握的动作技能要素进行重新组合,以形成一种全新的动作方式。

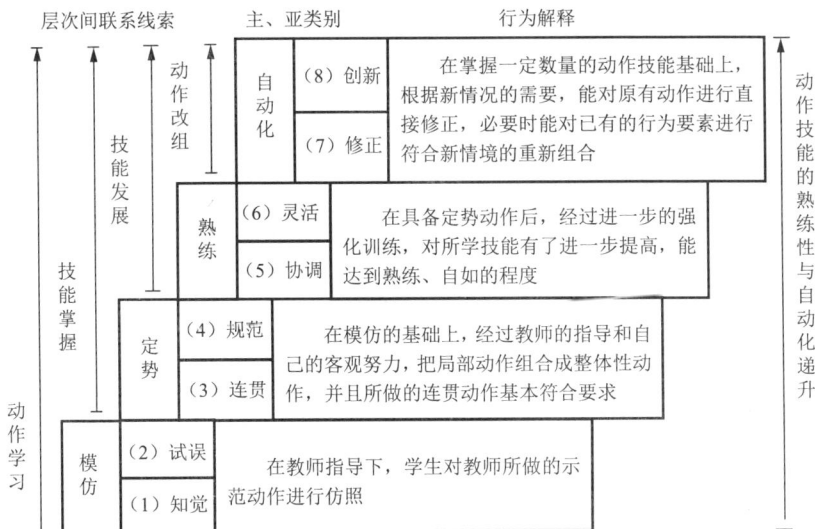

图 3.2.3 动作技能领域目标分类框架[①]

2.崔允漷的教学目标分类

崔允漷指出:"教了,不等于学了;学了,不等于学会了。"从"学生学会了什么"的视角对教学目标进行研究,并提出如下分类设想。[②]

一是指向习得结果的三类目标。从最终习得的结果看,可以分成成果性目标、过程性目标和创造性目标。成果性目标是指明确告诉人们学生通过学习而获得的成果是什么,该类目标所采用的行为动词都是成果性的,如"会写""会背""记住""会做"等。过程性目标,指学习经历就是所需要的学习结果,该类目标所采用的行为动词往往是"经历""体会""体验""参与""感受""关注"等。创造性目标,即涵盖学习经历与学习结果的目标,其过程往往是可预设的,其结果是重要的,但是开放的、难以预设成果的。该类目标所采用的行为动词通常是"制作""设计""表演""创作""扮演""编写"等。

[①] 根据张振国等主编的《教学目标实验与研究》一书第133-135页研制而成。

[②] 崔允漷.追问"学生学会了什么"——兼论三维目标[J].教育研究,2013(7):98-104.

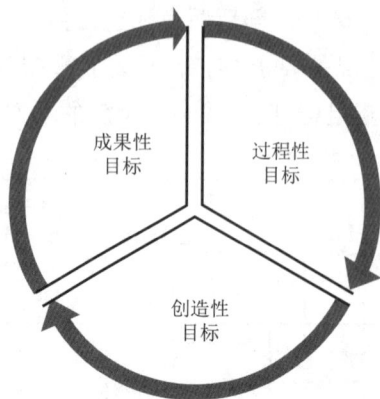

图 3.2.4　指向习得结果的三类目标

二是指向意义形成的三阶目标。从学生学习意义形成的过程来看"学生学会了什么",由外而内、从知识到意义大概可以分成知识与技能、过程与方法、意义与价值三层阶梯式的目标。知识与技能目标,即"什么是值得学习的"或关于"是什么"的目标;过程与方法目标,即关于"怎样习得特定的知识与技能"的目标;意义与价值目标,即"通过此过程习得特定的知识与技能对学生有何意义"的目标。在学习过程中,学生经历正确的"过程与方法",能获得值得学习的"知识与技能",并来实现"意义与价值"的形成与提升。

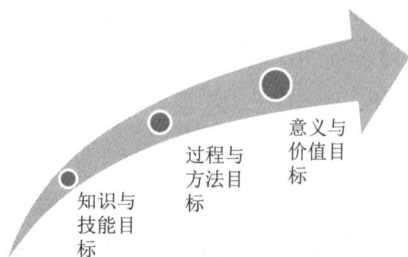

图 3.2.5　指向意义形成的三阶目标

三是指向教学实践的三维目标。从教学实践的角度看"学生学会了什么",那么可以将目标分成知识与技能、过程与方法和情感态度价值观三个维度。"学生学会了什么"是一个完整的立方体,每一条目标都是该立方体中的一个点,因此,每条目标与三维都是有关的,只是侧重点有所不同。在课时学习目标陈述时,不能按照这三个维度逐条撰写,而是将三维度结合在一起陈述。例如,"在小组讨论中,倾听别人的不同观点,体会对话的意义"。

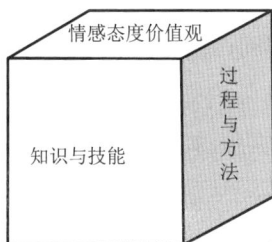

图 3.2.6　指向教学实践的三维目标

三、标准探讨:怎样的学习目标是好的

怎样的学习目标是好的,这是中小学教师普通关注的问题。良好陈述的目标其标准是,"陈述的是学生学习的结果;明确具体,可以观察和测量;能反映学习结果的层次性"①。基于文献研究和实践反思,我们认为,好的学习目标应是素养导向的、精准定位的、逻辑清晰的,便于教师实施与观测的。

(一)素养导向的学习目标

随着人们对教育目标认识的加深,我国基础教育课程改革从"三维目标"已发展到"核心素养"阶段。"三维目标"是指课程目标,它不等同于课时学习目标。相对而言,理想的学习目标应当体现出课程目标在知识与技能、过程与方法、情感态度价值观三个维度的相关要求。

例如,初中语文六年级下册《行道树》(鲁教版,五•四学制,2016)的学习目标 2:"合作讨论,结合关键语句阐述自己对行道树品质的理解,并结合实例客观地评论社会与人生。"其"关键语句"指向知识与技能(即"是什么")维度,"阐述"指向过程与方法(即"如何获得是什么")维度,"评论"指向情感、态度与价值观(即"内化为相对稳定的是什么")维度。这样的学习目标就符合课程目标的"三维"要求。

普通高中课程标准(2017 版)凝练出学科核心素养,学科核心素养是对中国学生发展核心素养的具体化、学科化。学科不同,学科核心素养也不尽相同。因此在教学设计时,教师要将学科核心素养转化、细化为具体的学习目标。

一般来说,素养导向的学习目标,既明确规定出学生经历知识习得后的预期结果,又指向包含思维、情感、态度、价值等要素在内的高阶心智操作,还有利于学生深刻理解所学知识蕴含的基本观念和意义价值,形成自主运用所学知识

---

① 皮连生. 学与教的心理学(第三版)[M]. 上海:华东师范大学出版社,2003:254.

解决复杂情境问题的灵活迁移能力。当然,素养导向的学习目标还要能充分发挥学科独特的育人价值,恰当地体现出学科核心素养的具体化要求。

例如,高中地理《区域环境问题及其治理》一课的学习目标是:"① 运用地理信息技术,获取电子地图信息,找到高邮湖的地理位置,提升地理区域认知;② 结合材料,分析古、今高邮湖地区存在的不同问题、影响及其治理措施;③ 通过高邮湖地区生态环境问题的案例分析,树立人地协调观念,增强热爱家乡的情感;④ 结合高邮湖地区案例,把握区域生态环境问题研究方法,并运用该方法分析其他区域的问题或调研身边存在的问题。"[①] 这四条学习目标分别指向区域认知、综合思维、人地协调观和地理实践力。

有专家主张设计素养目标和具体单元目标。其中,很有影响力的是刘徽,她认为,素养目标是一种整体性的描述,回答"学了这个单元后,学生具备什么样的素养"这个问题[②]161。教师要依据素养目标确定单元大概念和具体单元目标。例如,小学语文说明文单元包括精读课文《太阳》《松鼠》,习作例文《鲸》《风向袋的制作》以及习作《介绍一种事物》,其素养目标可以确定为:"能读懂学校和生活中不同类型的说明文,体会语言风格、说明方法的差异,准确抓住说明文所要表达的要点;能根据不同的对象、目的和场合,合理选材和构思,并恰当地运用不同的说明方法进行书面或口头表达。"其单元大概念可以是:"说明文是一种客观说明事物、阐明事理的文体;根据不同的目的和对象等,说明文可以分为不同的类型,它们的语言风格和说明方法都有所差异;不同说明方法的用途有所不同,如列数字是为了更精确地表达,而举例子、作比较和打比方则是通过将陌生的事物熟悉化,从而更具体生动地表达。"其具体单元学习目标可以是:"能把握说明文的特点,将之与其他文体相区分;体会说明文在人类生活中的必要性;能根据说明对象的不同,区分程序说明文、实物说明文和事理说明文;能根据语言风格,区分平实性说明文和文艺性说明;能认识列数字、作比较、举例子和打比方等说明方法的价值与作用;能识别并恰当地运用说明方法。"[②]295-296

(二)精准定位的学习目标

由于受传统教学观念的影响,很多教师想当然地认为按照教材内容进行教

① 钱丽娟,陈桂珍. 在真实情境中落实地理核心素养——以"区域生态问题及其治理"为例[J]. 地理教育,2021(3):47-49.

② 刘徽. 大概念教学:素养导向的单元整体设计[M]. 北京:教育科学出版社,2022.

学,就不需要设计学习目标,或者认为把教学重点难点梳理清楚,再设计学习目标就没有什么价值。有一些教师设计的教学目标极为简单、非常笼统,甚至直接摘抄课程标准,或从教师教学用书上照搬下来。其实,学生"学什么"是学习目标内容构成的关键要素,它是"基于学情的需要对课标的具体分解及对教材的核心把握,其实质是'学什么最有价值'的问题,亦即教学目标准确制定的问题"①。

首先,坚持源于课标的原则,让学习目标具体化。要研读课程标准,明确各学段内容标准的具体要求,使预期学习结果的表现程度定精准地指向其对应的认知层次。例如,《复式折线统计图》(小学数学青岛版,五·四学制,2019)一课的目标制定,先查看相关课程标准,找到《义务教育数学课程标准(2022年版)》中第三学段(5—6年级):"认识折线统计图、扇形统计图;会用条形统计图、折线统计图呈现相关数据,解释所表达的意义。"在这里,"认识"是指"能读折线统计图,并读出相关信息";"会用"是指"会将收集、整理的数据整理成复式折线统计图";"解释"是指"能用口头语言将折线统计图所表达的意义说清楚,并能根据结果做出简单的判断和预测"。因此,这一课的学习目标应精准地确定为:

1.通过对比单式折线统计图和复式折线统计图,说出复式折线统计图的优点。

2.会将收集到的相关数据整理、绘制成复式折线统计图。

3.能说出复式折线统计图中每一条折线所表达的意义,并做出简单的判断和预测。

(烟台经济技术开发区第九小学提供)

其次,坚持据于教材的原则,让学习目标明确化。要让学习目标明确化、准确化乃至精准化,还需要教师对文本进行深入的挖掘、发现,找到核心的、最有价值的信息,将其作为重要的学习内容,并以"知识名词"的形式把它写入学习目标,让学生看到目标就明白学习的重心。

例如,一位青年教师设计《明天要远足》(人教版部编本小学语文一年级上册)的学习目标2,起初是"正确、流利、有感情地朗读诗歌,体会小女孩要去远足的期待、激动的心情"。教研员指出小学一年级学生处于刚学说普通

---

① 卢臻. 教-学-评一体化教学策略与实践[M]. 郑州:河南科学技术出版社,2017:18.

话的阶段，其朗读要求应是"正确、流利地朗读课文"，甚至是"正确地朗读课文"。在确定表现程度后，那么朗读课文，究竟应朗读什么呢？经过集体研读教材和《教师教学用书》后，最终将课时学习目标2确定为："通过教师范读、同桌互读等形式，读准带有轻声的词语和词组以及问句的语气"。这样，学习目标就从"笼统要求"走向了"精准定位"。毋庸置疑，每一个单元、每一节课时都有最值得学生学习的核心知识、关键能力和品格要素。备课时，作为专业教师就必须将这些"学什么最有价值"的具体内容挖掘、提炼出来，也就是要找到学科育人价值的"转化点"。由此可说，设计精准的学习目标是专业教师的必修课。

第三，坚持基于学情的原则，让学习目标适切化。教师要基于学情进行学习目标论证，以更好地满足全班学生的学习需求，甚至可能需要修改针对个别学生的学习目标，以便让每一个学生都能够更好地学习。例如，就《小数的意义》（小学数学青岛版，五·四学制，2019）一课而言，因为学生在三年级下册学习《小数的初步认识》时，已经借助人民币、长度单位等具体情境学会了0.3元＝3角＝3/10元，0.05米＝5厘米＝5/100米，初步建立了一位小数与十分之几、两位小数与百分之几的联系，所以该节课的学习目标可以适当拔高，其具体表述如下：

1. 通过在数轴上找一位小数、两位小数、三位小数，认识小数的计数单位及相邻计数单位之间的进率，感受十进制及位值计数法。

2. 在数小数的过程中，归纳出一位小数与十分之几、两位小数与百分之几、三位小数与千分之几的关系，正确说出小数的意义和组成。

3. 借助计数器，认识小数各部分名称、小数的数位，并能正确填写数位顺序表。

（烟台经济技术开发区第九小学提供）

再如，设计《四边形》（小学数学人教版三年级上册）的学习目标时，教师可做如下学情分析。第一，从边和角的角度归纳得出四边形的定义和特点，是将感性经验抽象成数学语言，这要求学生具有较强的观察、分析、归纳能力，但对所有三年级学生来说都很困难。第二，从不同的几何图形中归纳特点，再从特点区分不同的四边形，学生具有较强的图形观察、系统分析、逻辑推理等能力，才能初步形成四边形的系统认识。这对一大部分学生来说是有难度的。第三，他们对动手实验有浓厚兴趣，通过实验的方法得出四边形不稳定的特征，要求学生具有较高的动手操作、比较分析、数学表达等能力。由此可见,四边形的几何定义,按边和角归类定义四边形是学习重点。四边形的几何图形和几何特征,按边和角分类并区分四边形,研究四边形特征的方法,是学习难点。基于学情分析,可能将这一课的学习目标确定如下:

1. 通过自主阅读和练习,能从边和角两个角度归纳并准确无误地说出四边形的几何定义或两个特点。

2. 通过小组合作,学会用四边形的两个特点判断几何图形是否属于四边形,并能正确区分不同的四边形。

3. 通过研究自主阅读和动手实验,能在教师提示下简要说出四边形的几何特征。

(三)逻辑清晰的学习目标

就一个课时而言,学习目标以 2～4 条为宜。这样,学习目标的排序就存在一定的逻辑关系。学习目标之间有一个核心目标,其他目标是为核心目标服务的。

具体来说,学习目标之间的逻辑关系可以是递进式的,目标呈现渐次支持的特点,由此确保学生沿着诸如“理解→应用→迁移”的路径实现学习能力的进阶;也可以是聚焦式的,前面的多个目标都是为达成核心目标而设定的,由此确保学生沿着诸如“理解→应用→综合”等路径提升解决复杂问题的能力;还可以是山峰式的,核心目标居于中间位置,其他在先的目标为其提供支持、在后的则对其进行延展,由此确保学生沿着诸如“习得→内化→外显”的路径将知识与技能转化为相对稳定的学科核心素养。这样,学习目标就从杂乱无序走向逻辑排列,能为教师有主题的教学指出明确的用力方向和精确的发力焦点,还能为学生学习提供具体的成功标准与有效的学习路径。

就一条学习目标看,其陈述的语言要清楚,符合一定的语法结构。学习目标要包括行为主体、行为表现、行为条件和表现程度等基本要素。行为主体,指目标所指向的对象,它必须是学生,不能是教师。行为表现,指表明学习的具体行为,它可以是动词,也可以是动词 + 名词。行为条件,指学习行为出现的情境,所采用的学习方式和工具,以及提供的信息、资料、辅助手段和限定时间等。表现程度,指一个群体的学习结果的最低表现水准。

学习目标的语法结构大致有四种:行为主体 + 行为表现(即动词或动词 + 名词);行为主体 + 行为表现 + 表现程度;行为条件 + 行为主体 + 行为表现;

行为条件 + 行为主体 + 行为表现 + 表现程度。通常情况下,行为主体可以省略不写。[1] 就上述四种语法结构看,学习目标大多需要按照"行为条件(即学习情境)、行为表现(即学习方式和学习内容)、表现程度(即学习标准)"的先后顺序进行陈述,最多不超过三句。

第三节　科学研制

研制学习目标是一件需要严肃对待的事情,因为它关乎课程标准(或学科核心素养)乃至立德树人根本任务的真正落实。同时,它也是一件需要课程标准分解、文本研读、学情测查等技术有效支持的研究活动,因为它关乎学生的学习收获与真实成长。如果想要研制出具体化、明确化、适切化的学习目标,那么就必须对学习目标的科学研制进行深入探讨。

将课程标准转化为学习目标,这是教师必须具备的专业技能。课程标准是"国家期望未来的公民所具有的基本素养在基础教育课程领域的具体化,是党的教育方针在相应课程中的具体体现"[2]。坚持源于课标的原则,可以将课程标准转化为具体的学习目标,让学生学习真实而有效地发生。学习目标具体化,可明确地回答"为什么学""学到什么程度"的问题。这样,教师就不能只凭借教材或自身实践经验来制定学习目标,而是需要深入研究并理解课程标准,找到课程标准的相关内容要求、能力等级和限定条件,并将其分解、转化,使之适合学生的认知要求和学习基础,进而研制出具体化的课时学习目标。

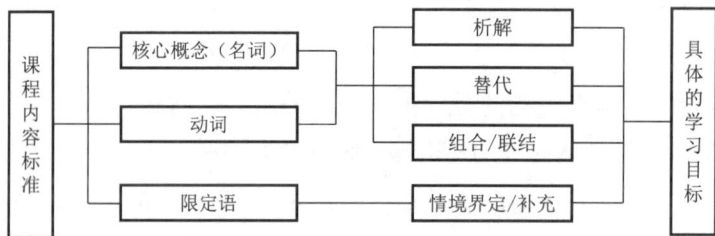

图 3.3.1　课程内容标准分解的技术路线图

---

① 崔允漷. 追问"学生学会了什么"——兼论三维目标[J]. 教育研究,2013(7):98-104.

② 朱伟强,崔允漷. 分解课程标准需要关注的几个技术性问题[J]. 当代教育科学,2010(24):14-16.

一、定结果:解构概念,让学习目标的内容更明确

研制学习目标,首先要确定预期的学习结果。课程内容标准中有一些指向学习结果的关键名词,它们是学科的核心概念(名词),回答的是"学什么"的问题。研读课程标准时,教师需要找出指向学习结果的关键词,并区分关键词属于哪种类型的知识。为了确定可视化的学习结果,需要分解课程标准,对课程内容标准中的核心概念(名词)进行解构。这是教师设计学习目标的第一步,也是教师必须掌握的基本技能。

(一)课标分解策略

课程标准分解是教师应尽的责任与义务,也是教师必须掌握的一种学习目标设计的技术。课程标准与分解后的学习目标存在着"一对一、一对多、多对一"三种对应关系。一对一关系是指如果一条内容标准已经很具体了,就可以直接作为一条学习目标;一对多关系是指如果一条内容标准有一定的概括性,就需要分解成多条学习目标;而多对一关系则是指从多条内容标准中提取某一目标元素组合成一条新的学习目标。这样,课标分解便有替代、拆解和组合三种基本策略。[①]

1.替代策略

替代策略是利用一对一的对应关系,将课程标准中的具体要求直接作为学习目标,或者将课程标准中的宽泛、内隐、难以测评的内容要求替换为具体明确、可观测、可评价的学习目标。例如,《普通高中生物学课程标准(2017年版2020年修订)》中"必修课程模块2:遗传与进化"的内容要求:"3.1.3 概述DNA分子通过半保留方式进行复制。"[②]诸如这类的内容要求可以直接作为学习目标。再如,《义务教育数学课程标准(2022版)》中第三学段(5~6年级)"图形与几何"部分的"图形与位置"内容要求:"会在实际情境中,描绘简单的路线图(例35)。"[③]对此可替换为:"能描述从学校到家的路线示意图,注明方向和途中的主要参照物。"

---

① 崔允漷.学会专业地思考课程标准的分解[J].基础教育课程,2010(4):45+52.

② 中华人民共和国教育部.普通高中生物学课程标准(2017年版2020年修订)[M].北京:人民教育出版社,2020:16.

③ 中华人民共和国教育部.义务教育数学课程标准(2022年版)[M].北京:北京师范大学出版社,2022:25.

2. 拆解策略

拆解策略是利用一对多的对应关系,将课程标准拆解成几个互有联系的细项指标,以此形成具体的学习目标。例如,义务教育物理课程标准中"能用实例说明机械能和其他形式的能量的相互转化"[①],可以将"说明"拆解为"用言语说明""用图表说明""用实验演示说明"等,将"其他形式的能"拆解为"电能""热能""光能""化学能"等,即可形成"机械能"教学单元中多条具体的学习目标。

3. 组合策略

组合策略是利用多对一的对应关系,合并多条课程标准中的要求,或选取多条课程标准中具有关联性的某一目标元素,形成一条新的学习目标。例如,《普通高中物理课程标准(2017 年 2020 年修订》中必修课 1 部分"1.2 相互作用与运动定律"的内容要求:"知道滑动摩擦和静摩擦现象,能用动摩擦因数计算滑动摩擦力的大小。"和"通过实验,了解力的合成与分解,知道矢量和标量。能用共点力的平衡条件分析生产生活中的问题。"[②]可以将"能用动摩擦因数计算摩擦力"和"能用共点力的平衡条件分析生活中的问题"进行合并,形成新的学习目标"能分析斜坡停车问题"。也有专家将选取多条课程标准中具有关联性的某一目标关系进行融合,形成一条新的学习目标,称之为联结策略。

表 3.3.1　内容标准与学习目标在数量上的对应关系

对应关系	内容标准	学习目标	对应关系	内容标准	学习目标
一对一	A	→ A	多对一	A B C	→D
一对多	A	→ B → C → D		A a B b C c	→D

---

① 中华人民共和国教育部. 义务教育物理课程标准(2022 年版)[M]. 北京:北京师范大学出版社, 2022:22.

② 中华人民共和国教育部. 普通高中物理课程标准(2017 年版 2020 年修订)[M]. 北京:人民教育出版社,2020:12.

(二)概念解构技术

接下来是解构概念,形成概念结构图。对圈划出的核心概念进行剖析解构,制作出概念结构图,明确展开的重要概念,使之聚焦到最适合学生的学习上,更能满足学生的学习与发展需求。这样,教师应当掌握概念解析技术,会画"概念结构图"。一般来说,对一个学习领域、一个较大模块的学科知识可以画成"概念结构图",而对一个单元、一个课时的内容则可以画出"内容结构图"。

例如,《义务教育数学课程标准(2022年版)》第四学段(7~9年级)有关函数内容的要求:"了解函数的概念和表示法,能举出函数的实例。"[①] 对这些课程内容要求需要圈划出"函数的概念""表示法"这两个概念,对"函数的概念"和"表示法"这两个概念还需要进行剖析和解构。

"函数的概念"是陈述性知识,可将其解构成"定义域""对应关系"和"值域"。"表示法"是程序性知识,可将其解构成"列表法""图像法"和"解析法"。基于上述分析,可以画出一个有关"函数"的概念结构图。

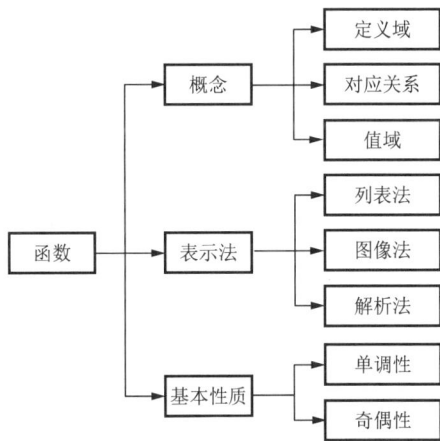

图 3.3.2　函数概念结构图

如果教师能对学科大概念(或大观念)、对一个核心概念的学习内容画出相应的结构图,那么他就能整体把握学科知识,明确核心概念在整个学科知识中所具有的重要地位,也能明确所学知识的前后联系,进而为设计出具体化的学习目标奠定基础。

---

① 中华人民共和国教育部. 义务教育数学课程标准(2022年版)[M]. 北京:北京师范大学出版社,2022:57.

二、定层次：替换动词，让学习目标的水平更精准

在课程标准中，有关学生学习的动词有很多，如行为动词、心理动词和情感体验性动词，这些动词回答的是"学到什么程度"的问题。另外，还有一些动词是指向学生学习方式的，后面将对此做专题探讨。行为动词和心理动词反映了学生学习结果的水平层次。行为动词相对具体，教师在设计学习目标可以直接运用。例如，义务教育语文课程标准其"学段目标与内容"部分中的行为动词主要有"比较""概括""辨别""设计"等，这些行动词对应着不同的学习水平；普通高中语文课程标准其"学习目标与内容"部分中的行为动词有"阐发""运用""对比""验证""续写"等。但心理动词因不可观察、不可评价则需要用具体的行为动词进行替换，使学习目标精准化。

（一）认知结果动词替换

在研读课程标准时，需要把内隐的认知心理动词圈划出来，确定其认知水平的能力等级，并将其转化为外显的学习行为动词。为了让学生学习目标更加具体、便于操作与落实，教师就需要根据学情和文本需要将这些心理动词进行替换。例如，把"理解"转换为"解释""概述""总结""举例说明"，把"应用"转换为"使用""计算""翻译""制表"等，以使之可观察、可测量、可评价。

表 3.3.2　认知领域的目标分层及描述动词

学习水平	描述动词举例
识记	背诵、说出、记住、回忆、回顾、描述、简述、复述、记录、写出、标记、选择、挑选、列举、罗列、再认、确认、辨认、识别
理解	陈述、概述、解释、释义、区别、分类、归纳、比较、总结、说明、举例说明、阐述、估计、预测
应用	使用、实施、执行、翻译、改写、制表、仿造、计算、证明、计划、拟定、撰写、绘制草图
分析	分解、剖析、解构、概括、总结、比较、推断、推导、核算、简化、提问、检查、探测、假设、设想、整理、探究、阐明、辩论
评价	判断、批判、争论、评论、评估、测评、评分、测量、测试、推荐、调整、验证、估量、核对、验证、审判
创造	组合、修改、设计、形成、构建、提议、制作、制造、编写、编导、创作、谱曲、雕塑、导演、编程、绘制动画

例如，《义务教育语文课程标准（2011年版）》第四学段（7～9年级）有关文言文阅读的内容要求是："诵读古代诗词，阅读浅显文言文，能借助注释和工

具书理解基本内容,注重积累、感悟和运用,提高自己的欣赏品位。"[①] 其中,"理解"是心理动词,具体可分为"解释、举例、分类、总结、推断、比较、说明"等七个层次。就《爱莲说》一课看,结合八年级学生学习特征及文本要义,应将"理解"的认知程度界定为"总结"和"推断"这两个层次。"总结"是指"能简要地概括出莲的形象特点","推断"是指"能推断出文章主旨及主要写法"。

为了便于教师操作,我们认为,可以将认知领域的目标层次简化为"识记""理解"和"应用"三个水平。其一,"识记"即"我知道(或我记住)",包括"识别""回忆"两个层级。其二,"理解"即"我明白(或我懂得)"。表 3.3.2 中的"理解"和"分析"都是与已有知识建立联系,旨在把握事物的内涵和内在逻辑关系,做出解释、阐明、分解、整合和推断等行为反应,"理解"指向对多个事物之间的关系进行说明,"分析"指向对同一个事物的构成要素之间关系的解释,因而可以统称之为"理解"水平。因此我们认为,"理解"可包括"领会""阐释"两个层级。其三,"应用"即"我能做(或我会用)"。上表中的"应用"与"创造"都是对已有知识进行运用,旨在解决简单或复杂的问题,只不过这里的"应用"指向解决简单的问题,是简单应用;"创造"则指向解决复杂的问题并形成新的"成果","评价"指向运用所学知识对事物、活动、行为表现等做出相应的价值判断,是综合应用,因而可以将这三者统称为"应用"水平,"应用"包括"执行""综合"两个层级。这样,"识记"水平指思维处于对事物外在形态的感知,是浅层次的学习水平;"理解"水平指思维进入对事物相互关系和内在结构的认知,是较深层次的学习水平;"应用"水平指思维聚焦改变事物外在形态、内在结构以及解决现实问题的行为,是深层次的学习水平。

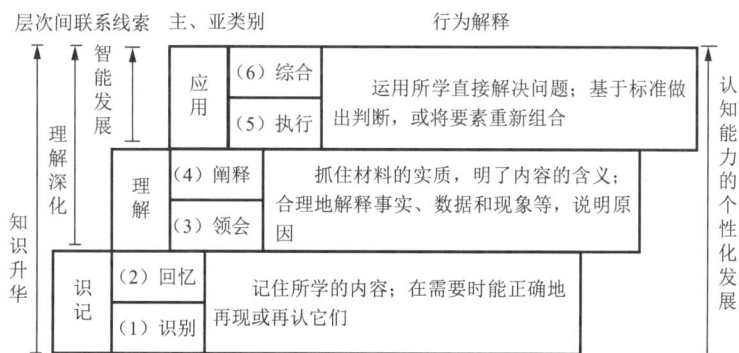

图 3.3.3　认知领域目标三分类框架

[①] 中华人民共和国教育部. 义务教育课程标准(2011 年版)[M]. 北京:人民教育出版社,2012:16.

（二）情感体验动词替换

课程标准的"学段目标（或学习目标）与内容"中有一些情感体验性的动词，诸如"感受""体验""体会""领悟"等，这些动词不可观察，需要用具体的行为动词进行替换。而诸如"注意""关注""参与""商讨"等动词比较具体，可以直接置入学习目标（表3.3.3）。

表3.3.3　情感领域的目标分层及描述动词

学习水平	描述动词举例
接受	注意、看出、觉察、注视、感受、分担、参加、参与、接触、容忍、关心、关注、尝试、寻找
反应	鼓掌、遵从、讨论、跟随、服从、扮演、练习、志愿、遵守、拒绝、认可、认同、听认、同意、反对、喜欢、欣赏、称赞、讨厌、感兴趣、怀疑、蔑视、克服、帮助
评价	继续、差别、支持、赞同、愿意、重视、承认、完成、组织、决定、建立、摒弃、珍惜、评价、判别、论证、辩论、对话、合作、欢迎、分担
组织	讨论、判断、确定、建立、权衡、比较、确定、限定、制定、选择、系统阐述
内化	改变、形成、养成、具有、热爱、树立、坚持、保持、确立、建立、追求、贯彻、坚信、抵制、抗拒、修正、秉持、塑造

例如，《普通高中语文课程标准中（2017年版2020年修订）》"学习任务群6思辨性阅读与表达"的第3条学习目标与内容："围绕感兴趣的话题开展讨论和辩论，能理性、有条理地表达自己的观点，平等商讨，有针对性、有风度、有礼貌地进行辩驳。"[①]在这里"辩论""商讨"都带有感情色彩。为此，教师就应当设计体验性学习目标（或过程性目标），并将这些动词转换或者置入其中。

例如，Z教师设计《劝学》（人教版高中语文必修三第九课）的学习目标如下：

1.掌握"劝、学、青、中、疾、致、假、绝、兴、功、强、用"12个文言常用实词和"于、者、而、焉"4个文言常用虚词，熟记"有（又）、暴（曝）、生（性）、知（智）、乎（于）"等6个古今字和通假字。

2.学习以喻代议、寓议于喻的设喻方法，平等商讨"学不可以已"的深刻道理。

第二条学习目标可以修改为："通过小组讨论，能概括出本文的设喻方法，

---

① 中华人民共和国教育部．普通高中语文课程标准（2017年版2020年修订）[M]．北京：人民教育出版社，2020:19.

结合实例阐述'学不可以已'的道理。"将原来直接套用的"平等商讨"进行转换,改为学习方式"小组讨论",而体现学习结果认知水平层次的动词可选用"阐述"。当然,也可以将第二条学习目标分解为两条,一是"独立思考,能概述出本文的论证特点,举例说明本文的设喻方法";二是"小组商讨,能阐述'学不可以已'的道理"。前者为学习结果导向的学习目标,后者为情感体验导向的学习目标。

基于上述分析,Z 教师修改《劝学》(人教版高中语文必修三第九课)的学习目标如下:

1. 借助工具书和课文注释,能记住文中 12 个文言常用实词、4 个文言常用虚词的意思和用法,熟记文中的 6 个古今字和通假字。

2. 独立思考,能概述出的论证特点,举例说明学习本文的设喻方法。

3. 小组商讨,能在课堂展示中阐述"学不可以已"的道理。

需要说明的是,情感体验性学习目标具体化不是为了定量测评学习结果,而是明确学生应当参与的学习活动,让学生在情感、态度和价值观念方面的经历、反应和内化有依赖的活动载体。

为了便于教师操作,我们认为,可以将上述五个水平层次简要地分成"接受、反应、适应"三个水平层次。因为,"评价"也是"反应"的一种具体体现,只不过"评价"表现得感受更加强烈、态度更加坚定。"适应"包括"组织"和"内化"两个亚类,"组织"则初步建立价值观念,"内化"则是形成相对稳定的态度、价值观念并表现出持续的行为。这样,"接受"是亲历活动并产生感性认识;"反应"是在经历后做出感受、态度和价值判断方面的某种行为方式;"适应"是对现象或行动做出价值判断后,表现出坚定性和贯彻的稳定性。须指出,"内化"是经历一个较长时间的学习过程方能达成的目标,不是一节课就能达到的情感目标。

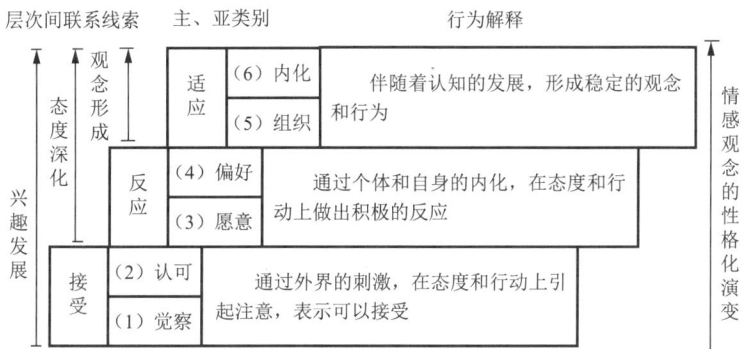

图 3.3.4 情感领域目标三分类框架

（三）动作技能动词替换

在课程内容标准中，有些动词是指向动作技能领域学习目标的，例如，"掌握""塑造""发展""提高"等，这些动词不可观察、不可测量，这些动词需要选用合适的行为动词进行替换，而"扩写""模仿""测量""绘制""制作"等，这些动词是具体的行为动词，可以直接用到学习目标中。

表3.3.4　动作技能领域的目标分层及描述动词

学习水平	描述动词举例
模仿	模拟、重复、再现、例证、临摹、扩展、缩写
定势	完成、制定、解决、绘制、尝试、安装、测量、试验
熟练	表演、操控、演示、示范
迁移	联系、转化、转换、灵活运用、举一反三
设计	策划、交流、制作、修改、制订（计划）

为了便于现阶段普通教师实践操作，我们认为，可以将动作技能领域的目标层次分为"模仿、掌握、设计"三个水平等级。"模仿"是对原有动作进行尝试，包括知觉和试误；"掌握"是能对所学的动作技能进行连贯操作，以及熟练、灵活地运用，包括定势和熟练；而"设计"则是对原来动作进行简单组合，或根据新情境的要求对已掌握的动作进行修改和创造，包括修正和创新。这样，"模仿"即照着样子做，"掌握"即熟练地做，"设计"即创新性地做，分别对应动作技能学习的低级、中级、高级水平。

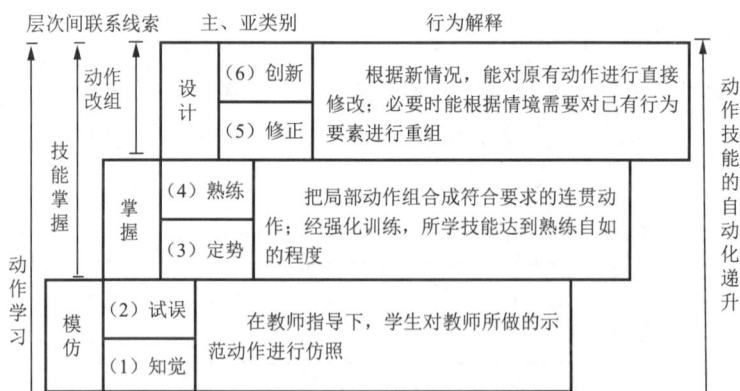

图3.3.5　动作技能领域目标三分类框架

三、定情境：限定条件，让学习目标的情境更具体

在课程标准中对学生达成预期学习结果，是有一定的条件限定的，有的指

向学习方式的,有的指向学习环境,有的指向学习任务要求的。这些限定语回答的是"在什么条件下学"的问题。学生学习是在一定的情境中真实发生的。教师在设计学习目标时,应当研读课标,圈出重点词,画出限定语,将学生学习情境更加具体进而确保学习目标便于操作、易于达成。

(一)学习方式细化

在课程标准中,有一些动词指向学习方式,如"选读""精读""研读"和"探索",或者直接提出具体的方式,如"开展合作学习"。对同一学习内容可以采用多种学习方式,但不同的学习方式会产生不同的学习效果。为此,教师需要研读课程标准,将学习方式具体化,并富有针对性和可操作性。

例如,《普通高中课程标准(2017年版2020年修订)》中"学习任务群15 中国革命传统作品专题研讨"的"学习目标与内容":"(1)精读一部老一辈无产阶级革命家的诗文专集,参阅传记和相关研究文献,围绕作品的思想内涵和语言风格确定具体的研究专题;开展合作学习,撰写专题研究报告,组织专题报告会,深入理解老一辈无产阶级革命家的革命精神和人格品质,感受思想和语言的力量。"[①] 这里,要求学生"精读"和"合作学习"。"精读"则要求学生细读多思,反复琢磨,边分析边评价,务求明白透彻,了然于心。"合作学习"则要求学生组建学习小组(或学习共同体),明确各其的分工和任务,通过集体智慧和力量,完成专题研究报告的撰写和专题报告会的组织,达到"理解老一辈无产阶级革命家的革命精神和人格品质,感受思想和语言的力量"的预期目标。

(二)任务要求细化

在课程标准中,有些动词指向对学习的特定要求,如"调查""访问""研讨""展示"等。为此,教师需要依次设计相应的学习任务,以确保学生有效地达成预期学习结果。

例如,《普通高中语文课程标准(2017年版2020年修订)》中"学习任务群2 当代文化参与"的"学习目标与内容"第一条:"聚焦特定文化现象,自主梳理材料,确定调查问题,编制调查提纲,访问调查对象,记录调查内容,完成调查报告,就如何传播社会主义核心价值观、弘扬中华文化精神、反映中国人审美追求

---

① 中华人民共和国教育部. 普通高中语文课程标准(2017年版2020年修订)[M]. 北京:
人民教育出版社,2020:28.

等专题展开交流研讨"。①13 对此，学生需要就某个问题展示调查，写出调查报告。"学习任务群16中国现当代作家作品专题研讨"的"学习目标与内容"第三条："每读一篇必做读书笔记。围绕中心论题进行有准备的研讨，围绕专题选择合适的方式展示探究的成果。"①29 对此，学生需要写读书笔记，并参与研讨活动并展示学习成果，在这里合适的方式可以是优秀作品推介会、全班读书笔记展等。

（三）限定语细化

在课程标准中，有许多关于学生学习的限定语，如"在教师的指导下""针对具体问题""通过实验""能使用 Venn 图""能用电离方程式""运用图表并结合实例"等，这些限定语从一定程度上提出了学习的情境要求。总的来看，这些限定条件可以分为特定情境、工具运用、信息提示等。

例如，《普通高中语文课程标准（2017 年版 2020 年修订）》中"学习任务群8中华传统文化经典研习"的"学习目标与内容"第二条："在特定的社会文化场景中考察传统文化经典作品，以客观、科学、礼敬的态度，认识作品对中国文化发展的贡献。"①21 其中，"在特定的社会文化场景"就是限定语，它指出了具体的学习场所及其情形、情况。

当然，在学习目标设计时，需要对限定的条件进行情境化。

表3.3.5　学习目标情境化设计表

条件类型	举　例
特定情境	联系上下文，在教师指导下，在……场景
提供信息	结合实例，通过实验，……
工具使用	使用量角器，用电离方程式，……
……	……

当然，如果没有相应的学习方式、任务要求以及学习情境等，则需要根据具体学习需要进行界定和补充，使学生学习能够高品质地发生。

四、定要素：撰写句子，让学习目标的意图更全面

受马杰行动目标理论的影响，现在普遍认为，规范的学习目标由行为主体、

---

① 中华人民共和国教育部．普通高中语文课程标准（2017 年版 2020 年修订）［M］．北京：人民教育出版社，2020.

行为动词、行为条件与表现程度这四个要素构成。而我们认为,在基础上,需要增加"学习内容"这一要素,让学生清晰地知道"学什么"。学习主体、学习内容、学习行为、学习条件、成功标准五个要素的有机组合,可以更清晰而全面地表达出学习目标的具体要求。

表3.3.6 学习目标构成要素的具体要求

要 素	要 求	指 向
学习主体	是学生,不是教师	谁来学
学习内容	是知识、技能、情意、价值观等	学什么
学习行为	可观察、可测量的具体行为	怎么学
学习条件	影响学习结果的特定限制或范围等	在什么条件下学
成功标准	学生达到目标的最低表现水准	学到什么程度

1. 学习主体

学习主体即学生,不是教师,在书面上可以省略。它回答的是"谁来学"的问题。学习目标陈述要坚持"儿童立场",因为学习是学生主动建构的过程,是用来检验与评价学生学习是否达到规定的预期变化,而不是评价教师有没有完成教学任务。

2. 学习内容

学习内容就是为实现预期目标而要求学生所学的内容,它可以是知识、技能和方法等,也可以是在学习过程中形成的情感、态度、价值观等。学习内容是回答"学什么"的问题,规定着学习内容的范围、深度和揭示学习内容各组成部分的联系。设计学习目标要坚持"定位精确",以确保"所学的"是最有应当学的、最值得学的。

3. 学习行为

学习行为即用以描述学生所形成的可观察、可测量的行为,如背诵、复述、解释、辨别、设计、创作等。它回答的是"怎么学"的问题。为了便于观察、测量学生是否达到预期的变化,设计学习目标要坚持"能力指向",明确关键动词指向学生学习的能力变化,也就是能够清晰地告诉学生在学习中怎么"做"。

4. 学习条件

学习条件即影响学生产生学习结果的特定限制或范围等,也就是学生在什么样的环境和条件下学习。它回答的是"在什么条件下学"的问题,对此要做到"操作简便",能让学生易懂、易操作。具体来说,学习条件包括四种类型:其一,工具运用,如"使用量角板";其二,信息提示,如"给出一张中国行政区划图,能标出……";其三,时间限定,如"在5分钟内";其四,特定情境,如"在课堂讨论时"。

5. 成功标准

成功标准指学生学习之后的结果变化,也就是学生学习后所产生的行为表现的最低水准或具体成果的基本要求。它回答的是"学到什么程度"的问题。所以,设计学习目标要做到"结果可评",即学习结果可以测量、可以评价。

例如,C老师在讲《黄鹤楼送孟浩然之广陵》(人教版小学语文五年级上册)一诗前,从阅读视角找到之与相关的课程内容标准有以下四条:

(1)通过朗读古诗,能熟练地背诵古诗。

(2)通过独立思考,能分析关键词语,简要地描述出诗歌中的情境。

(3)在教师指导下,能正确地读出诗的节奏,解释诗歌表现的意思和情感。

(4)通过小组合作,能恰当地表演诗人送别朋友时的心情。

分析可知,目标(1)的"背诵古诗"的行为程度是"熟练地";目标(2)"描述诗歌情境"的行为程度是"简单地";目标(3)"读出诗的节奏"的程度要求是"正确地";目标(4)"表演诗人送别朋友的心情"的行为程度是"恰当地"。

第四章

策略创新
从经验探索走向科学研究

　　新时代呼唤课堂深度变革，课堂深度变革急切地呼唤广大教师做真研究，以审慎的态度和科学的方式来创新教学策略，让课堂实践闪耀出璀璨的理性光芒。我们倡导从学生学习的本质和学科课程的性质来思考教学策略的选择、组合与创新，从教材转化、范式转型、境脉转向等方面来探索课堂教学在内容结构、形式结构、时间结构上的深度变革，做到知识结构化、教学板块化、活动一体化，落实学科核心素养，提升学科育人价值，让每一位学生都实现学力与人格同步生长。

　　将课程规划付诸实践，帮助学生达成学习目标，需要教师掌握一定的教学策略。教学策略就是让课堂教学效果趋向最佳的措施，是让课堂充溢生命活力的手段，是让学生站在课堂正中央的艺术。从广义上看，它指目标确定之后，"依据学生的学习规律和教学的特定条件，灵活机动地选择与组合相关的内容、媒体、评价技术、组织形式、方法和各种手段等，以便形成具有效率意义的特定教学方案的原理、原则和方式"[①]。

　　在当今急遽变化的时代，教师不能只运用传统手段去教授"昨天"的知识，而必须主动应对"明天"对学生的挑战，创新教学策略，从"学科教学"走向"学科（课程）育人"，从"教书匠"蜕变为立德树人的"大先生"。我们认为，策略创新的根本目的不是让学生精准地记忆更多的知识，而是让每一个学生兴趣盎然地投入学习，让深度学习真实发生，通过学科知识的学习、关键能力的培养和正确价值观念的引导，最终实现核心素养的发展，成长为有理想、有本领、有

---

① 黄甫全，王本陆. 现代教学论学程（修订版）[M]. 北京：教育科学出版社，1998：390-391.

担当的"三有"时代新人。

袁振国认为:"中国教育正在实现从有学上到上好学,从有质量到高质量的转变,要完成这种转变,培养具有社会责任感、有创新精神和社会实践能力的人,学校教育非实行结构性变革不可。"[①] 其实,只有引发结构的实质性变化,教育改革才真正地走入深层次、深领域。学校教育如此,课堂变革也是如此。在课堂深度变革中,我们从教材转化、范式转型、境脉转向三个方面入手进行探索,致力于知识结构化、教学板块化、活动一体化,通过策略创新来引发课堂深度变革,促使课堂教学从经验探索走向科学研究,将学科育人价值在课堂上得到充分发掘与转化,让师生的生命意义在课堂上得以有效生发与提升。

第一节　教材转化

教材是学生学习的内容,也是教学活动的载体。我们倡导把"教材"变成"学材",把"教案"变成"学历案",将教材知识的编排逻辑转化成为符合学生核心素养发展的认知逻辑,让学生亲历发现知识、得出结论、生长意义的过程,让有意义学习在课堂上真实发生。为此,教师要精心研读文本,按照"是何、为何、如何"的框架对教材进行转化,思考学历案的设计与实施,确定"核心概念"(或核心观念),挖掘"核心价值",提炼"核心问题",进而培养"核心素养"。

一、课程统整:变"教材"为"学材"

现代社会的加速发展,对人的综合素养提出更高的要求。课程统整是有效培育学生核心素养的一种可行路径。具体来说,"课程统整具有层级性,按照组织程度通常划分为科内统整、科际统整、超学科统整三种类型"[②]。科内统整,发生在学科课程内部,指基于学科概念而展开的课程内容整合;科际统整,发生在两个或两个以上学科之间,指基于学习主题而展开的课程内容整合;超学科统整,则打破学科限制,指基于项目(或主题)而展开的课程内容整合。根据核心素养培育的现实需要,教师应通过科内统整、科际统整、超学科统整,研制出适合学生学习的"最佳"内容,提高学生综合运用知识解决复杂问题的能力。

---

① 袁振国. 学校教育需要进行一场结构性变革[J]. 上海教育,2015(7):62-64.

② 刘登珲. 促进核心素养有效转化的课程统整策略探讨[J]. 教育发展研究,2018(6):40-47.

(一)加快科内统整,优化学科知识结构

作为教师,可以依据学生、学科和社会需求,坚持"系统设计"的原则,聚焦学生学科核心素养的提升,对学科内知识进行整合。一般来说,语文教材内容统整"主要是根据作者、文体性质及文章特点选用大量相关的阅读资料,采取横向拓展、纵向加深、多向'链接'的形式充实教材内容"[①]。数学教材内容统整则主要集中在相关知识点的系统整合上,以单元整合为主。科内统整就是优化学科知识结构,既让学生学更有价值的内容,又确保学生学得更加顺畅。

1. 依据认知脉络进行统整

学科内统整,重在优化学科知识结构,使学科课程"逻辑结构"与学生"认知序列"相互契合,为学生提供更加合适的学习内容。我们倡导按学期进行科内课程统整,教师"依据课程标准对整个学期的学科教学内容进行合理规划,系统梳理学科知识体系,明确学科核心知识和教学的重点、难点,基于学科大概念,按照某种认知线索或脉络对教材内容进行改造,编制出适应大单元教学的学期课程,这样教师就由课程的执行者变成课程的创造者"[②],能够站在学科核心思想的高度来审视、思考、分析教材及其教学。

2. 根据实际需要进行统整

就课程内容而言,可以增删式统整,从横向、纵向两个维度对相关学习内容进行必要的充实,以使学生的知识结构更加完善;或者将重叠之处、已知之处进行适度删减,以便给学生提供更优质的学习内容;可以调换式统整,基于主题对课程内容按照一定顺序进行调整,使学科知识形成更加合理的认知模块,或基于学情对某些课程内容进行更换,使之更加贴近学生的学习与发展需求;可以改组式统整,基于教学主张对某一部分或某些课程内容进行创造性修改、合并,以便对学生进行核心价值的引领,或者研究多个版本的教材,选出相关的学习内容进行重组,使之更有利于学生学科核心素养的培育。

3. 基于核心素养进行统整

教师要基于学科核心素养,对学科课程内容进行必要的统整,精心组织大单元教学,确定该单元的总体教学目标、课时数量以及相应、教学任务,分课时设计完整的学历案,将单元学习介入真实情境,并给学生提供学习与反思的资

---

① 李云霞. 学科内课程整合的尝试 [J]. 中小学管理,2006(2):18-20.

② 车言勇,李军政. 秉持课程立意的课堂深度变革 [J]. 江苏教育研究,2021(34):8-13.

源型、程序型、方法型支架,确保学生学习真正发生,提高学生高阶思维能力,促进学生心智发展与人格完善。应当注意的是,在大单元教学设计时,教师要将统整后的学科知识转化为富有挑战性的学习任务,并按照学生学习认知规律设计出层层递进或有机关联的任务链,使学生学习得以升级进阶。

(二)加快科际统整,融合学科课程内容

科际统整是以一门学科为载体,通过嵌入、延伸、融合等形式,为学生提供更加喜爱、更加适切的学习内容。一般来说,科际统整不是对两门或两门上传统学科的简单叠加、生硬拼凑、机械组合,而是从学生发展需要出发,围绕同一主题或问题展开的课程整合,它强调整体融通,以形成更利于学生生命成长、更富有学校特色的学科课程体系。

1.合理选择学习主题

科际统整要基于一个学习主题而进行。学习主题的选择在前面已做过专题探讨。我们倡导教有余力的教师,依据学情、教情和校情,基于一定的学习题,坚持"多维关联"的原则,以大概念(或大观念)、大问题、大任务为载体,探索多学科课程的内在关联,尝试学科间的知识进行整合,形成系列化、综合性的学习主题,为学生提供优质的"营养套餐",以有效培养学生的迁移能力。

2.合理选用统整方式

科际统整的方式也是多种多样的。教师根据实际需要,可以嵌入式统整,也就是在原有学科知识的预留空间,增加其他学科的相关内容,使之体系化,以便学生从宏阔的视野来看待所学知识,进而对所学知识有着更为完整的认识和更加深刻的理解;可以延伸式统整,也就是从学生喜欢或有研究价值的学科内容,延伸到其他学科的相关内容,或者围绕一个共同的主题将多个学科的相关内容分布到一个正式的单元或学程里,有意识地强化某种育人价值;可以融合式统整,也就是基于某一个核心概念,找到多个学科内容的关联点,将这些内容进行有机融合,或者根据学生学习需要,打破学科界限,重新组合多学科的课程内容,使之浑然一体,形成新的学习内容形态,既给学生减轻学习负担,又培养和发展学生对学科核心知识的迁移能力。[①]

3.合理设计探究任务

科际统整之后,教师要精心组织主题式教学,把课程内容转化为富有挑战

---

① 车言勇,李军政. 秉持课程立意的课堂深度变革[J]. 江苏教育研究,2021(34):8-13.

性的学习任务，或者是大问题、问题链（或问题串），指导学生在真实情境中展开自主探究，通过多学科知识之间的联结，从多个维度加深对主题的理解和学习，或者综合运用各学科知识和方法进行学习，在多元情境中探究、感悟，加深对核心知识的理解，提升综合能力。

例如，教学小学数学一年级上册《认知整数》一课，可以借助数学绘本，整合语文、数学、美术等学科的连接点，以数学阅读为主线，贯穿情境创设、新知学习、游戏拓展、绘本创作等课堂板块，让学生在情境创设中欣赏数学故事，在新知学习中理解核心知识，在游戏拓展中巩固新知，在绘本创作中发展想象力和运用新知的能力，进而在轻松活泼的学科整合活动中体验到学习数学的乐趣。

应注意的是，科际统整要坚持量力而行的原则，以学科课程的育人价值为关联点，采取"学科＋学科"的方式探索国家课程综合化实施与评价，加强学科间课程内容的整合融通，指导学生在形式多样的主题学习活动中全面发展。

（三）加快跨学科统整，构建项目学习课程

课程跨界是教育发展的必然趋势，跨学科的课程统整往往以项目学习的方式展开。根据实践需要，有选择性建构跨学科知识体系，形成项目学习课程，有利于培育学生的实践能力与创新精神。

1. 追求跨界融通

超越学科界限的课程统整，强调各学科领域知识的相互渗透和联系，能够更好地促进学生个体全面、自由、和谐发展，让学生真正形成面向未来成长与发展的综合素养。在实践中，课程统整不仅要基于学生发展需求和生活经验，还要基于课程标准，因为唯有依据课程标准方可找到各门学科课程的内在关联，重组学科知识，促进学生综合发展。当然，基于学科课程进行综合化教学，还需要提高教师的课程理解力和统整力。我们倡导有条件、有能力的学校，依据师资、设备和教学场地等现实情况，坚持"跨界融通"的原则，聚焦学生在真实情境中解决复杂问题能力的培养，开展跨学科课程内容的整合。

2. 选用统整方式

跨学科统整，需选用恰当的方式。具体来说，可以串联式统整，即以一门学科为主线，以大概念（或大观念）、大问题、大任务为主题，将其他学科课程内容有机串联起来，整合成目标导向的、结构脉络化的新课程体系，以便学生超越学科界限来发展认知能力，提升综合素养；可以聚焦式统整，即将中国学生发展核心素养进行校本化分解与表达，形成序列化的研究主题，基于主题把多门学科

的课程内容进行交融,形成素养导向的、结构网络化的新课程体系,以便学生展开研究性学习、综合化学习、浸润式学习,进一步增强科学精神、人文精神;可以创生式统整,即根据学生发展需要或社会实践的现实要求,设置一些具有挑战性的任务,形成实践导向的、结构模块化的新课程体系,让学生在任务解决过程中把多学科课程知识、师生经验、学习时空、学习技术以及校内外资源等有机整合起来,发展实践能力与创新精神。[①]

3. 组织项目化学习

在实践中,教师应精心组织项目化学习,围绕高阶驱动性问题,创造具有高阶思维的真实情境,指导学生制作一个真实作品,在亲历包含知识、行动和态度等在内的学习实践中发展跨界思维、形成综合素养。

例如,《家乡河流水质情况调查》课程,学生需要综合运用地理、化学、数学、信息技术等学科知识,完成水系分布、水质检测以及数据分析、报告撰写等任务,最后形成一份详细的调研报告。

当然,跨学科统整需要明确素养目标,设置真实的驱动性问题,确保学生能够持续性探究,做到教、学、做合一,还要对学生进行全程评估,使学生在学习实践活动中能看得见自己的所得、所长,进而获得满足感、成就感和幸福感。

二、方案创新:变“教案”为“学历案”

要有效实现由“教”走向“学”,教师就必须学会编写学历案。学历案是学生的认知地图,是他们学习经历的预设方案,是他们达成预期学习结果的重要媒介。教师要依据知识的生成过程,对所选学习材料进行转化和加工,编写出一份规范的学历案,让学生经历一个从“不会”到“学会”的完整学习过程。

表 4.1.1　教案、学案、导学案、学历案的关系

类别	定义	重心
教案	教师为完成自身教学任务而设计的一种教学方案	教什么,怎样教
学案	教师为帮助学生完成学习任务而设计的一种学习方案	学什么,怎样学
导学案	教师为有针对性地组织教学而设计的一种指导学生自主学习的导学方案	导什么,怎样导

---

① 车言勇,李军政. 秉持课程立意的课堂深度变革 [J]. 江苏教育研究,2021(34):8-13.

续表

类别	定义	重心
学历案	教师为学生学好教材内容，以某一学习单元为单位，以展示学生何以学会的过程为重点，按照学习主题而设计的一种素养导向、学习立场的助学方案	学/教什么，何以学会

（一）规范编写：让学历案具有专业性

崔允漷认为，学历案"其专业主要体现在：它是一种校本化的课程计划，一种学生学习的认知地图，一种指向个人知识管理的学习档案，一种可以在课堂内外师生、生生、师师交流的互动载体，一种供师生双方保障教学质量的监测依据"[①]。为了便于教师编写学历案，在崔允漷指导下，南京一中经历多轮实践和深入探讨，研制出学历案指南，以规范和指导教师自主或合作编写学历案。基于我们的理解与实践，对其学历案编写指南进行了调整（表4.1.2）。

表4.1.2 学历案编写指南

要素	编写提示	关键问题
1. 主题与课时	1.1 内容：单元有主题和名称；以大概念（或大观念）、大问题、大任务组织学习内容 1.2 时间：依据学习目标、知识地位、学情而确定课时，一般以2~6课时为宜	主题是什么？学习什么？用多少时间？
2. 学习目标	2.1 依据：课程标准、教材、学情、资源等 2.2 目标：指向学科关键能力或素养；以3~5条为宜，可观察、可测量、可评价；相互之间有关联；可分解成具体任务或评价指标；至少三分之二的学生能完成	期望学生学会什么？
3. 评价任务	3.1 构成：包括情境、知识点、学习任务 3.2 要求：在主题、深度、广度、表征等方面与目标相匹配，但无须"一对一"对应；可操作	如何知道学生是否学会？
4. 学习过程	4.1 构成：学法建议，课前准备，课中学习 4.2 要求：体现学习进阶（递进或拓展）；评价任务嵌入，体现"学、评、教"一体化；落实学生自主建构或社会建构；提供达成目标的资源、路径、前备知识提示等学习支持	经历什么过程才能学会？

---

① 崔允漷. 指向深度学习的学历案[J]. 人民教育，2017（20）：43-48.

续表

要素	编写提示	关键问题
5. 检测与作业	5.1 构成:课前、课中、课后作业及单元测验 5.2 要求:基于校情、学情整体设计作业;发挥检测题、巩固题和提高题等作业功能;论述题、综合题要包括情境、知识点(可多个)与任务	如何巩固已学会的东西?
6. 学后反思	6.1 构成:盘点、改进和分享 6.2 要求:对接素养目标,定位反思水平;设计反思支架、路径;注重复述、关联(知识间、所学与自我)、转化(能力、品格、价值观念)	反思自己是如何学会的?

1. 规范学习目标叙写

关于学习目标叙写在第三章已作详细介绍。在这里,只强调根据学科核心素养,规范叙写成果性目标、过程性目标和创造性目标(表 4.1.3)。这三类学习目标,指导学生掌握核心知识与关键能力,发展创新意识和创新思维。在具体叙写时,要能呈现学习主体、学习行为、学习条件和成功标准等核心要素,以让学生清楚地知道谁来学、学什么、怎样学、在什么条件下学和学到什么程度。通过合理设定学习目标,指引教学活动的展开和对学习结果的评价,进而帮助学生经历完整的有意义的学习过程。

表 4.1.3 学习目标分类

目标	含义	示例
成果性目标	通过学习获得的成果是什么	会写、会背、会用、记住……
过程性目标	重要的学习经历即是学习结果	经历、体会、感受、体验……
创造性目标	一个开放的、难以预设的结果	制作、设计、扮演、编写……

2. 规范评价任务设计

评价任务要以任务的形式把知识、技能、知识获取过程涉及的思想方法、知识间的联系、整合及应用等融入具体情境中,通过任务实施来检测学习目标的达成情况。可以说,评价任务由刺激情境和应答规定构成,也可以说是情境、知识点和任务三要素构成。情境,是指教师有目的、有意识地创设各种场景,以促使学生去质疑问难,探索求解。知识点是评价任务所检测的知识泛称,包括知识、技能与方法,其隐藏于情境之中,评价任务中所包含的知识越少,与目标的匹配度就越高。任务是指要学生做的事,即要求指令,需要内容明确,容易理解,便于操作。这样,评价任务设计就包括情境呈现、所需检测的知识点和具体任务。如果评价任务所呈现的情境越复杂、涉及的知识点越多且隐藏得越深,评价任务的难度就越大。

一般来说,评价任务具有指向性、明晰度和空间感。指向性,就是要与目标对应。完成评价任务的过程,就是考量学习目标是否达成的过程。因此,评价任务要"直指目标",能驱动学生为实现学习目标而运用高层次思维技能。明晰度,就是描述具体化。评价任务是让学生的学习在评价引领下有序展开,因此它要"描述清晰",具有可操作性,让学生能看明白,也就是说通过任务指导语和评价规则等,让学生明确"做什么,怎么做,什么样的表现是好的"。当然,更为清晰的指令应当让学生明确"谁来做""何时做""在何地做""与谁一起做""做什么""怎么做""做成什么""做好后干什么"等8个问题。空间感,就是提供学习机会。教师设计的评价任务要给学生提供相应的学习资源、环境和工具,留有足够的探究时间和空间,让学生在"整段时间"内展开持续而有深度的学习。因此,评价任务不能细小而琐碎,而应是有挑战性的、可展开的"大任务"。

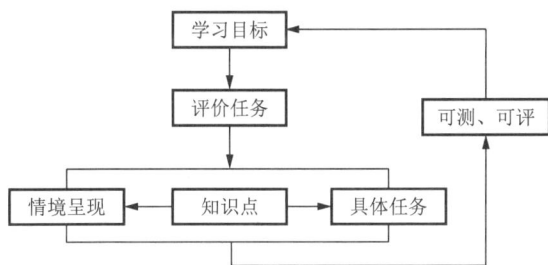

图 4.1.1　评价任务设计

3. 规范学习过程安排

编写学历案,就是让学生经历完整的知识发现、形成与应用的全过程,深刻把握知识的本质,习得学科方法与技能,形成正确的价值观念,进而提升学科核心素养。在具体编写时,教师要为至少三分之二的学生设计必须经历的进阶式学习过程,既要让学生亲历"学"的过程,对所学知识进行自主建构或社会建构,又要遵循"学"的逻辑,将学习内容整理成层次分明、有序递进的且符合学生认知规律的学习材料,提供合适的学习路径供不同学生选择,设计难易适度的探究性问题或富有挑战的学习任务,以驱动学生自主学习。倡导设计大问题、问题链(问题串),或设计大任务、任务链(任务群),引发学生持续不断的深度思考,培养学生解决问题的能力。当然,课中学习要基于素养导向的学习目标,坚持学评同构,将评价任务嵌入学习活动中,教师能够基于评价对学生进行有针对性的反馈与指导,做到"学、评、教"一体化。为确保学生有效展开学习,教师要为学生提供达成目标的资源、路径、前备知识提示等学法建议。

4. 规范检测作业设计

检测与作业是检验学生达成学习目标、完成学习任务而设计的必要活动。作业包括课前作业、课中作业和课后作业。课前作业是为新课学习铺垫的,包括预习教材、复习与主题学习有关的前备知识和方法等,并不是每节课都有,而是根据实际需要来设定。课中作业即当堂练习,用于知识应用和检测评价,教师以此来了解学生学习目标的达成情况。课后作业重在帮助学生巩固所学知识、提升知识应用的能力和拓宽视野等。作业设计应与学习目标高度匹配,做到内容吻合、形式多样、难度恰当。内容吻合是指作业内容不能超出学习目标所要求的知识和能力范围;形式多样是指应纸笔作业与实践作业相结合,封闭性作业与开放性作业相结合,自主性作业与合作性作业相结合,巩固题、检测题、提高题相结合,论述题、综合题包含情境、知识点(可多个)与任务;难度恰当是指作业在难度上与学习目标要求一致,不随意降低或拔高学业质量标准。

5. 规范学后反思撰写

学后反思是指学生基于自身的学习经历,在课后对自己的学习行为和表现进行解析和修正,进而完善知识建构,发现自身问题,寻求补救策略,提升学习能力。通过学后反思,学生对接素养目标,能将所学的知识进行系统整理和归类,形成新的结构化的知识体系,使新旧知识的结合更加紧密,同时也有利于学生养成反思习惯,提高元认知水平。为了让学生明确写什么、怎么写,教师应给予一定的指导,即:对什么进行梳理或总结;查找问题、记录或指出自己学习过程中遇到的疑难或困惑,提出需要寻求何种帮助;分享经验,发掘自己的哪些东西值得与他人分享。当然,教师应定位反思水平,设计反思支架与路径,引导学生梳理所学知识和策略,通过复述或绘制内容框架图等,以考查学生知识体系是否完善;将知识间的关联、所学与自我的关联进行分享,以考查学生的所思所悟;将所学转化成产品或作品,以考查学生的能力、品格和价值观念。

(二)有机对接:基于单元规划设计学历案

学历案是课程规划的一个有机组成部分,也是大单元教学设计的重要产物,旨在帮助每一位学生亲历真实学习的全过程。因此,要基于单元学习规划来编写学历案,做到概念层级、学习目标、问题体系和评价任务等方面有机对接。在这里,仅就概念层级、学习目标、问题体系三个对接进行探讨。

1. 对接概念层级,确定"核心概念"

学科教学的目的不是让学生去掌握一推杂乱无章的基础知识和基本技能,而是引导学生基于核心概念(或核心观念)整体把握并深度理解所学的内容,并能够实现知识和技能的迁移,获得高阶思维的发展。为此,教师要研读教材,编制学期课程纲要、单元学习规划时所建构的概念结构图(或概念地图),确定本课时的概念层级,使学历案呈现的所学内容聚焦一个核心概念,能充分体现学科育人价值。

概念层级一般是由学科大概念、次位概念、重要概念等多个层级构成的。而学科大概念(big idea)和英文中的 core concept (核心概念)、key concept (关键概念)和 major concept (主要概念)意思相近。在我们看来,"核心概念"是相对的,即在一定范围内的概念中处于核心位置的、最为重要最具有育人价值的概念,在每一学期、每一个单元、每一个课时都应存在着"核心概念"。也就是说,教师需要把教材内容转化成指向"核心概念"的主题性学习内容。

例如,《义务教育生物学课程标准(2011 年版)》在"生物圈中的人"这个一级主题中提出:"呼吸系统包括呼吸道和肺,其主要功能是从大气中摄取代谢所需要的氧气,排出代谢所产生的二氧化碳。"[1]17 其二级主题内容要求:"描述人体呼吸系统的组成。概述发生在肺部及组织细胞处的气体交换过程。说明能量来自细胞中有机物的氧化分解。"[1]18 活动建议为:"验证人体呼出的气体中含有较多的二氧化碳。探究几种食物热价的差异。"[1]18 其单元大概念就是"呼吸与健康",其对应的次位概念有"呼吸系统组成""呼吸系统工功能""空气质量与健康"。设计单元学历案时,"呼吸与健康"就是《人体的呼吸》(人教版五·四学制,《生物学》七年级上册第四单元《生物圈中的人》)的核心概念;在设计学历案时,"肺与外界的气体交换""肺泡与血液的气体交换"是《发生在肺内的气体交流》(第三章第二节)这一课时的重要概念,那么其核心概念应是次位概念"呼吸系统功能"。

① 中华人民共和国教育部. 义务教育生物学课程标准(2012 年版)[M]. 北京:北京师范大学出版社，2012.

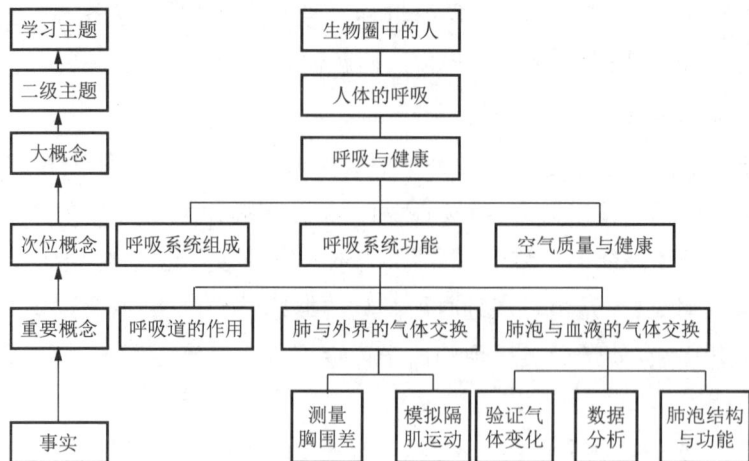

图 4.1.2　指向大概念的《人体的呼吸》单元教学概念结构

（烟台经济技术开发区教学研究室于辉老师提供）

2. 对接学习目标,挖掘"核心价值"

为了有效编写学历案,有序推进课时教学,教师需要将课时学习目标与单元学习目标对接,站在学科育人价值的高度思考每一课时学习目标的制定。这样,教师就要研读文本,深入思考本每一课时学习内容的"核心价值"是什么,并将其融入课时学习目标中。所谓"核心价值"是处于核心地位的并能对丰富和发展学生生命起到深远影响的学科育人价值。在这里,我们更倾向于将具有"核心价值"的内容视为最应当学、最值得学的内容。

当然,学科育人价值的挖掘需要本着审慎的态度,重点是将学科核心素养进行细化分解,也可以根据学生发展的需要,将学习内容中的有关学生发展核心素养进行挖掘和提炼,甚至给予拓展和丰富,使之成为统领教学活动的课时"核心价值"。在文本研读时,从显性知识、隐性能力、弹性价值等维度深入研读文本,将核心知识、关键能力、正确价值观念等核心价值都挖掘出来,并将其融入学习目标中,这样让学生展开有认知宽度、思维深度、情感温度、文化高度、实践效度的学习,在学习中形成素养、发展素养、提升素养。也就是说,教师需要挖掘教材的"核心价值",并将其转化为或融入预期的学习结果。

表 4.1.4　文本研读"三维"分析法

三维度	基本要求	具体分析
是什么	一望而知	第一维目标,指向显性知识
	文本信息/符号表征	教师要借语言符号,使学生与语言符号相遇、相识、相知,让知识与学生产生内在关联,为深入探究文本深处的思维方式和价值观念奠定基础,即教师要让学生求"知"
怎么样	力透纸背	第二维目标,指向隐性能力
	学科表达/逻辑形式	教师要引领学生触摸语言、揣摩语言,透过语言文字感悟蕴含其中的思维方式,即教师要让学生学"法"、习"术"
为什么	深究其意	第三维目标,指向弹性价值
	以文化人/意义系统	教师要带领学生探究核心观念,让文本与学生成长需要发生意义关联,指引学生建立真善美相统一的价值理想,提升精神生命境界,指导学生理智地看待现实世界,同时促使学科教育达到科学精神与人文精神的融通共建,即教师要让学生明"理"、悟"道"

【案例】

《行道树》学习目标设计的教材分析

首先,从显性知识维度分析文信息(或符号表征)。

从文本视角分析三大问题:"是什么",即"立城市飞尘里,我们是一列忧愁而又快乐的树"。"怎么样",即"无疑是一种堕落,一身抖不落的煤烟;命运被安排,只是一种悲凉的点缀;在寂静里,在黑暗里,在不被了解的孤独里","命运事实上也是我们自己的选择;早起的孩子走过来,贪婪地呼吸着鲜洁的空气;仍然固执地制造着不被珍惜的清新"。"为什么",即"春天勤生绿叶,在夏日献出浓荫;如果别人都不迎接,我们负责迎来光明;神圣的事业总是痛苦的,但是,也唯有这种痛苦能把深沉给予我们"。

在教学中,教师要借语言符号,使学生与语言符号相遇、相识、相知,让知识与学生产生内在关联,为深入探究文本深处的思维方式和价值观念奠定基础。

其次,从隐性能力维度分析学科表达(或逻辑形式)。

从作者视角分析三大问题:"是什么",即"以第一人称用对比手法进行借物喻人、托物言志"。"怎么样",即"以行树道比喻无私奉献样的人",有"一个中心句(神圣的事业总是痛苦的,但是,也惟有这种痛苦能把深沉给予我们)、三个关键词(神圣、痛苦、深沉)",有"两处对比"(以堕落体现神圣;以痛苦体现奉献），做到"开头与结尾呼应"。"为什么"，即通过一个中心句、三个关键词以借物喻人的手法来"表达一种坚守信念、无私奉献的精神"，"两处对比"在于给人强烈的冲击，"首尾呼应"更容易让人感动。

在教学中，教师要引领学生触摸语言、揣摩语言、品味语言，透过语言文字感悟蕴含其中的思维方式。

再次，从弹性价值维度分析育人价值（或意义系统）。

从编者视角分析三大问题："是什么"，即学生要懂得"神圣的事业总是痛苦的，但是，也唯有这种痛苦能把深沉给予我们。""怎么样"，即学生要学会"正确看待艰苦与舒适；正确看待堕落与高尚；正确看待牺牲与享受；正确看待孤独与欢乐；正确看待忽视与关注"，"为什么"，即学习本文是"个人成长的需要、神圣事业的需要、社会进步的需要、民族振兴的需要、人类发展的需要"。

在教学中，教师要带领学生探究深层文化心理结构的核心即价值观念，让文本与学生成长需要发生意义关联，指引学生建立真善美相统一的价值理想，提升精神生命境界，指导学生理智地看待现实世界，同时促使学科教育达到科学精神与人文精神的融通共建。

基于上述分析，我们发现《行道树》具有三重学科育人价值：第一重价值是对行道树"因为牺牲所以快乐"的精神品质的赞颂。文章蕴含的深刻道理是"奉献是一种牺牲，也是一种快乐；牺牲的所在，正是价值的所在，也是灵魂闪光的所在"。第二重价值是"对文章中关键语句的品味，能让学生明白语文学习就是语言文字的揣摩与选用——语文之根"。第三重价值是"文意在比喻中形象，在对比中深刻，行文在第一人称'我'的叙述中显得自然而亲切"。

为此，设计如下学习目标：

（1）通过自读课文，能正确读写"堕、缀、冉、娑"等生字，结合文章具体语句概括行道树的特点。

（2）通过合作讨论，能结合关键语句阐述自己对行道树品质的理解，并结合实例客观地评论社会与人生。

（3）在教师指导下，能运用第一人称进行借物喻人仿写练习，表达（为理想信念所应有的）责任意识和担当品质。

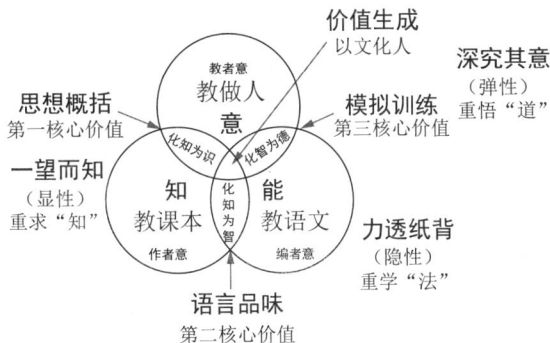

图 4.1.3 《行道树》学习目标三重育人价值深度挖掘

总的来说,从显性知识维度看,分析文本信息,可以"一望而知",旨在让学生求"知",即掌握核心知识,对于教师来说这是"教课本",应当着重指引学生进行思想概括;从隐性能力维度看,分析学科表达,需要"力透纸背",旨在让学生学"法",即掌握学科方法,以形成关键能力,对于教师来说这是"教语文",应着重指导学生进行语言品味;从弹性价值维度看,分析意义系统,强调"深究其意",旨在让学生悟"道",即明白道理,以形成正确观念,对于教师来说这是"教做人",应当着重指导学生进行迁移练习。

(2017 年 12 月根据海阳市凤城街道初级中学鞠爱宠教学设计整理)

3. 对接问题体系,提炼"核心问题"

与前面的"核心概念"一样,"核心问题"也是相对而言的,它是在所有问题中处于核心地位的问题。"核心问题的性质特征决定着问题系统的主要性质和关系。核心问题的形成将生成一系列周边问题,核心问题的改变将引发问题系统的改变,形成新的问题关系。"[1]

编写学历案,教师要对接单元教学所建构起的问题体系,从单元大问题来思考并确定课时的核心问题,以凝聚学习方向。这样,核心问题就"可以成为教学活动的支撑点,引导着教学活动的展开,保证学生学习的深度,避免盲目性和肤浅性的学习"[2]。

---

[1] 张掌然. "问题"的哲学研究 [M]. 北京:人民出版社,2005:218.
[2] 李锋. 基于标准的教学设计 [M]. 上海:华东师范大学出版社,2013:162.

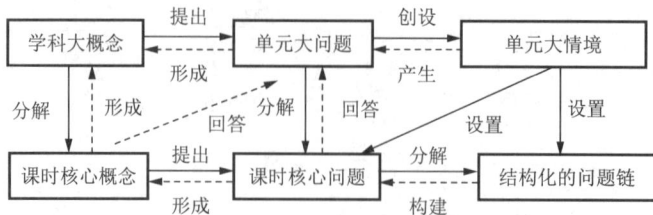

图 4.1.4　课时问题设计框架

教师需要将这一"核心问题"转化成几个关键性问题,将它们组合成问题链(或问题串、问题树),不断地引发学生的认知冲突,让学生持续不断地思考和探究,运用知识和技能依次去解决这些关键性问题,从而切实增强学生有效思维的长度和深度,促进学生学科核心素养的形成与发展。简要地说,教师需要把教材内容转化为"核心问题",让学生在预习、探究和反思时都能将精力和时间投放到"核心问题"的解决上,进而将内在的素养通过外在行为表现出来。

"核心问题"可以采用"简洁型"方式表述,往往用"为什么"或"怎样"做问题提示语。核心问题还可以采用"复合型"方式表述,往往用"是什么"+"为什么"或"怎么样"做问题提示语。例如,在2018年全国生命化教育大问题教学研讨会上,高阿静老师执讲《重叠问题》一课时就引导学生提出这样的"核心问题"(也是课时的大问题)——"什么是重叠问题?怎么解决重叠问题?"

三、问题设计:变"被动学习"为"主动学习"

一般来说,问题由给定信息、目标和障碍三种成分构成。"给定信息,指有关问题初始状态的一系列描述;目标,指有关问题结果状态的描述;障碍,指在解决问题的过程中会遇到的种种需待解决的因素。"[1] 问题设计应遵循针对性、开放性、启发性、层次性等原则。在实践中,教师设计的学科问题往往以知识掌握为目的,从"教"的视角提出,并存在数量过多、形式单一、表述不清、认知层次浅显等不良倾向。这样的教学就会削弱学生学习的积极性,甚至使学生的学习处于一种被压抑的状态。正如弗莱雷所言:"把学生转变成接收体。它企图控制思考和行动,让人们去适应这个世界,并抑制他们的创造力。"[2] 随着核心素养的提出与落实,学科问题的设计需要以素养发展为目标,能够指向学科核

---

[1] 陈琦,刘儒德. 教育心理学(第2版)[M]. 北京:高等教育出版社,2011:281.

[2] (巴西)保罗·弗莱雷. 被压迫者教育学[M]. 顾建新,等,译. 上海:华东师范大学出版社,2001:24-25.

心思想,最大限度地吸引并保持学生的注意力,让学生成为一个主动学习者。

(一)明确问题层级,增强学的导向性

夏雪梅认为,在项目化学习中,"问题解决过程是一个使用高阶认知策略的过程,但它需要用到大量的低阶认知策略:对问题情境中已有信息进行收集、整理、分类,从中明确限制性的条件和可以解决问题的路径。问题解决还涉及对不同问题解决方案的分析和比较,探查问题的成因和分析错误等,有时候还需要推理、给出证据,分析哪一种解决方案更适合当下的情境"[①]。其实,学科教学中也是如此,一个大问题的解决往往会伴随着相关问题和一些小问题的提出。因此,我们主张,按照问题层级将学科问题分为大问题、分问题(或子问题)、小问题,以大问题来统领教学,通过问题体系的架构来引发学生由高到低的思考,实现深度学习的真实发生。

1. 提炼大问题

大问题,就是指向学科本质的统摄性问题,甚至是指向人生、社会的本质性问题。"大问题"一词来源于罗伯特·所罗门所著的《大问题:简明哲学导论》一书,该书按照哲学上的"大问题"组织写作,能让人享受到思考的乐趣。黄爱华认为,"大问题是直接本质、涵盖教学重难点、具有高水平、以探究为主的问题"[②]。大问题在问题层级中处于上位,不能称为主问题、核心问题(或中心问题)、关键问题,因为主问题、核心问题、关键问题都处于中位,概念是相对而言的。主问题是指引领学生课堂学习的主线问题或主干问题,主要是语文教学领域的一个重要概念。它能"牵一发而动全身",是"能从整体参与性上引发学生思考、讨论、理解、品析、创造的重要问题,具有让学生共同参与、广泛交流的凝聚力,具有指向语文学科的向心力"[③]。显然,大问题与主问题是有所区别的。大问题是开启学生思维大门的"金钥匙",是引发深度学习的有效载体。就单元教学而言,要由教研组长或教研团队共同分析课标、教材、学情而确定。就课时教学而言,教师应站在课程高度,梳理学生提出的雏形问题,由师生共同分析,提炼出大问题。一般来说,大问题的设计要能触及学生心灵深处、深入学科

① 夏雪梅. 项目化学习设计:学习素养视角下的国际与本土实践[M]. 北京:教育科学出版社,2018:66.

② 黄爱华,张文质. 大问题教学的形与神[M]. 南京:江苏凤凰教育出版社,2013:10.

③ 范维胜. 也谈阅读教学主问题的设计——兼与康宏东老师商榷[J]. 语文教学通讯,2010(4A):31.

知识本质、引导学生持续探究。

基于实践反思，海阳市亚沙城小学提出从生活情境表象、课题释义发散、新旧知识联系、学生认知需求四个方面提炼大问题。

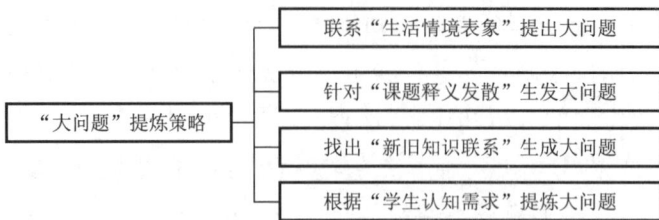

图 4.1.5　大问题提炼策略

例如，联系"生活情境表象"的大问题是有关"是什么"和"怎么样"的问题；针对"课题释义发散"的大问题是有关"为什么"和"是什么"的问题；找出"新旧知识联系"的大问题是有关"有什么异同"和"怎么解决"的问题。

2. 选定分问题

分问题是由大问题分解出来的一般问题，可称为子问题。它处于问题层级的中间位置。从这些一般问题中，我们可以筛选出本次学习所要解决的核心问题（或中心问题）、重点问题、关键问题。核心问题（或中心问题）在同一层级的问题中处于核心（或中心）地位，能引起其他有意义的问题，这些相关问题联系在一起，就构建起学生需要形成的知识结构。明确核心问题，可以避免"为活动而活动"的随意性设计，引发学生的认知冲突，让学生在精选的活动中展开有意义的深度学习。重点问题是按照重要性来确定的，往往涉及学习的重要内容，需要学生投入更多的时间和精力予以解决。关键问题是指对培养学生核心素养起到关键作用的重要问题，它源于对学生发展有重要价值和意义的核心学习内容，有利于学生形成学科思维方法、关键能力和重要价值观。目前，在教学改革中提倡重点问题、关键问题的较多。在我们看来，教师要先确定核心问题，把准教学活动的主攻方向，再筛选重点问题、关键问题，找准教学指导的突破点，以确保学生深度学习的有效推进。

3. 细化小问题

小问题是由分问题细化出来的具体问题，或者是为解决分问题而需要设计的辅助性、铺垫性问题。小问题要避免零散、琐碎，而要富有一定的意义和价值，围绕着分问题的解决而设置。小问题之间要具有内在的逻辑关系。教师要有序组合小问题，驱动学生学习，引发并维持学生的学习动机。

其实,无论对学科问题怎样分类,都应依据学习目标、教材内容和学情需要,以发展高阶思维乃至提升核心素养为取向,设计出高品质的学科问题,促进学生逻辑推理能力、批判质疑能力、想象力和创造力的提升。

表 4.1.5　问题设计表

大问题			
分问题		小问题	
		小问题	
分问题		小问题	
		小问题	
		小问题	
分问题		小问题	
		小问题	
教后反思:			

(二)明确问题类型,增强学的精确性

明确问题类型,是问题设计的基本前提。按布卢姆教育目标分类法,可以将问题划分为记忆性问题、推理性问题、创造性问题和批判性问题。按照学习者认识事物的发展过程,可以将问题划分为老问题、新问题、疑难题。"① 老问题:从学习者已掌握的知识内容中产生出来的疑问。② 新问题:包含学习者尚未学习过的新知识内容的疑问;学习者必须学习新知识或者付出新的认知能力才能解决的问题。③ 疑难题:在学习者所学知识内容中,那些难度大、学习者不容易解决的问题。"① 当然,还有其他的问题类型划分。根据学习目标和任务要求,设计不同类型的问题,能让学生学得更为精确。

1. 细分基本问题

威金斯和麦克泰格认为:"最好的问题不仅能够促进对某一特定主题单元的内容理解,也能激发知识间的联系和迁移,我们称这样的问题是'基本问题'。"② 他们根据知识范围将基本问题分专题性问题和综合性问题。

---

① 胡小勇,祝智庭.教学问题设计研究:有效性与支架[J].中国电化教育,2005(10):49-53.

② (美)格兰特·威金斯,杰伊·麦克泰格.追求理解的教学设计(第二版)[M].闫寒冰,译.上海:华东师范大学出版社,2017:121.

专题性问题是专门指向一些话题的基本问题，需要在单元学习结束时得到解决。它对于学生专注于所学单元的优先次序是必不可少的，但还不足以产生广泛的理解来帮助学生建立单元间的联系。综合性问题是指向更通用的、可迁移的理解，能带着我们超越任何特定的话题或技能[①129]。它可以"作为概念性支柱，用于优化跨越多年的课程，使其更加连贯和紧密"[①130]。依据"使用意图"（开放性和指导性）和"范围"（专题性和综合性），形成了一个可以有效区分不同类型基本问题的二维框架。

表 4.1.6　综合性和专题性的基本问题 [①129]

综合性基本问题	专题性基本问题
艺术和造型在哪些方面反映文化？	礼仪面具揭示了怎样的印加文化？
这是谁的观点？有什么不同？	美国土著如看待"西部大移民"？
我们身体的各个系统是如何相互作用的？	食物是如何转化为能量的？
我们应该在多大程度上监督、制衡政府权力？	分权（例如政府三个分支、国会两院）在多大程度上导致了美国政府的僵局？
科领域是否存在有用的方式来区分有误差（不可避免的误差）和可避免误差？	本次实验中测量误差的来源有哪些？ 与上次实验相比，本次实验的误差幅度是否更大？
……	……

2. 指向高阶思维

美国学者瑞斯尼克（Resnick）指出："高阶思维是不规则的、复杂的，能够产生多种解决方法，需要多种应用标准，自动调节，且包含不确定性。"[②] 哈拉戴诺（T.M.Haladyna）"将高阶思维划分为四个层次，即理解、问题求解、批判思维和创造性"[③]。我国学者钟志贤认为："高阶思维是发生在较高认知水平层次上的心智活动或较高层次的认知能力，主要表现为问题求解、决策、批判性思维、创造性思维能力的构成。"[④]

---

① （美）格兰特·威金斯，杰伊·麦克泰格. 追求理解的教学设计（第二版）[M]. 闫寒冰，译. 上海：华东师范大学出版社，2017.

② 王帅. 国外高阶思维及其教学方式[J]. 上海教育研究，2011（9）：31-34.

③ 吴飞飞，佟雪峰. 高阶思维取向下课堂提问的策略[J]. 教学与管理，2018（3）：93-95.

④ 钟志贤. 促进学习者高阶思维发展的教学设计假设[J]. 电化教育研究，2004（12）：21-28.

我们主张，通过设计学科问题促进学生高阶思维的发展。根据学科知识的关联性和认知水平的层次性，尝试将学科问题分为专题-低阶、综合-低阶、专题-高阶、综合-高阶四种类型，进而形成一个学科问题分类的二维框架（图4.1.6）。

其一，专题-低阶问题，重在发展识记能力。这类问题要求学生进行再现学习内容，旨在考查学生对相关信息的记忆和保持。例如，什么是牛顿第一运动定律？其二，综合-低阶问题，重在发展理解能力。这类问题要求学生对学习内容进行组织和理解，旨在考查学生对相关材料的理解。例如，太平天国革命的纲领与北宋、南宋、明末农民起义的口号有什么联系？其三，专题-高阶问题，重在发展分析能力。这类问题要求学生对学习内容进行分析和推论，旨在考查学生分析材料并得出结论的能力。例如，怎么利用各种冷暖颜色的图案设计一枚邮票？其四，综合-高阶问题，重在发展应用能力。这类问题要求学生对学习内容进行综合分析，并将知识和技能等应用于新的情境中。例如，为什么说中国共产党有能力跳出"兴亡周期率"？

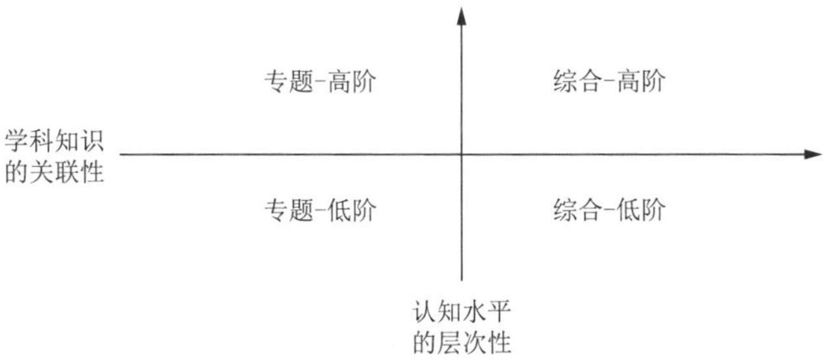

图 4.1.6　学科问题分类的二维框架

3. 强调真实情境

美国"学习有限公司"创始人伯尼斯·麦卡锡（Bernice McMarthy）将问题分为"是何""为何""如何"和"若何"四种类型。祝智庭借鉴麦卡锡的"四何"问题分类法，将教学问题按照"是何、为何、如何、若何、由何"进行分类。"是何"，指"What, Who, When, Where"为指引，指向一些表示事实性内容的问题，它的解决通常对应着获取事实性的知识。"为何"，指以"Why"为引导，指向一些表示目的、理由、原理、法则、定律和逻辑推理的问题，它的解决通常对应着获取原理性知识。"如何"，指以"How"为引导，指向一些表示方法、途径与状态的问题，它的解决通常对应着获取策略性的知识。"若何"，通常是指以"What...if..."为引导，指向一些表示条件发生变化，可能产生新结果的问题，这类问题易于产生思维迁移(角色迁移和情境迁移),使学习者获得创造性的知识。"由何"是由祝智庭引入问题分类中的,它指以"From…"为引导的问题,其重要作用表现为它可以作为情境的依附对象,强调与事物对象相关的各种情境要素的追溯与呈现。也就是"由何"并非独立于上述"四何"而存在,它的情境特性是通过融合在各种具体问题类型中得到体现的。①

我们认为,将"五何"问题分类法和学生认知水平层次相结合,可以形成通用性的学科问题设计支架,这样设计学科问题,既有利于增强学生学的精确性,也有利于学生实现思维迁移。

表4.1.7　通用性的学科问题设计支架

由何	是何	为何	如何	若何
识记				
理解				
应用				
分析				
评价				
创造				

注:为便于教师操作,可以将认知目标层次分为识记、理解和应用三个水平等级。

(三)把握设计要求,增强学的有效性

威金斯和麦克泰格认为:"好的问题能够引出有趣的和可选择的其他观点,要求我们在发现和维护答案的过程中聚焦于推理过程,而不只是关注答案的'对'或'错'。好的问题将激发已学知识、生活体验与当前学习内容之间的意义关联。好的问题可以而且确实需要重复出现,每次出现都使我们获益匪浅。好的问题使我们重新思考我们认为已经理解了的东西,并能使我们举一反三。"② 为了设计出好的问题,教师要遵循针对性、开放性、关联性、递进性等科学原则,将相应的知识与技能合理地融入学科问题,让学生高阶认知能力充分参与。

① 胡小勇,祝智庭. 教学问题设计研究:有效性与支架[J]. 中国电化教育,2005(10):49-53.

② (美)格兰特•威金斯,杰伊•麦克泰格. 追求理解的教学设计(第二版)[M]. 闫寒冰,译. 上海:华东师范大学出版社,2017:121.

1. 针对性原则,促进学生精准思考

依据尊重学生个体的差异性、学习目标的层次性和学习环境的多变性,将教学内容转化为具体的学科问题,使学科问题更符合当前学与教的实际需要。也就是说,要根据学生能力起点来设计学科问题,使问题的难度适合于该年龄阶段学生的认知水平,以有效激活学生思维;要根据学习目标类型来设计学科问题,明确学生预期的学习结果,区分是指向核心知识与技能的掌握,是指向探究过程的经历,还是具体作品(或方案等)的设计与制作;要分析学习环境可能出现的复杂变化,使问题留有一定的弹性空间,满足不同层次、不同类型学生的发展需要,切实增强问题导学的针对性,让学生思考精准发力。

例如,小学数学"两位数乘两位数的估算练习"可以设计这一道题:出示学校大礼堂座位图,每排 22 个座位,一共有 18 排。"如果 370 名同学来观看文艺演出,能坐得下吗? "你能根据图中提供的信息快速解决这个问题吗?

答案提示:

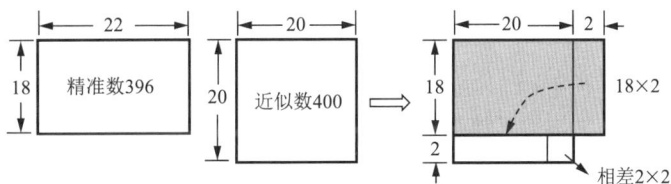

图 4.1.7　估算练习模型建构

2. 开放性原则,促进学生多元思维

依据学生思维的发散性、知识体系的生成性和解决路径的多样性,将教学内容设计成为开放性问题,以充分拓展学生思维的广度和深度。具体来说,要正确处理好面向全体与照顾个别的关系,通过开放性的学科问题能引发群体思考,同时预设或能因势生发一些具体问题,以满足部分学生或个别学生的学习需要;要准确把握教学内容的基本知识点和拓展空间,深入分析学生核心素养的生长点,通过开放性问题来挖掘学生学习潜能,使学生的思考力、交往力、创新力以及探究精神、合作意识等素养在问题解决得到充分发展;要将真实情境介入学科问题,让问题解决的方案具有多种可能性,这样,学生可以通过多种解决路径得出同一结论,或者通过不同解决路径得出不同结论,真正地把学生的思维打开。

例如,就初中语文八年级下册《社戏》(人教版,五•四学制,2019)一课,我们可以设计这样一个开放性问题："作者在小说结尾说：'真的，一直到现在，我实在再没有吃到那夜似的好豆，也不再看到那夜似的好戏了。'豆真的好吃吗，社戏真的好看吗？请结合课文有关语句，陈述你的理由。"

3. 关联性原则，促进学生综合思考

依据知识学习的建构性、知识结构的逻辑性和学习活动的有机性，设计有利于知识、经验等高度关联的学科问题，更好地服务于学生的深度学习。要围绕所学的核心内容设计学科问题，使问题与学生认知结构的已有观念建立实质性的联系，也可以将跨学科的知识融入学科问题，让学生在主动思考中建构起自己的理解；要想方设法使设计的学科问题紧密相连、环环相扣，吸引学生兴趣盎然地去探究一个又一个相互关联的问题，进而使学生对所学知识形成整体性认识；要系统思考各教学板块中问题的设计，使这些具有内在逻辑链条的问题的解决历程与各教学板块的活动脉络相契合，从而构建起一个逻辑清晰、结构严谨且富有思维张力和生命活力的课堂，让学生在问题解决过程中各种素养都得到充分发展。

【学习单】

"智胜"篮球：解决问题有策略（一一列举）

"智胜"篮球有策略一：

在去年的趣味篮球比赛中，五（1）班共投中 10 个球，可能会有几个 2 分球、几个 3 分球？

先做情境做思考：我发现（　　　）是不发生变化的，（　　　）和（　　　）是发生变化的，它们的变化最终可能导致（　　　）发生变化。

"智胜"篮球有策略二：

在今年的趣味投篮比赛中，五（1）班共得 25 分，可能有几个 2 分球和几个 3 分球？

先看情境做思考：我发现（　　　）是不发生变化的，（　　　）和（　　　）是发生变化的，它们的变化最终可能导致（　　　）发生变化。

"智胜"篮球有策略三：

在今年的趣味投篮比赛中，五（1）班共投中 10 个球，共得 25 分，可能投中几个 2 分球和几个 3 分球？

（烟台经济技术开发区实验小学张晓颖老师提供）

4.递进性原则,促进学生持续思考

依据学生思维的发展性、学习目标的系统性和学习活动的逻辑性,设计循序渐进、逐层递升的学科问题,指引学生学习向纵深推进,在持续不断的问题解决中提升思维品质。要以学习心理学为指导,使学科问题难度有层次,问题之间有衔接,能满足学生不断增长的探索需求,切实增加学生思维的有效长度;要根据学习目标从单元到课时的层级以及学习目标之间的逻辑关系,合理设计问题难度的递进层级,使学生学习由浅入深、由表及里、由易到难地展开,能够做到依次达标、有序进阶,认知水平稳步提升;要按照学习活动发展的脉络,设计层层递进的问题,使外在的知识结构与学生内在的思维结构相契合,以问题引领学生深度学习活动合情合理地展开与推进。

例如,深圳市宝安区径贝小学黄力老师在"超脑麦斯"课程《周长变了吗?》一课设计了如下问题[①]。

问题 1:为了维持周长不变,我们可以拆走哪一片?

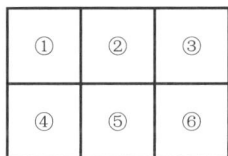

正方形边长为 1 cm

问题 2:已拆走了①号,还可以拆走哪一片(仍然维持周长不变)?

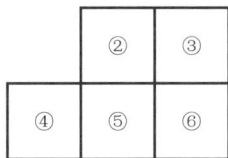

正方形边长为 1 cm

问题 3:要想周长不变,你想挑战拆掉几块正方形?

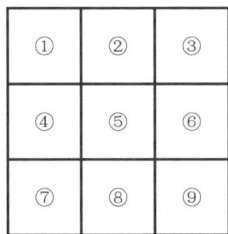

正方形边长为 1 cm

当然,问题最好由学生提出,由教师引领并指导学生对问题进行梳理,使之与预设的问题相近、相似或相同,进而基于问题有序地展开教学活动。

---

① 根据 2018 年全国生命化教育大问题教学(长沙)研讨会期间黄力老师执讲的公开课整理。

第二节　范式转换

美国著名科学哲学家托马斯·库恩认为,按既定的用法,范式就是一种公认的模型或模式。"科学发展的实质是新旧'范式'的根本性转换。'范式'被视为科学达到成熟和新旧科学更替的重要标志,决定着科学发展的未来走向。"[1]从以"教"为中心转向以"学"为中心,这是当前中小学课堂教学改革的发展趋势,也是课堂深度变革在范式转换上的基本要求。我们主张,坚持学生立场,突出学习中心,从宏观看要素组合要由"教本"转向"学本",从中观看实践模型需由"线性"转向"板块",从微观看学习任务应由"单环"转向"多链",进而创造出一个新的课堂教学范式,确保学生深度学习有序而持久地推进。

一、中心嬗变：从"教"走向"学"

从近些年教改趋向看,"课堂教学已由'老三中心'(即以教师、教材、课堂为中心)转向'新三中心'(即以学生发展、学生学习、学习效果为中心)"[2],并且步伐不断加快,从"教"走向"学"成为新时代课堂教学的显著特征。如何真正做到"教"走向"学",需着力做到以下三点。

(一)课堂立场：从"教"的立场转到"学"的立场

"教学的最终目标是学生掌握知识(学会),同时形成科学的学习方法和途径(会学),其主体应该也必然是学生。"[3]这样,教师坚持学生立场,基于学情分析,把握学生的学习基础和需要,分析他们学习的重点、难点,分析他们在学习中可能出现的问题、遇到的阻碍和表现出的精彩之处,而不是自认为"教"的重点是什么、"教"的难点在哪里。也就是说,学生"学"什么最为重要,"学"什么可能遇到困难,是在学情测查的基础上形成的理性预判,而不是主观臆断。只有如此,才能有效地变"教材"为"学材",变教案为学历案,让自己从知识的组织者蜕变成学生学习经验的设计者,把学习变成学生自己的事情,从而真正解决课堂教学中存在的"虚假学习""游离学习"的问题。

① 刘欣. 范式转换:课程开发走向课程理解的实质与关系辨析[J]. 教育研究与实验,2014(1):52-57.

② 于建涛,车言勇. 区域推进"学本"课堂建设的实践与思考[M]. 现代教育,2017(6):7-9.

③ 尤小平. 学历案与深度学习[M]. 上海:华东师范大学出版社,2017:19.

1. 差异化学习，让每个学生都在学

在教学中，教师会意识到学生个体之间存在的差异，并能自觉或不自觉地利用这些个体差异来促进学生学习。因此，差异化教学受到广大教育工作者的重视，并对其展开深入研究。实践中，教师尊重学生的个体差异，实施差异化教学活动，以促进每个学生的个性化发展。很多教师能在教学内容、组织、方法、手段和评价等方面有意识地关照部分学生、个别学生，但由于并没有真正地让每个学生按照自己适合的方式进行学习，则必然导致少数学生没有展开实质性学习，或者没有进入学习状态，即"生命缺席"。从差异化"教"转向差异化"学"，教师就"能够考虑到学生的兴趣、准备状态、学习风格，寻找契机来挑战学生的能力"①。当然，更重要的是教师会寻找学习方式以满足学生的需要，让学生在自己喜欢的教学模式或兴趣领域中学习，或者让学生基于自己的认知风格选用适合的方式，进行个性化学习，学生在差异中扬长，也在借鉴中补短，进而让每个学生都"在学习"。

2. 合作化学习，让每个学生都真学

为了培养学生的合作意识，提高课堂教学效率，很多教师会以小组合作为教学组织形式，展开师生、生生之间的相互交流与沟通。但有一些教师把小组讨论等同于合作学习，并将其作为课堂教学的点缀，课堂上一阵热热闹闹，学生却并没有多少收获。教师要从学生立场来思考并设计学习活动，让每个学生都有自己必须完成的任务，都能承担起团队"作战"的责任，通过小组成员的共同努力达成预期的学习目标。在这个过程中，教师要指导学生合理分工，明确责任及规则，并通过组内合作与组间竞争来激发学生学习的动力。组内，学生有效地表述、倾听与讨论；组间，学生适度地交流、争辩和对抗。这样，每个学生都要"真学习"，全身心地参与学习活动，积极主动地思考、发言、记录、讨论和制作……为自己的团队贡献智慧和力量。

3. 游戏化学习，让每个学生都爱学

在实践中，教师将一些小游戏融入教学活动中，让学生在"玩"中学，饶有兴趣地获取知识。但很多教师只把游戏作为教学活动的一种调味品，在某个环节来激发学生学习的积极性。如果把学习设计成游戏活动，让学生整体思考如

---

① （美）格利·格雷戈里，等. 差异化教学［M］. 赵丽琴，译. 上海：华东师范大学出版社，2015：98.

何获取胜利,进而培养其各种素养,如战略思考能力、解决问题能力、清晰准确表达能力和创新意识、协作精神等。"如果学生在多人游戏中获胜,就证明他们共商策略,团队合作。"① 因此,设计游戏化学习活动,要将知识学习与游戏有机融合,让学生热情高涨地投入学习之中,更重要的是合理设计游戏闯关的难度,并使各个关卡的挑战任务形成由易到难的梯度,让学生在团队合作中尽可能地挖掘潜力,通过齐心协力来获取最终的胜利,进而让每个学生都爱学、乐学。

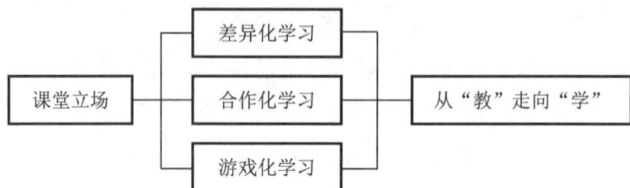

图 4.2.1 以教学方式促进课堂教学立场转变

(二)活动安排:将"教"的活动变成"学"的活动

由于受传统教学观的影响,教师普遍稔熟于设计"教"的活动,而忽视对"学"的活动的研究、设计与安排,甚至是一厢情意地设计教与学的活动,以自己的"教"来包办替代学生的"学",即使设计"学"的活动也过于注重知识的精确记忆。当今时代,信息技术高速发展,知识传递已无法满足学生的发展需要,他们需要学会适应变化,具有全球意识、批判性思维与问题解决能力,能够积极主动地参与并解决人类社会面临的共同问题。因此,"学习的价值不在于进行知识堆积,而在于帮助学生掌握获取知识所必需的认知工具和学习策略"②,成为具有全球视野、家国情怀、创新精神、独立人格的终身学习者。

1.探究式教学,让学生在问题解决中学习

如果学生在学科领域内或现实生活情境中选取某个问题作为突破点,通过发现问题、调查研究、分析研讨、解决问题,那么学习就成为一种主动获取知识和掌握方法的探究过程。通过探究与学科、生活密切相关的问题的解决方案,学生不仅能够实现知识的建构与迁移,而且能够发展社会理解力和责任感,养成良好的思考问题习惯,形成解决复杂问题的能力。可以说,"成功的探究能引导我们'看清''抓住''弄清楚'事物最初让人费解、不清晰或看似碎片的地

① (美)亚瑟·L. 科斯塔(Arthur L. Costa),贝纳·卡利克(Bena Kallick). 聚焦素养:重构学习与教学[M]. 滕梅芳,陆琦,沈宁,译. 福州:福建教育出版社,2018:92.

② 张紫屏. 论素养本位学习观[J]. 全球教育展望,2016(3):3-14.

· 174 ·

方，因此提问意味着达到了新的、更有启发意义的顶点。不过，这些新的意义很少是最终的结果。的确，我们的目标是把学生培养成积极主动的、具有探究精神的、坚定的探究者，能够不断地思考重要问题和可能的意义"①。

我们认为，学习即探究。作为教师，要基于核心概念、学习主题、现实问题等设计探究活动，指导学生通过解决复杂情境中各种问题而获得持久性能力的改变。在设计探究活动时，教师应考虑如何让学生进行资源整合、方案设计、实验探究与反思改进，发展他们的高阶思维能力，也要考虑如何让学生在问题解决中运用方法、调整策略和反思批判，促进他们独立思想的发展、健全人格的形成和个性解放的实现。

2. 协同式教学，让学生在人际交往中学习

"协作是一种永恒能力（Perennial capability），在任何时候任何工作场所，它都是有价值的。"② 当今时代，越来越多的工作需要团队合作，协作能力显得愈加重要。

我们认为，学习即协作，学生在与他人的人际交往中发现自身缺陷、不断完善自我。教师需要设计协作活动，不仅仅通过挑战性学习任务来激发学生的学习兴趣和探究欲望，让学生共同运用高阶思维来解决核心问题，而且需要将道德、责任、宽容、尊重等素养融入其中，以此促进每个学生的健康发展。在协作过程中，学生会自然而然地展开人际交往活动，通过协商进行任务分工，在讨论中倾听他人的意见、理解不同的观点并与他人分享思想、达成共识，在展示中汇报学习成果并进行系统阐释，在反思中进行自己评价和知识梳理、观点修订、思想完善……这种良性的人际互动中既能促进知识的建构、经验的分享和情感的交流，也让学习成一种积极的、愉快的体验，发展学生的合作与沟通、批判与反思、包容与理解、关爱与同情等素养。由此可见，要让学生从个体学习走向协同学习，让同学就真正成为"同学"，这样，"同学就不仅是同一场域、同一时空的具身在场，更是智力上的相互激荡、精神上的相互映照，课堂将会成为智力生活与精神世界的合唱，并且在合唱中打开每个人的智慧，滋养每个人的精神"③。

---

① （美）Jay McTighe & Grant Wiggins. 让教师学会提问——以基本问题打开学生的理解之门［M］. 俎媛媛，译. 北京：中国轻工业出版社，2015：26.

② 张紫屏. 论素养本位学习观［J］. 全球教育展望，2016（3）：3-14.

③ 张菊荣. 让同学成为"同学"：观念、行为与文化［J］. 2020（5）：11-13.

3.对话式教学,让学生在复杂交流中学习

"复杂交流能力体现为能熟练驾驭常规对话和非常规对话,能够快速从'信息洪流'中选择有助于自己决策的各类信息,熟练运用语言和非语言信息。21世纪学习应该为学生拥有这些能力承担责任。"[1] 所谓对话,就是一种平等的交流。"对话仿佛是一种流淌于人们之间的意义溪流,它使所有对话者都能够参与和分享这一意义之溪,并因此能够在群体中萌生新的理解和共识。"[2] 钟启泉也指出:"学科教学归根结底是一种对话性实践"[3],具有活动性和生成性的特点。

我们认为,学习即对话。通过"对话学习",促进学生更好地实现知识的共享与共建,形成并提高复杂交流的能力。教师要设计持续性的对话活动,以帮助学生构建知识的意义,形成关键能力,实现道德生长。需指出,对话并不是通过互相辩论去赢、去胜出,而在于发现任何人身上可能出现的任何错误,使每个人都从中受益,或是在更为广阔的"生-生激荡"中形成"向你学习、相互启迪"的课堂文化。

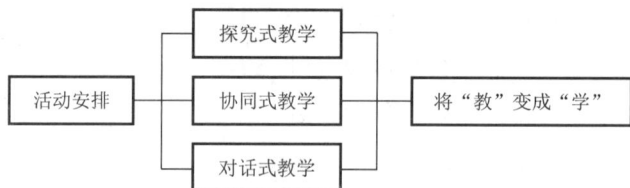

图4.2.2 以教学方式促进课堂教学活动转变

(三)策略选用:让"教"的策略匹配"学"的策略

众所周知,"教"与"学"是相互关联、相互作用的,从学生立场看,"教"是为"学"服务的,也就意味着"教"的策略要根据"学"的策略进行选择与调适。实质上,就是通过一定的方式和方法为学生"学会"搭建支架、提供帮助。

当然,课堂现场中的学情是不断变化的,这样教师"教"的策略也要随着学情的变化而调整,使"教"的策略更好地匹配"学"的策略,让"教"变得更加精准,而决不能替代学、干扰学、控制学。

---

[1] 张紫屏. 论素养本位学习观[J]. 全球教育展望,2016(3):3-14.

[2] (美)戴维·伯姆. 论对话[M]. 王松涛,译. 北京:教育科学出版社,2004:6.

[3] 钟启泉. 学科教学的发展及其课题:把握"学科素养"的一个视角[J]. 全球教育展望,2017(1):11-23.

1. 结构化认知,让学生有意义地学

奥苏贝尔把有意义的学习看成认知结构的组织和重组。组织与重组的过程就是新旧知识相互联系、相互作用的过程。当在客观上学习材料本身具有逻辑意义,在主观上学习者原有认知结构中应具有可以用来同化新知的适当观念(包括有关的概念、命题、表象和已经有意义的符号),学习者还具备有意义学习的心向,表现为积极主动地把新知识与认知结构中原有的适当知识加以联系的倾向性,这样新旧知识就建立起非人为性和实质性的联系。因此,结构化认知,是将知识转化为素养的基本手段。

我们主张,依据学习心理学,将所学内容进行结构化处理,并采用合理方式进行呈现,让学生更容易产生知识的深度关联,并能够更好地建构起自己的知识结构。换言之,学科知识经由学生的接受、加工与转换,由外而内地与学生发生意义关联,这些知识就不再是游离于学生生命之外的毫无情感与思想的冰冷符号,而成为学生生命中不可或缺的一部分。在学生结构化认知时,教师的"教"要顺应学生的"学",以灵活多样的手段,促进学生有意义地学。

2. 梯度化进阶,让学生有序列地学

依据学习进阶理论,教师能够把握学生在某一主题的学习过程中呈现出知识发展、能力提升、素养深化的依次发展阶段。不论单元学习的整体框架还是课时教学的具体实施,教师都要基于现实学情有序安排学习活动,"不论从宏观上还是微观上,都要考虑学习梯度的设计,而梯度之间的高度差要符合学生的实际情况,要着眼于学生的最近发展区,使得大多数学生都能通过一定的努力达成学习目标"①。

在具体操作时,教师可以按照"课前预习→课中探究→课后延展"等学习路径来设计学习活动,也可以按照"学习理解→应用实践→迁移创新"等能力提升的内在逻辑来设计学习活动,使学生序列化学习、梯度化进阶。在学生疑难点、困惑处,教师要基于学情搭建具体的"脚手架",或按照"小步子、低台阶、快节奏、勤反馈"原则分解活动步骤,以降低学习进阶的难度;要针对学习进阶的关键节点,采取相匹配的指导策略,确保学生循序渐进地展开学习,实现学科核心素养的稳步提升。

---

① 尤小平. 学历案与深度学习 [M]. 上海:华东师范大学出版社,2017:112.

3. 多元化达标，让学生有选择地学

课堂上，不同的学生需要不同的教学策略、教学方法，教师要因材施教、"因生施策"，针对不同的学生给予相应的精确指导，以帮助他们分别达成相应的学习目标，进行确保每个学生的学习质量。"针对不同学生的多元智能和学习偏好，教师可以对学习活动或任务进行标注，帮助学生选择什么时候做自己擅长的任务，什么时候做自己需要加强的任务。为学生提供选择的机会可以帮助他们以自己的方式进行学习或者展示学习成果。"[①]

当然，最为关键的是教师需要了解每名学生的学习起点以及他们在通往成功标准的道路上处于什么位置，进而给尽可能多的学生达到成功提供合适的选择途径或学习机会，让不同认知水平的学生都能创造出一定的精彩表现，获得不尽相同的成功体验，或者在原有基础上得到充分发展，实现不同层次的预期目标。

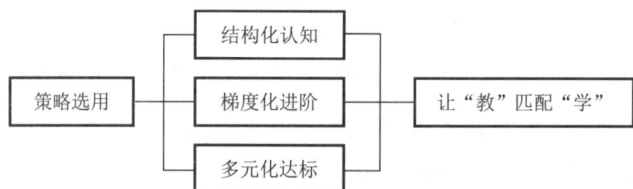

图 4.2.3　以教学方式促进课堂教学策略转变

二、模型再造：从"单薄"走向"丰盈"

课堂教学实施遵循一定的操作程序，形成了多种多样的实践模型。从外在形式看，我们倡导"块状"教学，追求"学、评、教"一体化；从内在逻辑看，我们倡导"完整"教学，探索"多维一体"的设计脉络；从推进时间看，我们倡导"单元"教学，构建"群组协同"的教学模式。简言之，教师要从外到内、内表及里地再造课堂教学实践模型，使课堂教学灵动而丰盈。

（一）整体架构：由"线性"流程变为"板块"组合

由于深受"教本"思想的影响，课堂教学实践模型往往表现为环环相扣、步步推进的"线性"流程。教师根据既定的脉络组织教学活动，控制着、牵引着或"半扶着"学生掌握知识与技能，学生学习的主动性在一定程度上受到抑制，甚至受到严重压制，这样久而久之必然导致学生可持续发展的内动力不足。而

---

① （美）盖尔·格雷戈里（Gayle H. Gregory），卡罗琳·查普曼（Garolyn Chapman）. 差异教学策略：不一样的孩子，不一样的方法 [M]. 张小红，译. 北京：教育科学出版社，2019：7.

"板块"组合的课堂模型则基于学习目标设计学习任务，划分结构板块，将学生学习、课堂评价和教师导教三者融为一体，引发学生的深度学习，以课堂评价来驱动学生学习的推进，教师随时收集用于判断学生学习目标达成的信息，再精准地做出相应的导教决策。

1. 板块架构，课堂教学简约化

教师大多习惯于流线式的教学设计，用很多时间去研究环环相扣的流程，用很多精力去给环节起精美的名称，用很多心思去设计富有新意的教学活动，使课堂教学亮点纷呈，也变得复杂起来。如果以板块组合的方式进行教学，那么课堂教学就变得简约起来。

具体来说，就是教师在一节课或一个主题的学习中，从不同的角度有序、层进地安排几次呈"块"状分布的教学活动，使课堂结构呈现出"板块"状分布排列的样态。我们将这种板块式教学的整体架构概括为"导入 + 板块（以 2～4 个为宜）+ 总评"，即"学、评、教"一体化课堂结构。

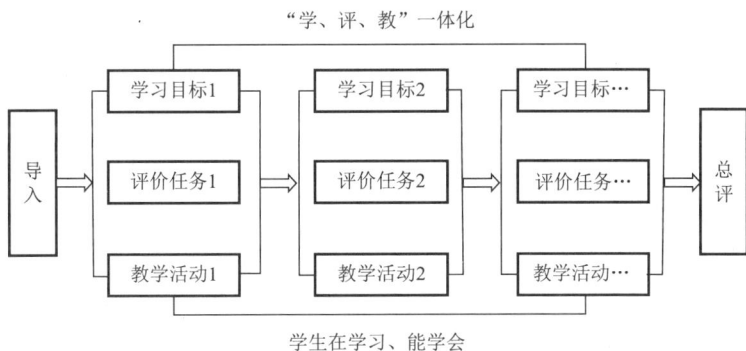

图 4.2.4 "学、评、教"一体化课堂结构

这种架构能完整地体现教学活动的"启、承、转、合"。"导入"是"启"，即引导学生进入学习状态，也就是在起始阶段，教师重在创设真实情境，指导学生提出"大问题"。几个板块是"承"和"转"，让学生展开具体的学习活动（即"承"），并以新情境中问题的解决来检验学生是否具备了迁移能力（即"转"），也就是在中间阶段，教师重在组织学习活动，指导学生展开"大探究"、完成"大输出"。"总评"是"合"，即指导学生反思学习收获，也就是在收尾阶段，教师重点指导学生梳理知识体系并相互交流，实现"大发展"。

2. 板块设计，课堂教学一体化

板块要基于学习目标、评价任务而设置，每个"板块"中的"学、评、教"都是一体化的,可以说每个"板块"都是一节目标明确、任务具体、结构严谨、时间适宜的"微课"。学习目标是板块的"内核",需精确地描述出预期的学习结果;评价任务是板块的"关键",旨在证明学生围绕目标而学习。

同一学习目标可以对应一个或多个板块的评价任务,而一项评价任务需要对应一个板块,但评价任务应当有一定的"长度",让学生通过一系列的活动来完成"大任务",经历一个真实的知识建构的过程。每个"板块"要有程序化的"小结构",其基本程式可以是"呈现任务→组织学习→评价反馈"。在这里,教师要把评价任务嵌入教学过程,组织学生围绕着评价任务展进学习活动,并对学生学习情况进行评价与反馈,进而实现学生的"学"、课堂评价(即对学生学习的"评")和教师的"教"的一体化。

例如,海阳英才实验学校祁允彦老师执讲的"小家书,大世界——我的叔叔于勒"一课设计了三大板块。一是品读"家书"。让学生阅读于勒写给菲利普夫妇的家信,比较于勒和菲利普夫妇在写、读同一封家信时关注点的异同,从课文中找到其关注的词语,并陈述他们关注点出现异同的理由。二是感悟"校书"。让学生阅读王玉梅校长在疫情期间写给全校师生的一封信《雪花飘,惊醒一帘幽梦》,运用"根据人物的不同身份或性格提取关键信息"的阅读技巧,从王校长所传达的信息是什么这一问题,以图示法进行解读,并现场采访王玉梅校长,对自己的解读进行印证。三是响应"国书"。让学生阅读2020年9月8日习近平总书记在抗疫表彰大会的讲话,结合国际新闻,创作一封写给朋友的简短书信,要求写出自己阅读"国书"的感想。就板块设计看,品读"家书"、感悟"校书"、响应"国书"分别是与课文对话、与他人对话、与自我对话,学习任务分别是心理比较、解读印证、写作展评,依次指向理解力、表达力、创新力的评价,这样就文本世界、生活世界和内心世界有机融通,促进了学生关键能力的发展与提升。[①]

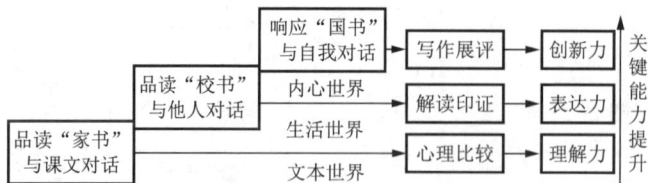

图 4.2.5 "小家书,大世界"课堂板块学习任务设计

[①] 根据海阳英才实验学校祁允彦老师为烟台市基于学科核心素养的课堂教学改革暨全市首届课堂改革之旅启动会准备的课例整理,稍有修改。

再如，烟台经济技术开发区实验小学在构建生命对话过程中，强化"评即学、评为学、评促学"的理念，一般情况把每堂课的学习目标设计成 3 个，按目标和任务将 40 分钟划分为 3 个时间段，每个时间段就是一个任务活动板块，每个板块都清晰地指向学习目标，同时根据目标进行评价。

当然，每个"板块"的时间应根据教学的实际需要来确定，一般以 8～15 分钟为宜，不能时间过短，否则无法保证学生有效思维的"长度"，也不宜过长，否则学生学习会出现松散、疲沓等不良现象。

3. 板块组合，课堂教学灵活化

课堂结构的板块之间不是随意组合的，而是存在着逻辑关系。板块与板块之间可以横向并列，也可以纵向递进，还可以纵横立体，使课堂结构灵活多样，更好地服务于学生的"学"。当然，板块的组合取决于评价任务的设计，因为"完成评价任务的过程，是学生学习的过程，也是考量学习目标是否达成的过程"[①]。

就课堂架构而言，教师在思想观念上必须从为完成"教"的任务转向达成"学"的目标，在心智模式上从简单的"线性"思维转向"块状"思维，用自己的智慧和行动来架构"学、评、教"一体化的"板块"式课堂结构，实现课堂教学在结构层面的深度变革。在教学过程中，教师要能够整体呈现学习任务和评价任务，给学生整块学习时间，引导学生整体处理信息，"让学习在穷尽思维可能中静悄悄地发生"[②]，让学生经历挑战性学习而获得真实的成长。

（二）脉络设计：由"单线"贯穿变为"多元"融合

课堂教学活动的安排有着内在的发展脉络。以往的课堂教学大多按照一条主线将活动贯穿起来，使教学设计脉络清晰，结构完整，确保"教"得有序有效。在实践中，教师或以知识掌握为主线，或以技能训练为主线，或以问题解决为主线，或以人文元素为主线……究其实质，诸多类型的主线都是明线，都是按照"教"的思路来选择与确定的，而且教学的目标定位于某一个或几个方面的学习，导致学生的"学"不够完整，不利于学生核心素养的形成、深化与提升。

---

① 张菊荣. 用结构变革撬动课堂转型 [J]. 人民教育，2016（13）：70-73.
② 张菊荣. 课堂教学应帮助学生穷尽思维可能 [J]. 教育研究与评论（课堂观察），2020（4）：14-17.

1. 多线融合,隐素养于学习活动

如果从"学"的思路视角来考虑课堂教学设计脉络,则需要将按照学科核心素养的多个维度来设计主线,将明线、暗线有机融合,涵盖学生发展需要的多方面素养,通过情境创设、问题提出、组织展示和评价反馈等手段,让学生在知识与技能的习得中掌握学科基本方法,发展学科关键能力,为学科思想的形成与发展奠基。现在的部编本语文单元就是工具性(即语文要素)和人文性(即学习主题)的"双线合一"。

在教学设计时,教师可以将能力发展作为明线,将情感培育作为暗线,实现"双线合一",或者以问题解决为主线,以知识拓展为辅线,以语言品味为明线,以文化理解为暗线,将主线与辅线、明线与暗线有机融合起来,使核心素养导向的课堂教学"多线融合"。多线融合,就在于将核心素养隐于学习活动,确保学生在完整学习、全面发展的同时能抓住核心和关键,形成适应终身学习与社会发展需要的必备品格和关键能力。

例如,"小家书,大世界——我的叔叔于勒"一课,以关键能力提升为明线,通过引导学生就"家书""校书""国书"展开深度对话,着重促进学生理解力、表达力和创新力的发展;以必备品格培养为暗线,通过引导学生对"家"之亲情、"校"之真情、"国"之温情进行深度理解,着重促进学生的感恩之心、爱校之心、爱国之心的增强。这节课做到两"线"合一、情智交融,有效培养了学生语言运用、思维能力、审美创造等语文学科核心素养以及理性思维、信息意识、国家认同等中国学生发展核心素养。[①]

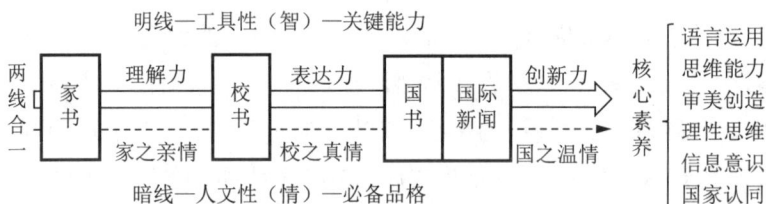

图 4.2.6 素养导向的课堂教学多线融合

2. 多维进阶,融价值于学习活动

学生学习不仅仅是认知水平、情意发展的梯度进阶,而且价值观念也遵循一定的内在逻辑展开。这种发展脉络大致可以归结为"价值冲突与理解→价

---

① 根据海阳英才实验学校祁允彦老师为烟台市基于学科核心素养的课堂教学改革暨全市首届课堂改革之旅启动会准备的课例整理,稍有修改。

值判断与选择→价值认同与实践"。

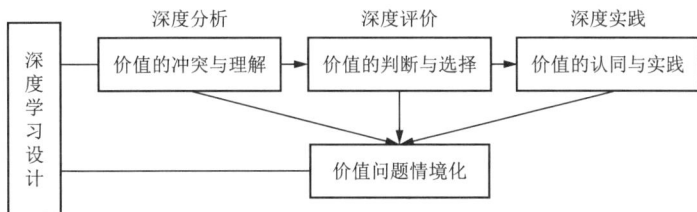

图 4.2.7 深度学习中的价值观念培养

价值冲突与理解,就是伴随着问题提出而产生价值观念上的矛盾冲突,引发深层次的学习动机,形成初步的理解。价值判断与选择,就是调动已有的知识和经验等,对问题(或事实、现象等特定客体)做出具体分析,同时对价值冲突进行深入剖析,并做出相应的推理和判定,实现由感性认识到理性认识的飞跃,进而在价值判断的基础上就态度、情感、观点和行为等方面做出选择,解决现实问题和价值冲突。价值认同与实践,就是在问题解决过程中进行交流与沟通,促进价值的生成、识别和新的理解,最终在价值观念上达成共识,并展开相应的价值实践。因此,教师需将价值观的培养融于教学活动,让学生学科核心素养在多个维度上得到生长、深化和提升,尤其是价值观念得到引导、指点和培养。

3.多脉交汇,寓思想于学习活动

课堂教学除了活动脉络外,还有知识脉络、情境脉络和素养脉络。知识脉络由概念、原理、性质、公式、事件等知识要点按照一定的逻辑顺序而构成。基于知识脉络设计教学活动,有利于促进学生结构化认知。"情境认知是实践导向的,认为只有当学习内嵌在所学知识的运用情境中时,才可能发生有意义的学习。"[1] 根据知识脉络,将相关的真实情境有机统整、连贯起来,形成一个完整的情境脉络,更有利于学生的学习与发展。

素养脉络指学科核心素养发展阶段性目标的编排逻辑,规定着学生学习的成功标准。如果将知识脉络、情境脉络、活动脉络、素养脉络相互交汇,就能架构起一个目标明确、脉络清晰、内涵丰富的"高品质课堂"。

---

[1] 杜伟宇,孟琦. 学习理论发展的情境脉络[J]. 全球教育展望,2006(12):23-26.

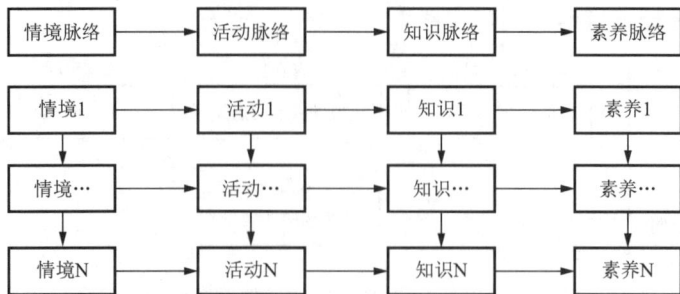

图 4.2.8　多脉交汇的教学结构框架

当然，这种高品质课堂架构，需要教师具有一定的教育思想或教学主张，将思想寓于活动之中，让学生在学知识、学合作（或应用）、学反思的同时也学思想——掌握学科思想、形成学科观念。

（三）程序探索：由"基模"调适变为"群组"协同

课堂教学应选用一定的模式，但要坚决反对模式化，不能禁锢教师教学的创造性，让教师在课堂变革实践中体验不到探究成功的乐趣。基于课程规划，课堂教学实施不能只局限于一节课的模式探索，而要系统思考一个单元所有课时都应有哪些教学模式，从一个基本模式的建构、调适和改变走向一组不同模式的统筹、优化和创新，以恰当的"教"服务于学生的"学"，以多样化的"教"满足于差异化的"学"。

1. 探索课时基模群，让教学活动更适切

有的学校基于实践经验提炼出一个课堂教学基本模式，要求所有教师都加以运用。其实，教学模式是多样化的，即使一节课也可以采用不同的教学模式。教师应遵循学习心理学的基本原理，探索多样化的课时教学模式，以更好地满足不同年级、不同班级学生深度学习的需要。

例如，海阳初中数学新授课的教学模式是"学、讲、练、评"，教师可根据学习需要调整其板块的顺序；龙口市实验中学的教学模式是"三段六环节"——自主学习（学）、合作探究（研、展、评）、整理提升（理、练），将立体板块与线性流程相结合。对这类教学基模，教师可以根据教学任务不同而适度调改，更需要探索探究教学、合作教学、差异教学、对话教学、思维教学等各种基本模式，并从实际出发进行选用和改进，以更适切的教学活动来满足学生学习的需要。

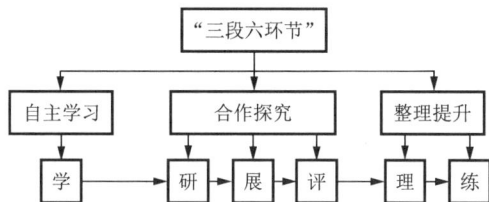

图 4.2.9 "三段六环节"课堂教学模式

2. 探索单元基模群,让教学活动更系统

就一个单元而言,教师应探索不同课时的教学模式,形成课时基模群组,让学生经历一个又一个完整的深度学习过程,在持续不断的课时学习中实现素养进阶。课时基模群要根据学习任务不同而设置,通过组合不同课时的教学模式,以发挥整体作用,促使学生历经更系统的教学活动,更好地达成单元学习目标。

例如,语文单元基模群可以是单元导读课、整体识字课、单篇精读课、读写结合课、群文阅读课、口语交际课、单元习作课、单元盘点课;可以是单元导读课、精读引领课、群文阅读课、读写联动课、口语交际课、习作指导课、复习整理课;还可以是单元导读课、人物形象品析课、表达方法品析课、读写结合课、拓展阅读课、综合练习课。单元基模群需要基于学校已有研究成果和现有教学任务进行确定,以便更好地为学生学习服务。

3. 探索学科基模群,让教学活动更典型

就学科而言,教师应探索典型化的教学模式,让学生学习具有"学科味"。探索学科基模群的目的就在于研究学科典型化的学习方式,让学生用正确的方式学正确的知识,习得学科核心素养,正如崔允漷在《指向学科核心素养的教学》报告中所言:"正确的知识 + 正确的过程 = 习得的素养。"

就语文学科看,要基于不同的学习任务,探索阅读教学、写作教学、探究教学等基本模式,让学生用"语文"的方式学语文。当然,对于语文教学是智者见智,仁者见仁,李吉林提倡情境教学,钱梦龙提倡导读教学,孙双金提倡情智教学,薛法根提倡组块教学,余映潮提倡板块教学……这些教学模式(或主张、理论)都可以成为语文教师构建教学基本模式的参考。数学是思维的体操,教师应借鉴斯腾伯格思维教学理论和杜威的五步教学法等,探索有利于学生高阶思维发展的数学教学模式。其他学科也是如此,因课程性质不同,承担的育人功能也不相同,所以学科教学的基本模式就必须典型化,以充分彰显学科特有的育人价值。

三、活动重构:从"单环"走向"多链"

教学活动是范式转型中的一个关键性要素,其设计的优劣直接影响着课堂深度变革的实际效果。在实践中,教师都注重教学活动的设计,但很多教师往往只考虑一节课、一个环节(或板块)的教学活动安排,而忽视思考多节课、多个板块学习任务之间的关联与衔接,导致学生学习活动在推进过程中的某段时间偏离单元目标,也可能会出现前后学习活动断裂的不良现象。如果基于大单元教学设计,系统地思考每一个课时的问题设计、活动安排、学习评价,就可以形成问题链、学习链、评价链,为学生探学、展学和省学创造条件,使课堂教学有大空间、大碰撞、大提升,进而加快课时、单元的教学活动设计由"单环"贯穿向"多链"推进转变,确保学生持久理解和持续发展,实现学科核心素养的进阶。

图 4.2.10　深度课堂的学习活动设计模型

(一)问题链:引发学生持续性深度思考

教师注重课堂问题的设计,但却较少地思考如何设计问题链。所谓问题链,是指教师为了实现一定的教学目标,根据学生的已有知识或经验,针对他们在学习过程中产生或可能产生的困惑,将教材知识转换成一组有中心、有序列、相对独立而又相互关联的教学问题。这些教学问题不是一般性问题,而应当是直指学科课程核心内容的重点问题、难点问题,是影响学生学科学习进程的关键性问题,是关乎学科核心素养形成与提升的挑战性问题。这些问题有着共同的指向,其内部之间存在必要的、合理的逻辑联系。

一般来说,这些问题由易而难,逐层推进又环环相扣,具有连续性和层递性。问题链的设计要明确学情,精选内容,恰当组合,以便于引导学生学习循序渐进、步步深入。当然,问题链也可以根据需要转化为任务链。

1.设计多种问题链,挖掘学生学习潜能

从某种意义上说,内容决定着形式,大问题决定着教学活动的内在框架。

教师应把大问题转化为问题链,以此挖掘学生学习潜能,促使他们生命增值。根据学习目标、课程内容和学生认知特点的不同,问题链可以呈现出不同的结构形态。如递进式的,可称为问题串,这种问题链是将大问题分解成一连串的问题,并把上一个关键问题的解决作为下一个关键问题解决的基础,它有利于引导学生层层递进地探究问题,突破学习的重点和难点;如并列式的,可称为问题组,这种问题链是将大问题分解成几个平行或并列关系的关键问题,它有利于引导学生运用相同、相近的方法探究问题,最终形成对大问题的完整认识;如立体式的,可称为问题树,这种问题链是将大问题分解成具有总分或总分总关系的多个关键问题,把专题性问题和综合性问题有机结合起来,形成富有挑战性的学习任务,有利于挖掘学生学习潜能。相对而言,单元问题链是由重点问题组成的"大"链,课时问题链是由一般问题组成的"小"链。

图 4.2.11 问题串

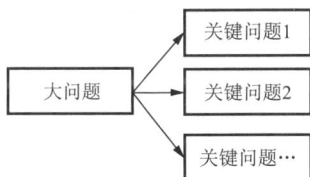

图 4.2.12 问题组

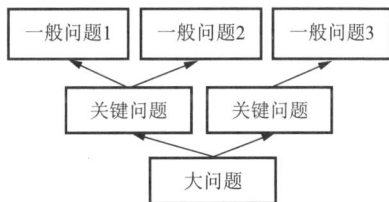

图 4.2.13 问题树

2. 设计单元问题链,促进学生学习增值

单元问题链的设计,要重视每一课时问题设计的系统性,又要兼顾前后课时的联系性,使关键问题的设计搭配合理、环环相扣、层层递进。这些关键问题往往就是每个课时的"大问题",它们又可以分解为相应课时的一般问题,进而由大问题、关键问题(或分问题)、一般问题(或小问题)构成"宏观→中观→微观"的问题体系。

在课堂深度变革中,我们倡导以大概念(或大观念)、大问题、大任务为统领,设计单元问题链,让学生经历多轮次的"问题提出→问题探究→问题总结"的学习过程,在持续性深度思考中强化深层学习动机,展开知识的深度关联、加工、应用和迁移,实现学习增值。一般来说,教师可以按照"是什么、为什么、怎样做、做得怎样"的框架来设计单元问题链。

表 4.2.1　单元教学问题链的问题导向 [①]

问题导向	目标指向	素养达成
是什么	对物理概念、规律、原理等的了解与识记	物理观念
为什么	对物理概念、规律、原理等的理解	物理观念、科学思维
怎么做	对解决问题过程所涉及的模型建构、科学推理、科学论证及问题、证据等科学方法的运用	科学思维、科学探究
做得怎样	对学习过程及结果的反思与评价	科学探究、科学态度与责任

3.设计课时问题链,帮助学生学习成功

课时问题链的设计,要针对学生现有认知水平,遵循教学基本规律,围绕既定的学习目标或课时大问题,由易到难地设置问题,并将问题组成一个具有梯度的问题链条,使学生能步步受到启发、层层深入思考。同时,还要把具体的真实问题情境介入学习活动,引导学生通过独立思考、合作探究和师生互动等方式来解决问题,让学生在循序渐进的问题解决中实现学科核心素养的习得和进阶。在实践中,教师可以按照"是何、为何、如何、若何"的框架设计课时问题链,也可以按照"基础性、拓展性、挑战性"的框架进行设计。当然,问题链的设计框架有很多种,需要灵活运用,但无论如何设计,教师都要依据学生已有的认知结构和能力水平,预判问题的难易程度,分析问题分解的可能性和可行性,确保问题处于学生的"最近发展区",以有效地引发学生的学习动机,促进学生高阶思维能力的发展和学习成就感的增强。例如,对于《圆明园的毁灭》一课,教师可以设计如下问题链。

一问:课题是《圆明园的毁灭》,作者为什么用很多笔墨写圆明园昔日的辉煌?

二问:现在圆明园已经毁灭了,但有什么是永远不能毁灭的?

三问:如果是在今天,圆明园还会被毁灭吗?

由这"三问"组成问题链,教师就可以引导学生"挖地三尺",从文本信息的表层意进入学科表达的深层意,再深度思考课文学习的"核心价值",将文本世界、现实世界与精神世界相互融通,进而触动内心和灵魂,感受到知识的丰富、学科的意义和生命的成长。

---

① 方林,陶士金,许新胜新.浅议高中物理单元教学问题链的设计与实施——基于"静电场"单元教学案例[J].物理教学探讨,2020(3):77-80.

(二)任务链:促使学生持续性深度体验

活动重构的核心是学习任务的设计。所谓任务链,是指根据一定教学目标而设计的一组有着内在逻辑关联的学习任务。依托任务链,学生在教师的带领下主动活动,通过听讲、探究、讨论、合作、竞争等形式,真正理解知识的内涵,持续性地体验更深刻、更复杂的思想情感和学科思想。任务链设计,要基于学习目标、学习内容、预期结果等多个方面的综合考虑,坚持适宜性与兴趣性相结合的原则,以切实增强学生学习的参与度,让学生成为学习活动的主人,充分热情地投入学习活动,进而获得富有深度的内心体验。

1.设计学习任务链,让学生主动体验

从建构主义学习理论看,学生在具体情境中以自己过去已有的经验为基础,以自己的方式进行知识建构。这种知识建构是能引发内心体验的一种主动活动。可以说,"学生主动活动的过程,也是其全身心地体验知识的丰富复杂内涵与意义的过程,也是将生发丰富的内心体验、提升个人经验与精神境界的过程"[①]。基于此,教师要设计学习任务链,确保学生展开一系列的知识建构活动,将学习内容转化成发展自己的养分,在"两次转化"中能体验到所学内容对于个人精神成长的积极意义,"体会到所学内容在学科发展及人类发展历史中的重要价值"[②]。

所谓"两次转化"是指学生对知识的两次转化。第一次转化是内化知识的过程,也就是学生将知识从文本(或视频、师生等)输入到大脑,完成由外到内的转化,不仅实现信息的物理转移(即从文本、视频等到学生)或人际转移(即从教师或学生到学生),而且通过对知识所隐含的思想、意义、思维方式的深层追问,做到对知识的深度处理和深度理解;第二次转化是外显知识的过程,也就是学生将知识从自己大脑输出来,形成结论、产品等学习表现或成果,完成知识由内到外的自我转化(即信息输出)。经历由内化知识到外显知识的过程,学生的关键能力、学科思想、价值观念等学科核心素养就会形成并得到提升。就教学行为看,教师引导学生发现信息就是"教";学生接收信息就是"学";学生运用所学知识解决问题而形成一定的学习表现或成果,也是"学",但严格意义上应该称为"习","习"是培养学生学科核心素养的重要方式;教师针对学生学习表现

---

① 刘月霞,郭华.深度学习:走向核心素养(理论普及读本)[M].北京:教育科学出版社,2018:53.

② 郭华.深度学习的五个特征[J].人民教育,2019(6):76-80.

或成果进行指导,或采取补救措施,也就是"教",是有针对性的"教"。这样,"教"与"学"彼此融合,"学"与"习"相辅相成,就构成一个完整的教学过程。学生在这个过程中主动获取学科核心知识,并通过对知识的深度加工,以及在真实情境中运用所学知识解决复杂问题,激活已有的经验和体验,生出新的体验、提升原有的经验,进而丰富和完善自己的精神世界。

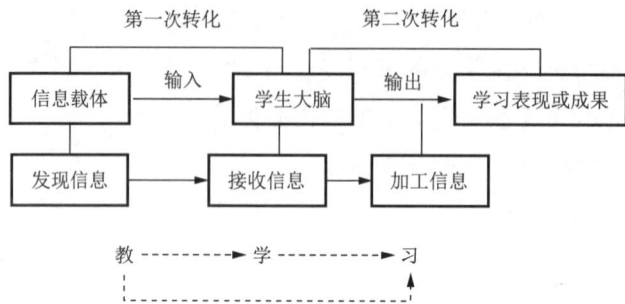

图 4.2.14　教学中信息的"两次转化"

2.设计单元任务链,让学生持续体验

单元任务链要由环环相扣的一组重要学习任务构成,各项学习任务相互独立又彼此关联,构成一个完整的学习任务群。这些重要任务具有整体性、多样性和探究性等特点,并可以分解到具体的课时中。教师要根据学科和学习任务来设计单元任务,并选用相匹配的学习方式,为学生提供探究、合作、研讨、展示等各种形式的学习活动机会,让学生经历、体验发现知识的过程,实现学科核心素养的持续发展。有条件的学校、有能力的教师可以组织项目化学习,指导学生运用多种知识、多种方法来解决真实问题,提升其综合素养。

一般来说,单元学习任务具有很强的探究性,需要学生高度参与,并投入较长的学习时间。但目前学校的教学时间安排通常以 40 分钟(指小学)或 45 分钟(指中学)为一节,且连排的较少,这就给单元学习任务实施造成很多困难。为此,学校可以设置长短课时结合的课程表,如每天都有 60 分钟或 80 分钟、90 分钟为一节的长课,分配给各学科教师,方便他们指导学生开展探究性学习、项目化学习、综合实践性学习,让学生在获得"大发展"的同时持续地体验学习的艰辛与快乐。

例如,小学语文(人教版)四年级上册第四单元"神话故事"包括《盘古开天》《精卫填海》《普罗米修斯》《女娲补天》四篇课文,其核心任务是感受古代神话故事的神奇想象和鲜明的人物形象,可将这一核心任务分解成如图 4.2.15

的单元学习任务链。

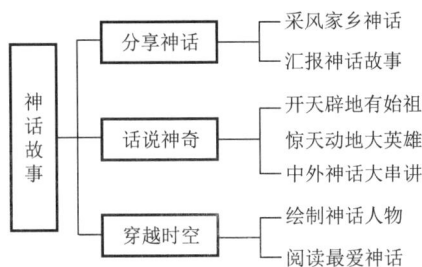

图 4.2.15 "神话故事"单元学习任务链设计

3.设计课时任务链,让学生深度体验

课时任务链是单元任务链的子系统。其设计,要细致地考虑每一项学习任务的内容要求、呈现方式、活动规则等,使之明确化、具体化、系统化,又要深入地思考各项学习任务之间的联系、区别以及难易程度,使课时学习任务结构化、递进化、多样化。

具体设计时,教师要坚持"指向学习目标、关注学生立场、构建学习进阶"的原则,基于学习内容以及学生现有学情等明确回答"做什么""怎么做"的问题,为学生提供明确的学习要求,使每一项学习任务都对应着具体的学习目标;通过通俗简洁的话语描述每一项学习任务,确保学生"看得懂";围绕核心概念,设计一组相互关联的学习任务,并按照由简单到复杂的进阶路径进行呈现,以确保学生经历一个完整且有深度的学习体验过程。

将学习任务转化为学习活动时,教师既要创设真实性情境,以回答"在什么条件下做"的问题,又要将评价量规嵌入学习活动,以回答"做到什么程度"的问题;既要"考虑学生的多种学习倾向,让不同特点的学生各得其所,给学生更多的表达观点、修正完善观点的机会,外显其内隐的思维过程,并及时点拨、给予反馈"[1],又要关注学生思维、情感和行为等各因素的积极参与,通过知识建构、人际交往和自我反思等活动,在积极而富有深度的体验中实现对学习内容本质和意义的理解。

例如,某老师执讲的初三生物学《呼吸与健康》公开课就设计了四大任务、10个具体活动,形成了完整的任务链、活动链,为学生提供清晰的学习路线图,便于学生循序渐进地展开深度学习,达成学习目标。

---

① 刘月霞,郭华.深度学习:走向核心素养(理论普及读本)[M].北京:教育科学出版社,2018:86.

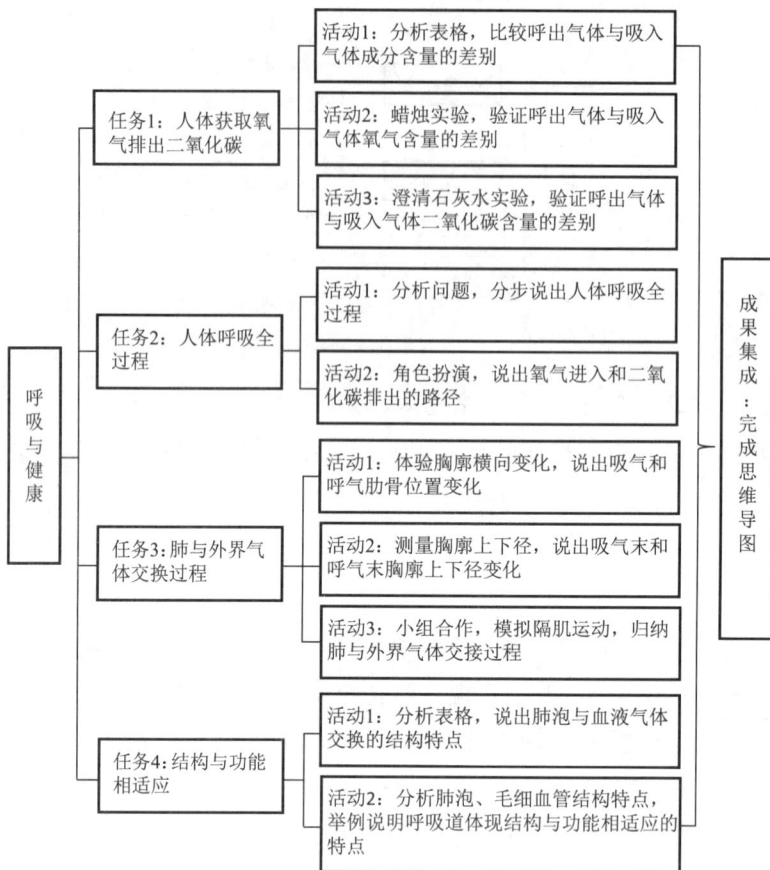

图 4.2.16　初三生物学《呼吸与健康》复习课学习活动链

（烟台经济技术开发区教学研究室于辉老师提供）

（三）评价链:助力学生持续性深度反思

评价任务是为学习目标负责的,用于检验学生学习之后是否达成预期的结果。所谓评价链,就是为检测学习目标达成的一组有内在关联的评价任务,其旨在让学生持续地进行自我学习评价,反思自己在学习动机、学习态度、学习行为、学习过程和学习结果上的优劣得失,判断自己当前学习与成功标准之间的距离,并及时调整学习状态、学习策略和学习行为,以更好地实现预期学习目标。

1.设计评价任务链,为学生描绘成功路线

评价任务需要以更加具体的情境刺激和应答规定来检测学生在学习目标上的达成情况。设计评价链,教师要与单元学习目标、课时学习目标对接,以便能够准确把握预期的学习结果,明确而清晰地表述出评价任务的应答规定。我们倡导以大发展(或大输出)为目标,设计单元评价链、课时评价链,为学生描绘出学习成功的总体路线,让学生在一次又一次"商定标准→参照标准→运用标准"的评价驱动中展开学习,掌握"核心概念",解决"核心问题",体悟"核心价值",形成"核心素养"。教师要明确评价规则,设计预学案(或预习、测验、作业等学习单)、探究案(讨论、问答、合作、展示等任务单),以便把握学生认知和情感水平,收集学生在课堂上学习目标达成的证据。

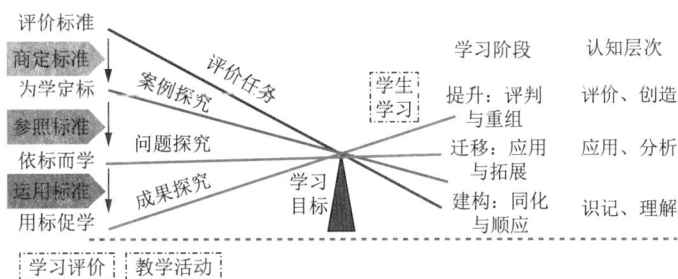

图 4.2.17　促进学习增值的课堂评价驱动模型

2. 设计单元评价链,为学生提供成功轨迹

单元评价任务,不仅可以用来检测学生知识与技能的掌握情况,还可以用来检测学生在质疑问难、逻辑推理、反思批判、创新设计等方面的能力,以及感同身受、准确沟通、合作意识等方面的具体素养状况。因此,设计单元任务链,可以让教的焦点指向"学生能够有意识地关注且在学习中主动操练素养"[①],并能依此设计出相应的评价量规,为学生呈现出清晰的成功轨迹。

当然,每项评价任务都要具体化,让学生明确地知道"做什么"和"在什么情境中做",相对应的评价标准也要具体化,让学生明确地知道"做到什么程度就成功"。对思维容量大、思维层级丰富的重要学习活动,要拟订表现性评价方案,并研制出表现性评价指标。单元评价的方式是多样化的,应将诊断性评价、形成性评价和结果性评价相结合,需要研制出科学规范的纸笔测试题,以检测学生单元学业水平是否达标,了解学生单元学习遇到的难点和存在的缺陷,为采取补救措施提供决策依据。

---

① (美)亚瑟·L. 科斯塔,贝纳·卡利克. 聚焦素养:重构学习与教学 [M]. 滕梅芳,陆琦,沈宁,译. 福州:福建教育出版社,2018:64.

3.设计课时评价链,为学生明确成功要求

课时评价链,要根据课时学习目标来设计,也就是评价任务与学习目标有着对应关系,评价链与目标链高度匹配。在设计时,教师要将评价任务置入具体的课堂板块、嵌入相应的学习活动,着眼过程性目标、创造性学习目标,设计表现性评价任务,以激发学生深层学习动机,引发他们的深度思考、深度关联和深度体验,能够检测学生学科核心素养的内部认知发展水平。

课堂上,教师要基于目标呈现评价任务链,组织学生围绕评价任务展开学习活动,并对学生学习的关键表现进行"少而精"的即时评价、持续评价,反馈学生的学习表现。尤其是要关注学生完成挑战性任务时的思维品质、合作意识和沟通能力等,通过恰如其分的反馈信息,以促进学生的自我调整,激励学生持续探究,在竭尽所能中"闯关"成功,享受到学习成功带来的精神愉悦。

设计课时评价任务链,还要考虑与学习目标相匹配的评价方法。美国评价专家斯蒂金斯将学习目标分为知识和观点、推理能力、表现性技能、产生成果的能力和情感倾向,将评价方法分为选择式反应评价、论述式评价、表现性评价和交流式评价。"教师必须为不同的学习目标选择、制定确切的评价方法……对于不同的学习目标,每种评价方法都有各自的优势与不足。"[1]

表 4.2.2　学习目标与评价方法的组合[2]

评价方法 学习目标	选择式 反应评价	论述式评价	表现性评价	交流式评价
知识和观点	选择题,正误判断题,匹配题和填空题能够考查对知识的掌握程度	可以测量学生对各个知识点之间的关系的理解	不适用于评价这种学业目标——优先考虑其他三种方法	可以提问,评价回答,并推断其掌握程度,但是很浪费时间
推理能力	可以评价某些推理形式的应用	对复杂问题解决的书面描述,可以考查推理能力	可以观察学生解决某些问题或通过成果推断其推理能力	可以要求学生"出声思考"或者通过讨论问题来评价推理能力

[1] 崔允漷. 有效教学 [M]. 上海:华东师范大学出版社,2009:115.

[2]（美）Richard J. Stiggins. 促进学习的学生参与式课堂评价 [M]. 国家基础教育课程改革"促进教师发展和学生成长的评价研究"项目组,译. 北京:中国轻工业出版社:2005:77.

续表

评价方法 学习目标	选择式 反应评价	论述式评价	表现性评价	交流式评价
表现性技能	可以评价对表现性技能的理解,但不能评价技能本身	可以评价对表现性技能的理解,但不能评价技能本身	可以观察和评估这些技能	非常适于评价口头演讲能力;还可以评价学生对技能表现的基础知识的掌握
产生成果的能力	只能评价对创作高质量产品的能力的认识和理解	可以评价对产品创作的背景知识的掌握情况;简短的论文可以评价写作能力	可以评价创作产品的步骤是否清楚,产品本身的特性	可以评价程序性知识和关于合格作品的特点的知识,但不能评价作品的质量
情感倾向	选择性反应问卷可以探测学生的情绪情感	开放式问卷可以探测学生的情绪情感	可以根据行为和产品推断学生的情感倾向	可以跟学生交谈,了解他们的情绪情感

第三节 境脉转向

将"境脉"(Authentic Context)这一术语引入教学,最早由美国卡罗拉多大学教授威尔逊(Brent G.Wilson)提出。他认为,课堂是由许多模块构成的,而联系这些模块的是课堂境脉发展情况。所谓境脉是指"人或事存在于其中的各种有关的情况"、来龙去脉、背景、环境等。它包括"情境"与"脉络",即学习发生的时空。相对而言,"'情境'一般是固定的、静态的、现实的,而'境脉'则强调连续、动态,可以是现实的,也可以是想象模拟的"[①]。

课堂深度变革不仅需要内容、范式的结构性变革,也需要时空的结构性变革,因为有些核心素养是在一定的情境中长期熏陶、浸润而慢慢形成的。这样,就需要创设一系列脉络清晰的真实情境,建构起一个适宜学生核心素养形成与发展的课堂场域乃至学习生态。我们倡导教师从"导教"转向"建场",关注课堂境脉,营建有利于学生深度学习的情境场、交流场、心理场,将情境脉络、活动脉络、知识脉络和素养脉络有机融合,通过师生间的人际交往与积极互动,让浸

[①] 徐燕萍. 境脉学习:一种引导学习转型的新范式[J]. 江苏教育研究,2017(29):23-27.

润式学习随时发生,促使学生在习得知识、提升能力的同时形成积极的社会情感,实现学科育人价值的充分转化。

一、回归生活,建造真实具体的情境场

"学生生活世界中的一切具有无尽的教育价值。教育的重要使命是创设情境,让学生的心灵直接面对和际遇生活世界,在'司空见惯'和'理所当然'中产生有意义的问题,在探究问题中产生自己的观念。"[①] 相对而言,生活世界是直观性的,对人的生命存在有着直接的意义和价值,而科学世界是抽象性的,"是人在生活世界的活动中衍生出来的特殊的理性视域"[②]。因此,教学应回归学生的生活世界,让学生在认知建构中有真实的理解和体验。也就是说,教师要创设真实情境,帮助学生建立书本认知与生活经验的联系,克服在新知习得过程中的思维困难,实现学科世界与真实世界的融通,让他们能感悟到生活的美好、享受到学习的快乐。

(一)重视情境创设,确保素养生长

"情境是培养素养和评价素养的必要条件,素养是在具体情境下解决问题的表现。"[③] 可以说,情境是将知识转化为素养的桥梁。让学科核心素养在课堂上真实生长,就需要创设情境,因为引入情境的最终目的,是实现跨越情境脉络,实现重要概念、能力、品质与学习心态的迁移。要达到这个目的,就意味着学生需要经历"在情境中思考→去情境化的思考→再回到新情境中思考"的过程。

"任何知识都是存在于一定的时间、空间、理论范式、价值体系、语言符号等文化因素之中的。离开了这种特定的境域,既不存在任何知识,也不存在任何认识主体和认识行为。"[④] 相对而言,书本上的知识是抽象化的,是脱离情境而存在的。在教学中,教师需要把知识还原到情境中,以情境为媒介架起沟通生活世界与科学世界的桥梁、沟通文字符号与客观事物的桥梁、沟通学科知识与学生思维的桥梁。为了便于教师理解学生学习,我们借用 PISA 的情境模型,将

① 钟启泉. 课程的逻辑 [M]. 上海:华东师范大学,2018:222.

② 余文森. 核心素养导向的课堂教学 [M]. 上海:上海教育出版社,2017:60.

③ 邵朝友. 基于学科素养的表现标准研究 [M]. 上海:华东师范大学出版社,2017:80.

④ 石中英. 知识转型与教育改革 [M]. 北京:教育科学出版社,2001:150.

情境所带动的学习模型表示如图 4.3.1[①]。

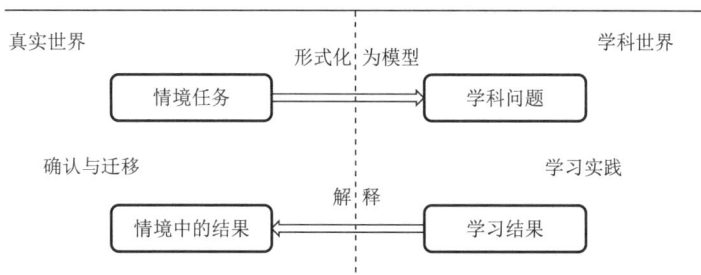

图 4.3.1　学习素养模型

　　这样,教师就可以根据学科特点和学生认知需要,创设形式多样的情境,让学生在情境中学习,为学生沟通真实世界(即基于经验视角的生活世界)与学科世界(即基于知识视角的科学世界)提供可能,进而促进学生有意义的学习。换句话说,教师要通过情境创设,以"生活味"融通"学科味",使学生的"生活世界抵达科学世界"[②]。

　　一般来说,情境可以贯穿课堂的始终,也可以放置在课的开始、中间和结束。我们主张,创设真实的大情境、情境链,构成一个有利于学生深度学习的"场域",指导学生在一系列相互关联的社会情境中展开真实性学习,实现思考力、交往力、自控力的提升以及有关学科核心素养的生长。所谓大情境,就是指能贯穿课堂(或单元)始终的整合性的真实情境。这样的大情境更符合贴近学生的已有经验和当下兴趣,更能在课堂上形成一个将知识习得、能力提升和情感熏陶交融为一体的认知场,让知识鲜活起来、丰富起来,内化为学生的智慧、品格、气质和生命。所谓情境链,就是指基于学习主题而创设的一个个相关联的情境,通过多个情境的有序组合,有利于引导学生在熟悉的生活情境中探究新知并进行学习的迁移。简单地说,就是通过大情境、情境链建构起一个连续性的认知建构、人际交往、情感交流相互交融的场域,让学生在这种综合性的场域中实现核心素养的习得、生长与提升。

　　"如果我们想让学生证明自己的素养思维,就需要给他们提供实践操练的机会。在设计课程的时候我们需要考虑当学生期待实现高水平的学习成就时,

---

① 学习基础素养项目. 素养何以在课堂生长[M]. 上海:华东教育出版社,2017:53.

② 沈小碚,罗章. 课堂教学的"学科味":困惑及解蔽[J]. 当代教育科学,2021(7): 23-28.

应如何通过为学生提供机会来使他们变得能够在学习中进行自我引导。"[1] 当然,教师可以根据学习需要,创设适宜学生实践操练的情境场,指导学生运用所学的知识和技能等,共同解决日常生活中遇到的复杂问题,提升他们的综合素养。

(二)规范情境创设,引发深度学习

学生学习脉络与教师教学设计脉络有本质不同。学生学习是从真实世界出发,基于生活经验展开学科学习,又将理性的认知回到感性的真实世界中。而教师教学设计则是从抽象的学科问题出发,寻找关键概念(或关键能力)与生活之间的关联,使之形象化,再回到抽象的学科中。

因此,教师可依据如下模型进行情境设计[2]。具体来说,就是先将知识放还到情境中;再在情境中引发多样化的学习活动,让学生在自主学习、合作学习中深度思考;然后引导学生展开多形式的对话活动,将情境中的知识抽象为学科中的关键概念或能力;最后到新情境中检验,也就是在课堂练习、课后作业、单元检测中设置类似的、变化的情境,检测和评估学生是否产生了迁移。在实践中,教师应创设形式多样的情境,使之能接近真实生活、引发认知冲突、紧扣学习内容,让学生有话可说、有话想说、有话会说。

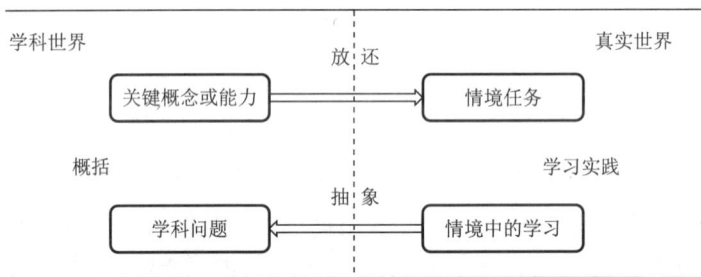

图 4.3.2　教学设计模型

1.创设灵活的问题情境,促进学生的高阶思维

"问题情境是学科核心素养发展的最佳场域,学科核心素养的发展离不开

---

① (美)瑟·L. 科斯塔(Arthur L. Costa),贝纳·卡利克(Bena Kallick). 聚焦素养:重构学习与教学[M]. 滕梅芳,陆琦,沈宁,译. 福州:福建教育出版社,2018:73.

② 学习基础素养项目. 素养何以在课堂生长[M]. 上海:华东教育出版社,2017:54.

问问题情境。"① 基于对不同层次学生学习需要的考虑,创设出明确、具体而且层层递进的问题情境,营造出一种人人积极主动思考的课堂氛围,引发并推进学生的高阶思维活动,进而助力学生有效达成学习目标。

2. 创设丰富的艺术情境,引发学生的深层动机

富有美感的艺术情境,能引发学生的注意、冲动和兴趣,激发他们的学习热情和求知欲望。在教学中,教师综合运用语言、声音、图片、视频等表现形式,创设出一种艺术情境,提高课堂教学的审美情趣,赋予课堂美的享受与体验,有效激发学生的学习兴趣和求知欲,让学生能全身心地投入学习活动。

3. 创设热烈的思辨情境,培养学生的批判意识

根据教学的需要,教师可以设置一定的话题,鼓励学生敢于在课堂上表达自己的观点,阐述自己的结论,并在相互争论、辩论中进行思维碰撞、观点交锋,在批判与借鉴中达成共识,提升专注倾听、质疑批判、严谨思维、精确表达、换位思考等素养。

当然,我们倡导将学习活动链与真实情境链相协同,使具体情境介入具体活动,明确各个学科问题所涉及的关键概念及认知水平要求,将情境、活动、知识与素养四者的脉络相统一,这样就能使学生产生真正意义的深度学习。

(三)设计情境测验,促进学生迁移

设计真实情境化的测验,不仅能够对学生认知水平进行评价,还能对学生的元认知、情感态度、人际交往和心理素质进行评价,有利于考查学生学科知识、关键能力乃至核心素养的总体情况。由于学科核心素养是学生在具体情境中解决问题或完成具体任务的行动素养,所以情境就必须在学习结果测验中有所体现。教师应坚持素养导向,基于学习主题来分析认知要求、表现水平和问题情境等描述要素,再设计情境测验。尤其是要分析什么样的问题情境才能够将考查学生的认知要求表现出来,其具体的表现水平等级有多少,每个水平等级的行为特征有哪些,等等。

除了对学科核心素养测评外,教师还需要根据学习目标和学习任务来设计多样化的情境,测验学生认知、人际等领域的具体能力及核心素养(图4.3.3)。

---

① 李松林. 学科核心素养的发展机制与培育路径 [J]. 课程·教材·教法,2018(3):31-36.

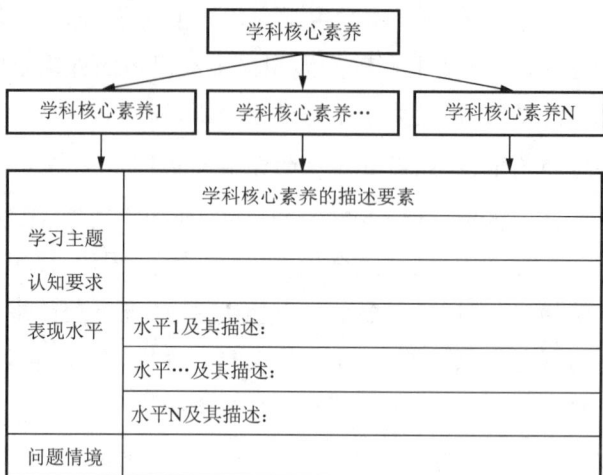

图 4.3.3　学科核心素养描述要素

1. 设计问题解决情境

"学科核心素养的培育需要引导学生在问题解决中学习,引导学生在问题解决中学会学习知识和学会解决问题。"[1] 在教学中,教师可以直接呈现出或由师生共同梳理出某一个新的学科问题,并围绕这一问题的解决组织学生展开学习。这种新的学科问题是具有较大的探究空间的非常规性问题,旨在考查学生掌握核心学科知识的能力、培养学生综合运用所学知识解决实际问题的能力。

2. 设计人际协作情境

"无论教师还是儿童都处于教学的同一个系统之中,各自表现自己,并在互动中发挥作用。"[2] 在教学中,教师应组建学习共同体,通过主题策划和任务分工来调动所有学生学习的积极性,最大限度地发展每一位学生的学习能力。通过人际协作完成既定的学习任务,可以考查学生的团队协作能力和有效沟通能力,例如,可以组织情景剧表演,让学生共同完成剧本设计与表演,进而测评他们的创造思维、有效沟通和团队协作等能力。

3. 设计社区活动情境

"如果说复杂情境是学科核心素养的'场域',高阶思维则是学科核心素养

---

[1] 李松林. 学科核心素养的发展机制与培育路径 [J]. 课程·教材·教法,2018(3):31-36.

[2] 钟启诠. 课堂教学的特质与设计 [N]. 中国教育报,2017-5-4(8).

在这个场域的'机制'和'结晶'。"①教师可以组织学生在社区活动情境中展开项目化学习活动，引导学生在问题解决中深度理解所学知识与现实生活的复杂关系，并在参与社会实践活动中挖掘自己的学习与发展潜力，以此考查学生的实践能力、主体意识和社会责任感。

二、组织活动，建造多重对话的交流场

日本学者佐藤学认为："所谓'学习'，就是跟客观世界的交往与对话，跟他人的交往与对话，跟自身的交往与对话。就是说，'学习'是建构客观世界意义的认知性、文化性实践，建构人际关系的社会性、政治性实践，实现自我修养的伦理性、存在性实践。可以说是'构筑世界'、'构筑伙伴'、'构筑自身'的实践。'学习'就是这样一种三个维度的实践，三位一体地实现的。我把这种性质称为'学习的三位一体论'。"②教师应有意识地组织形式多样的教学活动，建造起一个多重关系对话、多个维度沟通的交流场，组织并指导学生与课程（即文本等客体）对话、与他人对话、与自我对话，让学生在深度思考、表达、沟通与反省中实现深度理解与有效迁移。

（一）与课程对话，发展思考力

学生与课程对话，实质上就是完成知识内化的过程，即知识从文本转移到大脑。在这个过程中，学生凭借已知去理解课程文本（或其他客体）的意义，即"调动自己已有的知识储备、经验储备，多角度、多层次地体悟文本所涵盖的信息，与作者进行心与心的交流、情与情的碰撞，真切地体验他们在特定背景中的喜、怒、哀、乐，达到情感的共鸣，得到人生的感悟，获得知识的积累。"③我们认为，无论是实现知识的积累、情感的共鸣还是生发人生的感悟，都必须建立在理解的基础之上。这必然要求发展学生感知力、洞察力、领悟力，即提升学生的高层次认知水平，尤其要让学生"像专家一样思考"，发展"专家思维"。

1.以学习任务单驱动学生与课程深度对话

在实践中，教师可以设计学习任务单，以此驱动学生与课程深度对话。学

---

① 杨九诠．学科核心素养与高阶思维［N］．中国教育报，2016-12-21（9）．

② （日）佐藤学．学习的快乐——走向对话［M］．钟启泉，译．北京：教育科学出版社，2004：20．

③ 管锡基．和谐高效思维对话——新课堂教学的理论研究［M］．北京：教育科学出版社，2009：91．

习任务单形式多样,有(课前)自学任务单、(课中)探学单、(课后)研学任务单、(单元)项目学习任务单等。

一般来说,自学任务单包括"学习指南""学习任务""学后反思"三个部分。

"学习指南"包括学习主题、学习目标、学法建议等内容,以此使学生明确自主学习"学什么""学到什么程度""用什么方法学习"以及"自主学习的重要性"。可以说,"学习指南"是集中体现教师的教学主张、教学方法和教育智慧以及课程领导力的栏目。

"学习任务"栏目是自学任务单的主体部分,它要根据课程标准、学习目标以及课程内容等进行设计。一般来说,学习任务要能满足学习目标达成的要求,把学习内容转化为探究问题,统筹所学知识的覆盖面与权重,有适量的习题用以测查学生的掌握程度与迁移能力,并提供相应的资源链接等。

"学后反思"栏目,是让学生填写自学中遇到的尚未解决的困难,以及给教师的教学建议。它的设计意图在于对学生学习过程的反馈,为教师调整教学预案提供参考。

表 4.3.1　自学任务单设计模板

学习指南	课题名称：	
	学习目标：	
	学法建议：	
学习任务	学习任务 1：	
	学习任务 2：	
	学习任务 3：	
学后反思	我的收获：	
	我的困惑：	
	我的建议：	

根据单元学习规划,教师还可以采取探究式教学、项目化学习等方式,引导学生设计课本剧、实验方案和主题(或项目)活动计划,展开与课程的深度对话,提升学生的创造能力。

2.以思维工具撬动学生与课程深度对话

教师要为学生提供思维工具,以此撬动学生与课程深度对话。思维工具,

"即能有效影响思维抽象活动、提高思维效能、延伸思维深度,能把抽象思维过程具体可视化的一类方法技能总称"[①]。

对于人文学科,学生与课程对话有精读、泛读、略读等形式多样的阅读,还有倾听、复述、朗读、表演、改写、评论等等。除此之外,教师还应教给学生设疑法、点评法、比较法、改写法等具体策略,给他们提供一些诸如观点图、场景图、鱼骨图、时间轴线图、故事脉络图、情节曲线图等思维工具,指导学生展开与课程文本的深度对话,并在学生深度对话之后进行有针对性的启发、引导和点拨,适度分享自己的思考和感悟,帮助学生达到更高层次的认知水平。

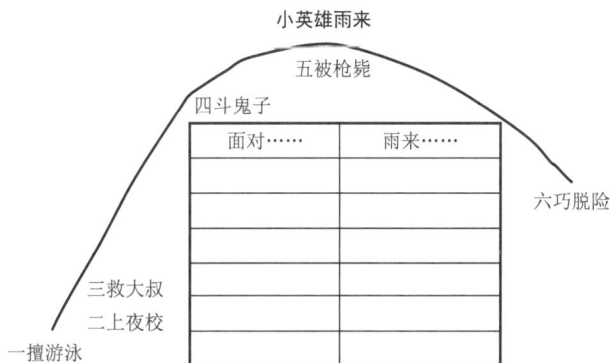

图 4.3.4 《小英雄雨来》故事发展曲线图

(烟台经济技术开发区实验小学提供)

对于科学学科,教师应指导学生"圈"核心概念、"划"前提条件、"拎"关键信息等阅读方式,给学生提供概念图、框架图、流程图、维恩图、矩阵图等思维工具,让学生对所学内容进行深度加工,结构化地理解文本意义,再以"图解"的形式阐释学习成果,进而实现学习的结构化、系统化、可视化。

(二)与他人对话,发展交往力

"只有基于交往和合作,学习才能成为学生高尚的道德生活和丰富的人生体验。这样,学科知识增长的过程,同时也就成为人格的健全与发展过程。伴随着学科知识的获得,学生变得越来越有爱心,越来越有同情心,越来越有责任感,越来越有素养。"[②] 我们认为,基于交往和合作的学习,就是学生与他人对话的过程,就是学生建构人际关系的社会性活动过程。其旨在让学生在复杂交往

---

① 杨志华. 名著阅读中思维工具的开发与运用[J]. 中国教师,2018(11):68-70.

② 余文森. 有效教学十讲[M]. 上海:华东师范大学出版社,2009:195.

中实现人际交往能力的发展,以及批判性思维和创新能力的提升。

学生与他人对话,包括与教师对话和与同学对话两种形式。在这里,我们只探讨生生对话。在形式上,生生对话包括一对一、一对多、多对一、多对多等方式。生生对话既是以学促学的有效策略,也是展开正向社会化的重要活动。一方面,由于学生在年龄、心理和认知水平等方面具有相近性,因此学生与学生之间对话更容易产生思维共振和情感共鸣;另一方面,由于理解上存在一定的差异,学生会在相互交流、讨论和切磋中生发出一些自己的观点和看法,智慧在不时迸发出的灵感火花中得到提升。如佐藤学所言:"学习形成之处,是产生差异的场所。"① 正是有了差异,学生才在多维对话中需要倾听同学的意见,学会尊重、理解和欣赏他人,学会与他人分享自己的学习成果,学会与他们进行有效沟通与真诚合作,进而发展自己的人际交往能力。简言之,他们在相互对照中取长补短,实现学习增值。

教师还应加强学习共同体建设,让学生围绕有挑战性的学习主题,经历"任务分工、独立思考、组内研讨、成果展示(或组间对抗)、反思改进"一个完整的合作学习过程,共同完成预定任务,提升团队协作能力和有效沟通能力。

在课堂深度变革中,我们倡导教师采用差异循环说、小组对抗赛、"展评议"一体等有效策略,让学生基于小组合作展开深度对话,形成多向交往(如双向交往、反向交往、异向交往)、和谐交响的良好场域。

1. 差异循环说

"学习循环表明,为促使某名学生学好某项指定主题,需要在某个时刻给他设置一项有挑战性的任务,然后教师、学生本人甚至同伴均可通过查看有关该任务的作业完成情况以获取反馈。然后,学生据此改进个人学习。"② 为此,我们认为通过差异循环说能促进学生尤其是待优生的发展。差异循环说,就是学生在小组内就是所学的核心内容展开多轮次的解说、解释和阐述,按照"待优生→中等生→学优生"的发言顺序展开,或按照思维速度和学习结果准确性由慢到快、由低到高的顺序展开,让学生指导学生,让学生帮助学生,让理解或浅、或慢、或不准的学生在多轮次的解说与倾听中得到充分的发展和提升,力求

① (日)佐藤学. 学习的快乐——走向对话[M]. 钟启泉,译. 北京:教育科学出版社, 2004:21.

② (英)杰夫·佩蒂. 当代教学实用指南(第5版)[M]. 姜学清,译. 济南:山东文艺出版社, 2017:561.

"不让每一个学生掉队"。当然,也要让不同学生就某一话题或问题畅所欲言,在不同见解的交流与倾听中展开对知识的深度理解与意义建构,进而引发学科核心素养中的具体成分以及各种成分在数量、质量上的扩展和在结构、质态上的实质性改变。

2. 小组对抗赛

竞争、对抗与论辩等形式,能激发课堂教学的生命活力,也能促进小组成员之间的密切合作。小组对抗赛,就是两个及两个以上小组就同一学习任务而展开竞赛,学生为赢得成功在合作中有效沟通、达成共识,在对抗中密切配合、精彩展示并学会尊重对手、欣赏他人,进而让学生在激烈的对抗、碰撞、争论中获得大发展、实现大提升。就小组对抗赛而言,教师需要设计出具有争辩性的问题,以便引导学生积极投入富有思维挑战性的学习活动,让学生在针锋相对中实现潜能的极速挖掘,让课堂在小组竞赛中变成思维异常活跃的交流场域。

3. "展评议"一体

"展评议"一体,就是指确定学习成果展示小组、评价小组、观察小组,让相应的学习小组在课堂上进行展示、评价、议论,实现小组之间多维度的深度对话,让学生在争辩中有理有据地表达,提升他们密切协作、理性批判、清晰准确表达的能力。这种学习形式,能够让学生在展示中对照评价标准解释学习成果,在评价中依据评价标准比较学习成果,在议论中运用评价标准改进学习成果,充分到学即评、评即学,做到学评同构。

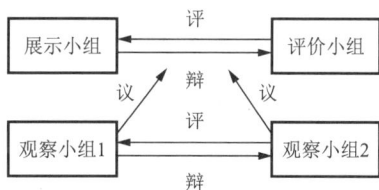

图 4.3.5 "展评议"一体的多维对话框架

(三)与自我对话,发展自控力

学生与自我对话,就是跟自己对话,就是"通过自我内的对话,改造自己拥有的意义关系,重建自己的内部经验"①。可以说,学生通过对自我学习进行反思性理解,对自己学习的动机、方式、行为和结果等进行审视、追问和判断,学会

---

① (日)佐藤学. 学习的快乐——走向对话[M]. 钟启泉,译. 北京:教育科学出版社,2004:39.

自我计划、自我监控和自我调控，实现自我发展。

在与自我对话过程中，学生主动思考，开放性吸纳与文本（即客体）、他人（即师生）对话中的"营养"，解决头脑中的困惑和内心里的矛盾，梳理知识结构，盘点学习收获，实现知识的增长、能力的发展、情感的升华和价值观念的澄清。在教学中，教师应引导学生思考如下问题："我真正理解课程内容了吗？我和同学的看法有哪些相同之处，有哪些不同之处？我的观点是否需要修正，需要在哪些地方做调整和修订？我怎样做能更清晰地表达自己的观点，能有效地展开沟通与协作，能让自己的观点（或设计）更具有创意？……"通过持续不断的自我对话，学生能够学会监控和指导自己的学习，提高元认知能力，尤其是能增强自控力，使自己逐渐成为一个自律的学习者。

我们倡导，学生用思维可视化的方式来呈现自己的"学习收获"，以促进学生学习的外显化，也就是让师生看得见学生的思维与认知过程。"或者说，让学生能够以可视的形式自我评价自身的变化。"[①] 在结课前，学生可以对照学习目标，借助学习地图、对话型笔记、成果报告书等形式，重新审视自我认知活动，系统梳理自己学习的优劣得失，同时与同学分享自己的收获和思考，在相互交流与借鉴中获得新的理解，实现学习增值。

三、营造氛围，建造积极向上的心理场

"课堂气氛是指在课堂活动中师生、生生相互交往所表现出来的相对稳定的知觉、注意、情感、意志、定势和思维等心理状态。"[②] 如果课堂气氛轻松而愉悦，就可以使学生大脑皮层处于适度兴奋状态，视觉、听觉、嗅觉都变得更加灵敏，学习更富有效率。如果课堂上的愉悦与舒适被沉闷与乏味取代，自主性被一致性取代，学生就会感到心情苦闷、精神不振，大脑就无法有效执行信息加工任务，长时记忆就不会发生。"只有在热情高涨的学习氛围中，才可能出现高阶思维、信息整合以及瞬间顿悟的学习现象。也只有在这样的学习氛围中，各年段学生才会保持儿童般的热情，快乐学习每一天（Kohn，2004）。"[③] 也就是说，教师营造积极的课堂气氛，让学生热情高涨地主动学习，学生不仅会成为快乐

---

① 钟启泉. 课堂转型 [M]. 上海：华东师范大学出版社，2018：129.

② 崔允漷. 有效教学 [M]. 上海：华东师范大学出版社，2009：202.

③ （美）Judy Willis，M. D. 点燃学生的学习热情——基于脑科学的教学策略 [M]. 北京：中国轻工业出版社，2016：64.

的学习者，而且大脑会产生积极的变化，因为适度刺激杏仁核产生代谢活动，能增强大脑对信息的处理。

（一）激发动机，让学生自愿地学

动机包括其内在需求、外在诱因和自我调节三方面的因素，其过程模式如图 4.3.6 所示。"需要在心理潜能的基础上通过学习而产生，通过自我调节与外在诱因相联系，从而具有一定的方向性，并调动自身的能量，引发一定的情感反应，形成驱力。同样，驱力在自我调节的作用下，使个体努力去实现目标。外在诱因通过自我调节作用而转化为个体的内在动因。"[①]

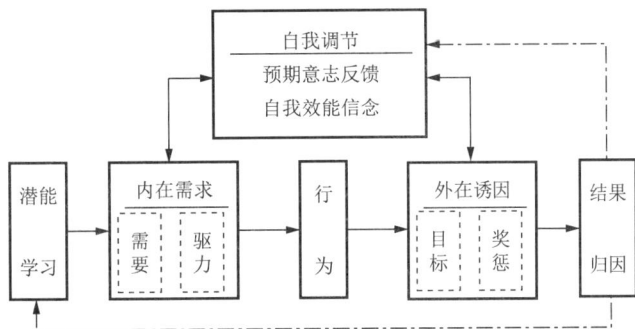

图 4.3.6　动机过程模式

在教学中，教师要善于激发学生学习动机，通过学科问题和情境创设，引发学生产生强烈的求知渴望或探究欲望，指引学生为达成学习目标而积极投入教学活动，并提供学习支架、建立学习共同体和及时评价反馈，让学生能体验到学习的成功，进而使学生形成良好的自我效能感。但关键的是学科问题要富有一定的挑战性，且贴近学生最近发展区，能引发学生的好奇心和探究欲，甚至使学生进入想求通而又未通、想说又不知怎么说的愤悱状态。当然，学科问题可以由学生先提出来，再由师生共同筛选，确定出有价值的"大问题"进行自主探究。

（二）调动情感，让学生快乐地学

情感作为人类生存的必要条件，情感活动与认知活动密不可分。脑科学研究表明："如果信息被识别是超越了瞬时记忆，就会通过杏仁核的神经元与积极的情感暗示相连接，进入记记存储区。要是杏仁核受到大量负面情绪的刺激，情感过滤功能会堵塞数据进入记忆通道。"[②] 在课堂教学中，教师要将师生双方

---

① 崔允漷．有效教学［M］．上海：华东师范大学出版社，2009：180.

② （美）Judy Willis，M．D．点燃学生的学习热情——基于脑科学的教学策略［M］．北京：中国轻工业出版社，2016：43.

的意图和情感有机联结起来,合理调节和充分利用情感因素,让学生对所学内容产生强烈的求知欲望,并展开积极的思维活动,形成深刻的内心体验,提高学习质量和效率。

1.倾注情感,助推学生点燃热情

当师生双方处于积极情感的状态时,便会产生感情上的交融、合流与共鸣,课堂上也会形成一种宽松愉悦、自然协调的学习氛围。学生在这种舒适水平的"心理场"中,有助于学生与所学内容建立情感联结,使学习变得更有意义。因此,教师应以自身的情感体验营造和谐愉悦的课堂气氛,用积极的情感感染学生,以真诚的爱心打动学生,进而产生情感共鸣、思维共振的场效应。

在人文学科教学中,教师应充分挖掘教材中的情感因素,选准动情点来打动学生的心,激发学生的积极情感,使师生与学习内容产生情感共鸣,进而在情思交融的状态中展开心灵与心灵的对话、生命对生命的润泽;在科学学科教学中,教师可以适当借助故事、游戏、新闻等,激活学生的情感体验,通过富有激情的语言来点燃学生的学习热情,进而以情促思、以思促情,为学生深度学习增添动力。

须说明的是,实现情感共鸣、点燃学习热情之后,才是教师真正用力的关键时刻,指导学生深度学习的发生和发展,让学生智能加工达到更高水平。

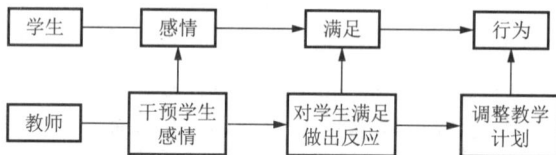

图4.3.7 教师以情促学的基本模式

2.巧用幽默,助推学生焕发动力

"幽默能发挥重要的作用,开口大笑时大脑释放内啡肽、肾上腺素以及多巴胺,同时还会增加氧气的吸入量。"[1]如果教师以幽默的方式调节课堂气氛,会使语言在瞬间闪烁出智慧的火花,产生神奇的魅力,让学生接收的信息因情绪的积极参与而记忆深刻。因此,在倾注情感、交流情感、升华情感的同时,教师还可以运用亦庄亦谐的幽默语言使课堂气氛变得轻松愉悦起来,让学生在片刻放松之后又感到回味无穷,焕发出更为强烈的学习内驱力。

---

[1] (美)Judy Willis,M. D. 点燃学生的学习热情——基于脑科学的教学策略[M]. 北京:中国轻工业出版社,2016:45.

幽默的方法有很多，如借题发挥、逻辑归谬、自我调侃、婉曲释义等，但幽默方法的运用要适时适度，必须服务于学习目标的有效达成。教师应通过风趣幽默的语言，使课堂教学具有一种强大的吸引力，让学生乐听不厌、欲罢不能，这样做虽然能够展现教师高超的教学艺术，并提高课堂教学质量与效率，但我们并不大力倡导，因为这种课堂仍然是以"教"为中心的课堂，而不是以"学"为中心的课堂。也就是说，适度适时地运用幽默，是为了创设有利于"学"的情绪氛围，是为了让学生快乐地学。

3. 善于激励，助推学生体验成功

赞科夫说："教学法一旦能触及学生的情绪和意志领域，触及学生的精神需要，这种教学法就能发挥高度有效的作用。"[①] 因此，教师需要通过多样化的手段，鼓励、激励学生去应对富有挑战性的学习任务，并想方设法去克服学习中遇到的困难，在完成任务、达成目标的过程中体验到学习成功的快乐。

当然，激励不同于表扬，表扬是以肯定现有水平和结果为主，而激励则是在肯定成绩的前提下，以既定标准为参照来促使学生继续努力、获得发展为主。在教学中，教师应善于利用学习目标和成功标准来激励学生，让学生悦纳自己，并为实现自己追求的高层次目标而竭尽全力地学。

（三）传递期望，让学生主动地学

教师期望是影响课堂教学成效的一个主要因素。在教学中，教师会基于所掌握的不同信息，对学生形成不同的期望，但教师的期望需要有效地传递给学生，才能够影响学生的心理预期，促进学生生命意识的觉醒，从内心深处产生"我要学"的强烈愿望，激发学习行动的积极性，进而在追求挑战任务成功中释放自己的潜能，并享受到高峰体验所带来的精神愉悦。

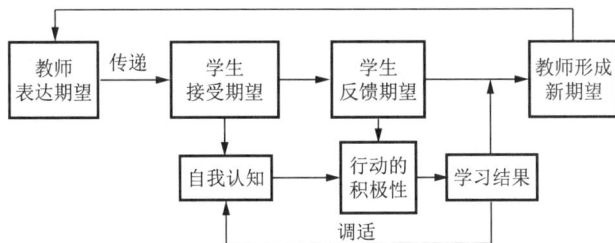

图 4.3.8　教师期望传递模型

[①]（苏）赞科夫. 教学与发展［M］. 杜殿坤，张世臣，等，译. 北京：人民教育出版社，1985：106.

1. 学会暗示、关爱和欣赏

暗示、关爱和欣赏都是教师传递期望的有效策略。在教学中，教师要依据期望的暗示性、情感性、激励性等特点，创造一种良好的"暗示环境"，促使学生将教师的期望暗示内化为自己的自我暗示，从而采取相应的行动。教师要"倾注积极的情感和真诚的爱心，用情感和爱心去感染和打动学生，让他们伴随着丰富而快乐的情感体验，参与教学过程，积极主动地内化和实现良好的教师期望"①。教师还要"学会欣赏每位学生的成功，与学生一道共享教学的乐趣，从而形成师生之间的相互信赖与激励的良好期望氛围，促进学生身心发展水平的不断提高"①。

2. 选择、表达和遵守行为期待

教师要通过班级规则、教学常规和社交技巧等促进学生的学习和积极的互动，因此，向学生说出自己对他们的行为期待是非常必要的。首先，要思考设定有关学生行为的目标，"思考教学和活动中将会发生什么事情，确定什么样的行为将有助于教学与活动顺利、有效、安全地进行，并能促进每一位学生的学习。例如，通过认真倾听来表示对说话者的尊重，或者通过立即着手来体现尽最大努力……"②。当确定好合理的行为期待后，就应该将其写入教学设计。其次，教师在教学活动的开端要表达行为期待，以肯定、直接、积极的方式进行陈述，尽可能清楚地说明哪些事情是应该做的，并通过具体解释确保学生真正理解。例如，对于小组合作的行为期待，教师可以用课件呈现出来——低声交流，仅组内成员听清；公平轮换角色；相互协作与鼓励，共同完成任务，等等。再次，对陈述的行为期待，要仔细监督学生，并真诚地肯定和表扬他们对行为期待的遵循，使学生在遵循与教师的"契约"中带着愉悦的情绪主动学习。

3. 增强教学吸引力、引领力和创造力

第斯多惠曾指出："只有通过自我思考和主动探索而理解到的和学会的东西才能活跃思想，潜移默化，逐渐形成信念和个性。"③他还强调："教育学生必须首先激发学生，主要是激发学生的主动性，这样的课堂教学就是教师进行自

---

① 崔允漷. 有效教学 [M]. 上海：华东师范大学出版社，2009：201.

② （美）凯•M•普赖斯，卡娜•L•纳尔逊. 有效教学设计：帮助每个学生都获得成功（第四版）[M]. 刘文岩，刘佳琪，等，译. 北京：中国人民大学出版社，2016：148.

③ （德）第斯多惠. 德国教师培养指南 [M]. 北京：人民教育出版社，2001：162.

我培养的最好的学校。"① 因此,教师要采用多样化的手段传递行为期待,使课堂教学富有吸引力,引起学生浓厚的学习兴趣,引导他们积极主动地获取知识,探究问题,追求真、善、美。教师要对学生进行思想教育和价值引领,鼓励他们共同完成富有挑战性的学习任务,以优异的表现和成绩来感恩父母和教师,将自己的家国情怀传递给学生,甚至将自己的精神标志刻印在学生的身上。教师要增强班级规则、教学常规、社交技巧的趣味性,创造性开展行为期待游戏和学习竞赛活动,确保课堂学习有意思、有意义。

---

① (德)第斯多惠. 德国教师培养指南[M]. 北京:人民教育出版社,2001:184.

第五章

课例研究
从现象观察走向机理透析

课例研究是以课为例的行动研究,是教师专业发展的有效载体,也是课堂深度变革的有力保障。在课堂深度变革中,我们主张把观课、诊课、议课作为课例研究的三个重要阶段,倡导有主题地观课、有主张地诊课、有主见地议课,基于观察证据,运用诊断策略和技巧把课堂"解剖"开来,进而分析、揭示乃至透析课堂教学的运行机理,在共同协商中议出内在联系、议出优质方案、议出实践理性,促进教师专业成长、课堂实践改善和学生持续发展的同步实现。

对于一项教学改革而言,影响其成败的根本因素有两个,一个是改革方案的设计,另一个是教师队伍的素养。教师对课堂的深刻理解以及其核心教学能力、研究能力无不影响着课堂教学的成效。目前,课例研究是以课为例的行动研究,是深受一线教师喜爱的校本研修,也是促使教师从"教书匠"蜕变为"反思性教学实践者"、从新手教师成长为学科专家的可靠路径。通过观课、诊课、议课,教师对课堂教学的设计、实施和反思展开深度研讨,透过教学现象来分析课堂教学机理,以发现课堂教学的突出问题或精彩表现的成因、"奥妙",进而"揭示'看不见的'课堂事件的意涵,浮现'看不见的关系',表达'看不见的'故事"①。这样,教师基于课例展开对教学实践的深刻反思与深度评议,交流与分享自己对课堂教学的个人理解、独特感受和改进建议,在共振共鸣中能够实现教育智慧的生发与增长。

在实践中,我们发现,一线教师多倾向于运用量性、质性方法来分析课堂教学的有效性,往往关注学生参与度、问题回答正确率、课堂展示形式、教师指导

---

① 钟启泉. 课堂转型 [M]. 上海:华东师范大学出版社,2018:175.

策略等,不善于对观察信息进行解释与分析,更不能"把课打开",透过教学现象触及课堂教学的运行机理。因此,我们倡导"透视课堂",引导教师有主题地观课、有主张地诊课、有主见地议课,借助一定的技术和工具把"课堂"解剖开来,分析、揭示乃至透析其运行之理,让课堂这个"黑箱""灰箱"变成可以多维可见的"白箱",进而让课例研究变成一种"看得见的实践",助力课堂深度变革,也促进师生持续成长。

第一节 课堂观察

课堂观察作为一种研究方法,源于西方的科学思潮,发展于 20 世纪五六十年代。从 20 世纪 70 年代开始,质性研究方法开始走入课堂观察,倡导以完整的文字描述呈现课堂全貌,研究者回归教学情境、基于个人经验来更好地理解和诠释课堂事件、课堂行为。[①] 如今的课堂观察将质性研究与量性研究相融合。在课堂深度变革中,我们将课堂观察视为一种通过观察对课堂运行状况进行记录、分析和研究,以谋求学生课堂学习的改革、促进教师专业发展的校本研修活动。它是课例研究的重要组成部分,也是教师教学行为诊断的前提条件。

一、课堂观察:教师从"经验"走向"专业"的必修课

"课堂观察是指研究者带着明确的目的,凭借自身感官及有关辅助工具(观察表、录音录像设备),直接(或间接)从课堂上收集资料,并依据资料做出相应的分析、研究。"[②] 它是教师日常专业生活的重要组成部分,也是教师从"经验"走向"专业"的必修课。就课堂观察的内涵,我们可以做如下分析[①]。

首先,课堂观察是定量与定性研究相结合的教育科学研究方法。教师借助定量与定性观察记录工具,对课堂行为或事件进行多角度、多侧面的定性与定量观察与分析,使观察结果更能有效贴近与刻画课堂行为。

其次,课堂观察是一种教师教研活动行为系统。它包括确定观察目的、选择观察对象、确定观察行为、记录观察信息、处理观察数据、呈现观察结果等活动。

再次,课堂观察是一种基于问题解决的校本教研工作流程。其研究过程包括课前会议、课中观察、课后会议三个阶段,构成了"确定问题→收集信息→解

---

① 崔允漷,沈毅,等:课堂观察 20 问 [J]. 当代教育科学,2007(24):3-16.

② 崔允漷,课堂观察:走向专业的听评课 [M]. 华东师范大学出版社,2008:74.

决问题"的工作流程系统。

最后,课堂观察是一种基于团队合作的研究活动。课堂研究人员彼此分工、合作互助,构成一个研究共同体。教师借助课堂观察结果及共同体的碰撞交流,开展自我反思和专业对话,在改进课堂教学的同时,使研究共同体的每位成员都得到促进与发展。

二、观课框架:从"学、评、教"一致性走向"学、评、教"一体化

以往,课堂观察多关注教学的内容、过程、效果、特色及教师素质,即使基于学习立场,也多是分析课堂参与度、思维活跃度和目标达成度等。为解决评课无依据、听评课无研究等问题,崔允漷研制出课堂观察"LICC"范式,从学生学习(Learning)、教师教学(Instruction)、课程性质(Curriculum)、课堂文化(Culture)4个维度确定了20个视角、68个观察点,[①]能为教学诊断提供翔实信息。在课堂深度变革中,我们倡导有主题地观课,指导教师以"学、评、教"一致性、"学、评、教"一体化等主题进行课堂观察。

(一)"两维四点"观课框架:关注"学、评、教"一致性

在课堂深度变革初期,我们探索出"学、评、教"一致性"两维四点"的课堂观察框架。"两维"是指课时目标、教学活动两个维度,"四点"是指课时目标维度重在观察目标导向,教学活动维度重在观察学生学习、课堂评价、教师导教。"两维四点"课堂观察框架由于要求相对简单,便于教师实践操作,也有利于教师分析"学、评、教"三者的一致性。

1. 学习目标

学习目标的观察要强调目标源于课标,聚焦学科本质;强调目标据于文本,指向核心素养;强调目标基于学情,着眼最近发展区。

2. 学生学习

学生学习的观察要倡导探究性学习,亲历知识发生过程,实现智慧复演;倡导展示性学习,通过学习成果展示引发多维度的思维对话,实现深度学习;倡导反思性学习,对自己的学习进行整体梳理和批判,实现系统建构。

3. 课堂评价

课堂评价的观察要注重共谋标准,由师生共同商定学习的评价标准;注重

---

① 崔允漷. 论课堂观察 LICC 范式:一种专业的听评课 [J]. 教育研究,2012(5):79-83.

参照标准,学生在教师在指导下参照评价标准展示学习活动;注重运用标准,师生运用评价标准促进学生的学习,促使学生学习增值。

4.教师导教

教师导教的观察要坚持因学定教,根据学生的学习需要来确定教的方式和策略;坚持顺学而导,顺应学生的学习情况来调节学的进程和选择导的策略;坚持依学而教,依据学生的学习效果进行精准教学。

表 5.1.1 "两维四点"课堂观察框架

观察维度	观察点	行为指向
课时目标	目标导向	具体、精确、适切,与教学活动一致
教学活动	学生学习	学生主动,多维交互,会自我反思
	课堂评价	任务匹配,标准明确,能以评促学
	教师导教	能因人因时而采用导教方式

(二)"多维分类"观课框架:走向"学、评、教"一体化

在课堂深度变革中,就"学、评、教"一体化课堂研发出相应的课堂观察框架,包括学习目标课堂观察表、教学与目标一致的观察表、评价与目标适配的观察表、"学、评、教"一体化的观课表,引导教师从关注课时方案设计的"学、评、教"一致性逐步走向关注课堂教学实施的"学、评、教"一体化。

1.学习目标的观察

学习目标的观察分为具体性、操作性、逻辑性和科学性四个视角。

具体性,包括认知动词(多指行为动词)、知识名词(多指核心概念)、具体表述三个观察点,看认知动词是否具体,是否符合学生的认知水平;看知识名词是否具体,是否是学生最值得学习的具体内容;看表述是否具体,是否按照目标陈述格式进行呈现。

操作性,包括可操作、可测量两个观察点,即看能否依据学习目标展示具体的学习行为,学习目标是否呈现出成功的学习标准。

逻辑性,包括中心目标定位和目标顺序两个观察点,即看中心目标定位合理,目标与目标之间的顺序是否符合学生的认知逻辑。

科学性,包括源于课标、据于教材、基于学情三个观察点,即看学习目标是否由课程标准分解而来,是否是具体化的;学习目标是否依据教材内容而确定,是否是明确化的;学习目标是否基于学情分析而确定,是否是适切化的。

表 5.1.2　学习目标课堂观察表

目　标	具体性			操作性		逻辑性		科学性		
	认知动词	知识名词	具体表述	可操作	可测量	中心目标定位	目标顺序	源于课标	据于教材	基于学情
目标 1										
目标 2										
目标……										
结论										

2. 教学与目标一致的观察

教学与目标一致的观察包括问题设置、活动设置两个视角。其中,问题设置的观察包括目标匹配性、表述明确性、问题有效性三个观察点。目标匹配性的观察看问题是否依据学习目标而确定;表述明确性的观察看问题的陈述是否明确,条件是否具体、清晰、完整;问题有效性的观察看是否通过问题的解决促进学生的学习与发展。活动设置的观察包括目标匹配性、活动逻辑性和学习主体性三个观察点。目标匹配性的观察看活动是否依据学习目标而设置;活动逻辑性看活动是否按照学生认知逻辑安排;学习主体性的观察看活动是否有利于学生主体性的充分发挥。

表 5.1.3　教学与目标一体的观课表

目　标	问题设置				活动设置			
	问题	目标匹配性	表述明确性	问题有效性	活动	目标匹配性	活动逻辑性	学习主体性
目标 1	问题 1				活动 1			
	问题 2				活动 2			
目标 2	问题 3				活动 3			
	问题 4				活动 4			
目标 3	问题 5				活动 5			
	问题 6				活动 6			
结论								

3. 评价与目标适配的观察

评价与目标适配的观察包括学习评价设计、目标达成度两个视角。

学习评价设计的观察,包括评价任务、评价标准、评价方式三个观察点。评价任务的观察,看评价任务是否根据学习目标而设计的,明确指向具体学习目标的检测;看评价任务是否表述清晰、具体、明确,让学生能看明白、能理解具体的评价要点;看评价任务是否为学生提供学习空间,有利于学生进行系统而完整的学习。评价标准的观察,看维度、描述符与目标是否匹配、一致;看描述符水平层次是否具有清晰的区分度;看描述符表述是否简明扼要又通俗易懂。评价方式的观察,看是否与学习目标、学习内容相统一,有利于检测学习目标的达成;看是否与评价任务相统一,有利于评价活动的有序开展;看是否方式多样化,有利于全面呈现学生学习的行动表现及结果。

学习目标达成度的观察,包括检测学生数、初步达成情况、补救措施三个观察点。其中,检测学生数的观察是记录学生参与学习检测的样本数量,选取哪些层次或类型的学生;初步达成情况的观察是记录学生学习目标的初步达成程度,表现出哪些优点,还存在哪些问题;补救措施的观察是看教师针对学生学习存在的问题进行补救教学情况,采取的措施是否具有针对性、指导性和有效性,等。

表 5.1.4 评价与目标适配的观课表

学习目标	学习评价设计			学习目标达成度		
	评价任务	评价标准	评价方式	检测学生数	初步达成情况	补救措施
目标 1						
目标 2						
目标 3						
总体意见: (1)最有创意的设计之处 (2)评价活动的亮点 (3)存在的主要问题及其改进策略						

4."学、评、教"一体化的观察

"学、评、教"一体化的观察包括"学-评""评-教""教-学""学-评-教"等四个视角。其中,"学-评"的观察,看学生的学习与学习评价是否匹配、联动,构成整体,体现学评同构的特点;"评-教"的观察,看学习评价与教师教学是否匹配、联动,既相互促进又相互融合,教师基于学生学习的状态、行为及结果进行精准指导;"教-学"的观察,看教师导教与学生学习是否匹配、联动,相互影响并彼此交融,学生根据教师的指导展开学习,体现学生的学习内容与教师预设的目标、内容高度一致;"学-评-教"的观察,看学生学习、学习评价、教师导教三者是否匹配、联动,融为一体,构成一个完整的教学系统。

表 5.1.5 "学、评、教"一体化的观课表

学习目标	学-评	评-教	教-学	学-评-教
目标 1				
目标 2				
目标 3				
总体意见: (1)最有创意的设计之处 (2)评价活动的亮点 (3)存在的主要问题及其改进策略				

三、观课程序:问题导向的"三步走"教研流程

课堂观察是基于问题解决的校本教研流程,需要教师积极参与并投入一定的时间,因此需要有一套基本程序来保证课堂观察的规范操作。一般来说,课堂观察的程序主要包括课前会议、课中观察、课后会议三个步骤。

1. 课前会议

课前会议是观课的准备阶段,观察者和被观察者集中一段时间进行有效商讨,确定课堂观察的目的、重点内容、观察工具以及任务分工等。其目的在于给参与人员提供沟通交流的平台。一般时间为 15 分钟。就课堂观察而言,需要就以下内容进行研讨。

一是明确研究对象。是确定帮助青年教师迅速成长,还是优秀教师学习成功经验?是为解决教学中的难点问题,还是总结研究精品课例?是研讨推行新的教学方式,还是推广已成熟的教学成果?不论观察者还是被观察者都要明确观课目的,以深刻反思教学行为。

二是明确观察内容。依据教研主题确定观察的内容，明确基本的观课框架。当然，观课框架要科学，共同讨论并确定观察点。

三是明确观察工具。以观课表为主，分析、统计教学情况的数据以及事实，并用录音笔、录像机等将课堂教学进行实录。

四是明确任务分工。一般分组观察，可每人承担不同的观察任务，也可以由多人共同承担一项观察任务。

2.课中观察

课中观察指进入研究现场，在课堂中依照事先的计划及所选择的记录方式，对所需的信息进行记录。"观察者进入现场后，要遵守一定的观察技术要求，根据课前会议制定的观课量表，选择恰当的观察位置、观察角度，迅速进入观察状态，通过不同的记录方式，采用录音、摄像、笔录等技术手段，将定量和定性方法相结合，记录观察到的典型行为，做好课堂实录，记下自己的思考。"[1] 课中观察所收集的信息，是课后分析诊断的基础，其科学性、可靠性关系到研究的信度和效度问题，也关系教学行为改进的诊断报告的质量。

3.课后会议

"课后会议指在观察结束之后，观察者和被观察者针对上课的情况进行探讨、分析、总结，在平等对话的基础上达成共识，制定后续行为改进方案的过程。"[1]一般来说，课后会议分为自我反思、汇报教学诊断结果、展开平等对话与商讨、修改教学方案。会议时间根据具体情况而确定。

第二节　课堂诊断[2]

课堂诊断，是诊断者在采集课堂信息的基础上，采用一定的方式和手段对教学行为过程进行诊断，对发现的教学优点、特色和问题进行深入分析，并提出相应建议的研修活动。但就现实情况而言，当前的课堂教学诊断过于关注对教师教的分析和评价，忽视对学生学的深度研究与探讨，更忽视对学科本质、育人价值等有深度、有内涵的问题进行追问、推断和评判，往往导致基于课例的校本研修活动流于形式，不能从深层次触动教师的内心世界，促使他们产生改进教

① 崔允漷，沈毅，等：课堂观察20问[J]．当代教育科学，2007（24）：3-16.

② 本节部分内容经删改后，以"学科育人价值导向的课堂教学诊断研究"为题发表于《中小学教师培训》2021年第8期。

学、提升自我的强烈意愿。重新构建课堂诊断体系,能帮助教师打开课堂深度改革的"潘多拉魔盒",使教师拥有研究并改革课堂的不竭动力,能够"透视课堂",探讨课堂教学的运行机理,不仅实现课堂诊断从"经验判断"到"实证分析"的转型,而且加快自身发展从"经验"到"专业"的蜕变。

一、诊断原理:基于观察证据的"课堂透视"

(一)诊断理念

我们提出"课堂透视"的核心理念,即基于课堂观察,就结果、目标以及教学活动来审视学评教三者的整体性、一致性和联动性。所谓整体性诊断,即指对课堂教学的整体状况进行诊断;所谓一致性诊断,即指基于学习目标对学生学习、课堂评价、教师导教三者的一致情况进行诊断;所谓联动性诊断,即指对学生学习、课堂评价、教师导教三者之间的相互关联进行诊断。课堂诊断要基于观课实证,对课堂教学进行专题诊断,查找出问题或优点,揭示成因或规律,进而把课打开,剖析课堂教学的运行机理,探讨课堂教学的内在逻辑,更重要的是依据教学病理学理论,透析课堂的"病灶",探讨其"病因",分析其"病理",商议出"药方",甚至透视课堂教学行为,找到其蕴含的教学规律或教育理念,做到课堂诊断有深度、有高度、有力度。

基于"课堂透视"的核心理念,就课堂教学诊断提出如下四条基本主张。

一是素养导向。教师应有"焦点思维",着重诊断课堂教学是否充分体现学科育人价值的开发与转化,是否促进学生学科核心素养乃至核心素养得到应有的发展和提升,进而实现教学诊断从"强调认知"到"关注育人"的价值转向。

二是全面审视。教师应有"系统观念",多维度分析课堂教学对学科育人价值的深度开发、有效转化和整体实现,着重分析教学方案对学习目标、评价任务和教学活动的设计情况,分析教学过程中学生的学习动机、行为表现和思想情感变化情况,分析教学结束后学生学习呈现出的优点、亮点、遗憾点及素养发展情况,实现教学诊断从"教为中心"到"学为中心"的视域转换。在分析时,要用数据说话、靠证据推论。

三是机理剖析。教师应有"专业技能",借助诊断工具把"课"解剖开来,着重分析教学的内在机理,分析教学问题的成因,分析教学行为的理论假设和理念体现,力求"透视"课堂,实现教学诊断从"表层评议"向"深度推论"的范式转型。

四是智慧众筹。教师应有"协作精神",发挥研究团队的集体智慧,着重分析学、评、教以及三者的整体性、一致性和联动性,分析学生深度思考、深度体验和深度判断的具体表现,分析教师教学行为对学生学习行为及结果(如关键能力、积极情感、价值取向)的影响,实现教学诊断从"自我反思"到"集体研讨"的模型转变。

(二)诊断内容

1. 整体性诊断

基于观察证据按不同维度进行分项评价赋分,按照自我评价、同伴评价和专家评价进行课堂教学整体性诊断。在诊断时,要有核心观点,基于观察证据,活化教改理论,让诊断拥有灵魂;要有逻辑框架,基于评课标准,提出多条论点,让诊断拥有骨架;要有具体分析,基于观课证据,还原课堂现场,让诊断拥有血肉。例如,教师可以按照以下三方面构成诊课内容框架。

一诊学习目标。重在诊"为何学/教",找准学科育人价值,确定具体化、精确化、适切化的学习目标,通过诊断使学习目标更加完善。在诊断时,要看学习目标是否导向明确,是否聚焦于该课时最重要的学科育人价值,是否指向具体的核心知识和关键能力,是否可操作、可观察、可测评;看学习目标是否结构严谨,核心学习目标是否体现学生高阶思维能力的发展,是否指向自制、道德、尊重、责任等必备的核心品格;看学习目标是否表述规范,是否将教学目标转化为学习目标,是否隐含着具体可行的学习路径,等等。通过诊断,教师共同研究学科育人价值的定位是否精准,是否在课堂上能够达成,以及如何更好地开发与转化,进而对学习目标进行修订和完善。

二诊学科问题。重在诊"学/教什么",找准学科核心知识,梳理以主题、大概念(或大观念)为统领的知识结构体系,将学科核心知识转化为大问题、关键问题、基本问题,通过诊断使问题更加优质。在诊断时,要看学科问题是否指向学科本质,是否蕴含着学科思维方法,是否有利于学生综合运用学科知识;看学科问题是否具有开放性,给学生提供较大的探究空间,有利于增加学生有效思考的广度、深度和长度;看学科问题是否具有情境性,是否有利于激发学生的学习兴趣,是否有利于学生运用学科知识解决复杂的现实问题;看学科问题是否结构化,是否将大问题(或主问题)分解成相关问题,形成问题链、问题树,是否有利于助推学生思维的发生发展和提升等等。通过诊断,教师共同研究学科育人价值的载体是否合适,是否有利于学生深度学习的展开,是否能够助推学生学习增值,进而对学科问题进行调整和改进。

三诊教学板块。重在诊"怎么学/教",研究学科化学习方式,确定教学活动板块,让学生经历有意义的完整学习过程,实现学习增值,通过诊断使教学板块更加合理。在诊断时,要看教学板块是否结构化,是否围绕着学习主题、学习线索将所有板块按照一定的内在逻辑关系进行组合,是否按照"学习理解→实践应用→迁移创新"的思路助推学生学习进阶;看教学板块是否一体化,是否基于学习目标将学、评、教融为一体,是否创设适合学生学习的活动情境和富有挑战性的学习活动,是否基于评价对学生给予精准指导和个别关照;看教学板块是否学本化,活动任务呈现是否能吸引学生的参与,是否根据学科特点采用恰当的学习方式,是否给予学生充分的自学、探究、展示和反思的时间,是否用评价标准来驱动学生学习,等等。通过诊断,教师共同研究学科育人价值的落实是否有效,是否有利于学生更高质量地达成学习目标,是否有利于学生核心素养的习得、形成和发展,进而对教学板块进行调适和修改。

这样,通过"深度推论"式诊断可以让课堂教学逐渐走向"精致",也能让教师在课堂诊断中提高实践理性,制订出更符合学生学习的课时教学方案。实质上,这种课堂诊断就是基于课堂观察进行教学行为改进的教师研修过程,有利于教师共同研修、共同提高。

2. 一致性诊断

一致性诊断着重看学与评、评与教、教与学三个匹配度,以此来分析课堂教学设计是否科学合理,是否符合"学、评、教"一致性。

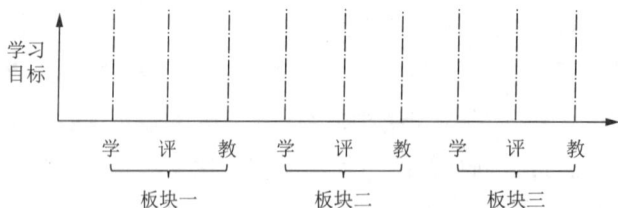

图 5.2.1 深度课堂教学一致性"两维四点"观察框架

首先,看学与评一致,即看学生的学习与对学生学习的评价之间的匹配度。学生学了,不等于学会了。目标的达成是以学生是否学会为标准。因此,需要对学生的学习进行评价。如果学而不评,则无法保证学生学会,也不知道学生是否学会。如果学与评不一致,则可能会导致学所无用,学生丧失持续学习的兴趣。评价学习的方式有口语类评价、纸笔类评价和表现类评价等方式,以此获得学情,形成反馈,以促进学生更好的后续学习。简单地说,就是教师诊断时要看学与评的内容是否一致,看学与评的标准是否匹配,看教师是否致力学评同构,是否以标导学。

其次,看评与教一致,即看对学生学习的评价与教师的导教之间的匹配度。有教必须有评,如果教而不评,那就无法回答为何教、教是否有效的问题,也无法回答学生是否已学会、学会了多少的问题。当然,有评也须再教,根据学生学习缺失或不足的情况进行补救教学,或做出相应的思路梳理、规律揭示、价值引导等高位引领。如果教与评一致,则会导致评价失去导向作用。因此,教师的导教与对学生学习的评价应当保持一致。为此在诊断时,要看教师讲解教学目标是否展示评价要求,看设计教学活动是否嵌入评价任务,看教师是否在评前进行精讲、指导,看教师是否在评后进行补救、引领,看教师是否边评边教,评教融为一体,等等。

最后,看教与学一致,即看学生的学习与教师的导教之间的匹配度。学生的学与教师的教都是在学习目标指引的具体行为,学生的学一定是教师根据目标所确定要教的内容,学生通过学更好地达成目标。因此,学生的学习内容与教师的所教内容保持一致,学生的学习策略与教师的指导策略保持一致,学生对学习内容的理解运用与教师预设的目标保持一致,也就是教学一致、学教合一。

(三)诊断原则

1. 以学论教。我们主张,学生的学是课堂的核心,教师的教应依据学生的学、为了学生的学、服务学生的学。课堂教学诊断应坚持"以学论教"的指导思想,从学生的学来议论教师的教。具体来说,由学生的学习动机、学习行为和学习效果来讨论教师教学行为的科学性、合理性、有效性。

2. 循证议课。基于课堂观察信息、课例视频切片、学生课后测试等证据,对教学进行诊断,发现存在的问题,并共同分析问题成因,商议和制订教学改进策略。同时,也发现教学的优点、亮点和精彩表现,议论其成因、可借鉴之处以及所体现的先进理念、蕴含的教学规律,确保学科育人价值得到更好的开发与转化。在这里,提"循证议课"而非"循证医课",是因为"议课"是强调集团队智慧来讨论解决教学偏差的良策,有民主协商之意,而不仅仅是"医治"教学病情,过于注重技术操作。诊课时,要着重议学习目标设计的具体性、逻辑性、精确性，议问题设置、活动安排与学习目标的一致性，议课堂评价的适配性，等等。

3. 剖课析理。借助一定诊断工具把"课"解剖开来，直观地呈现出课堂教学的整体架构、活动板块的逻辑关系以及各构成要素之间的内在关联，甚至将教学的运行机理、任务安排、对话活动、学习效果等图示化、结构化、指标化、显性化，进而分析教学设计的依据、意图以及学科育人价值的深度发掘，揭示教学行为所蕴含的教育教学规律。

二、诊断策略：追求"剖课析理"的研课技术

（一）"逐层深究"的诊断路径

目前，基于理论研究与实践探索，我们坚持"逐层深究、多维审视"的原则，构建起学科育人价值导向的课堂教学诊断内容框架，以此引导教师沿着宏观、中观、微观的路径逐渐触及教学活动的运行机理。

1. 诊断整体架构，解析方案设计的基本假设

教学即研究，教学设计需要基于一定的假设，每一个教师都按照其对教学活动的预期推测和判断来设计课时教学方案。如果对课堂教学整体架构进行解析，就能发现教师对教学乃至课程的理解，找到其设计教学方案的基本假设。

一是诊断课堂结构的内在逻辑。分析活动板块之间的关联以及对学科育人价值实现的影响，分析板块组合是否契合学生学习进阶的顺序，分析活动安排是否符合学生"学"的路径，着重看"教"的思路是否顺应"学"的思路。

二是诊断活动要素的有机结合。分析学生学习、课堂评价、教师导教三者的整体性和一致性，着重看教学活动是否以学为中心展开，看课堂评价是否有利于促进学生学习增值，看教师导教是否有利于学生深度学习的发生与维持，着重看"学、评、教"一体化理念是否得到有效落实。

三是诊断育人价值的深度开发。分析学习主题是否体现出学科大概念（或大观念），分析学习目标是否指向学科核心素养乃至学生核心素养的重要指标，分析学习任务是否有利于学生将书本知识与其生活世界、已有经验有机联系起来，并提升自己的思考力、表达力、判断力和合作意识、创新精神等重要品质，着重看学科育人核心价值是否得到充分体现。

2. 诊断活动组织，解剖影响学习的关键事件

课堂教学是由讲授、问答、探究、展示等众多事件相互衔接、嵌套组成的过程。而在教学过程中，有的或有些事件对学生的学习与发展起到关键性作用，

甚至会成为影响教师专业发展的关键事件。探寻这些关键事件背后隐含的意义,揭示学生学习的奥秘,不仅能点燃教师研究教学、超越自我的热情,而且能够促使他们将学科育人作为课堂深度变革的方向和目标。

一是诊断学生学习活动。介绍探究性学习、展示性学习、反思性学习等学习活动的安排与组织,发现影响学习进程、效率和质量的关键事件,分析关键事件的类型、成因及影响,着重找到影响"学"的关键因素,并探讨关键事件对课堂教学改革、对教师专业发展的意义和价值。

二是诊断教师指导活动。再现教师有关自学指导、对话指导、反思指导等指导活动的具体表现,查找起到关键性作用的方式、方法和手段,分析它对学生学习产生的实际影响,着重探讨教师"教"的针对性、适切性和有效性,并讨论这一关键事件的优劣得失以及成因、可借鉴之处或尚需改进之处。

三是诊断课堂评价活动。描述或播放具有典型性、代表性的评价活动片段,分析评价任务的呈现与完成情况,分析评价标准的商定与运用情况,分析评价结果的反馈与补救教学情况,着重探讨哪些师生评价与既定的学习目标发生了偏离甚至脱节,讨论哪些师生评价有效地促进了学生学习增值,甚至揭示支撑这些评价的教学理念或育人观念。

3.诊断细节处理,解释以小见大的具体行为

有内涵、高品质的课堂除了高质量地完成整体架构、局部推敲外,还离不开对教学细节的精雕细琢。有些关键性的教学细节往往能给课堂教学注入强大的生命活力,使学生学习表现出意想不到的精彩。诊断教学细节处理,可以从小处着眼,发现其蕴含的大道理,洞悉执教者高超的教学艺术和教育智慧,或发现执教者对认知规律和教学原理的忽视。

一是诊断差异观照情况。分析课堂教学是否满足了不同层次、不同类型学生的学习需求,分析执教者是否对个别学生的独特观点、认知风格以及学习状态变化给予一定的关照,分析师生是否对特殊学生的学习困难、认知障碍给予相应的指导和帮助,着重看执教者是否"目中有人",学生是否受到深切关怀。

二是诊断言语互动情况。分析师生的言语是否表现出对他者应有的尊重关心,分析师生的话语是否接受认同对方的观点,分析教师对学生学习是否给予恰当的表扬激励、指导点拨和教育引领,着重看师生是否"言中有情",学生感受到美好情感的涌动和学习增值的快乐。

三是诊断师生协同情况。分析小组内学生之间的分工与协作以及所展示

成果的水准,分析小组之间的合作互助以及学习任务完成的质量,分析学评教三者之间的协同联动以及教学目标的达成度,着重看师生是否"心中有爱",学生交往与沟通能力、团队合作意识是否得到体现和提升。

(二)"解构寻道"的诊断方式

就国内课堂教学诊断策略研究看,瞿德良提出"望"(课堂观察)、"听"(语言倾听)、"问"(课后询问)、"测"(效果检测)、"析"(问题分析)的教学诊断方法。[①]董鹏、王珏就基于数字化视频课例的课堂教学诊断实践研究,提出鉴赏性诊断、探究性诊断、问题性诊断三种诊断类型。[②]尹达把课堂教学诊断视为"后新课改"时代课堂教学的有效干预行动,并提出分层分类诊断、主体协同诊断与建章立制保障三大策略。[③]要让课堂教学诊断走向常态化、精致化,就必须探讨出一些便于操作、易出成效的诊断方式。如果教师借助科学化、现代化工具,依据一定的教育理论,展开基于证据和事实的教学诊断,就能够由表及里、由浅入深,逐步把"课"解剖开来,打破课堂"黑箱",探寻教学之道。

一是逆向推论式诊断,即采取"倒叙法"诊课,先从学习结果的证据入手,推导出教学过程中存在的问题,再反推教学预设存在的问题,甚至反推教师教学理念或专业素养存在的问题,最终分析教学偏差的成因,并提出有针对性的改进办法。在逆推诊断时,要求运用证据说话,即基于观察证据和事实陈述自己的诊断结论;要求步步据理推断,即依据有关教学理论分步有序地推判教学行为的设计意图、蕴含的教学规律或理念;要求深度追问成因,即透过教学现象来探讨问题形成的原因。也就是说,教师教学诊断要做到逆向据理推导、查找现存问题、深度追问成因。

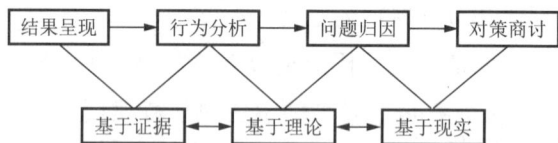

图 5.2.2 逆向推论式诊断框架

---

① 瞿德良. 课堂诊断:实现教学的高品质[J]. 江苏教育研究,2009(15):20-23.

② 董鹏、王珏. 基于数字化视频课例的课堂教学诊断实践研究[J]. 上海教育科研,2016(6):16-18.

③ 尹达. 课堂教学诊断:"后新课改"时代课堂教学的有效干预行动[J]. 上海教育评估研究,2015(6):6-10.

例如，2020年5月8日，S老师执教一节高三语文专题复习课。她让4名学生就宋朝黄公度的《乙亥岁除渔梁村》一诗上讲台做题，要求其中2名女生用表达技巧赏析颔联，1名男生和1名女生用表达技巧赏析尾联。结果是3名女生全错，唯有那名男生基本正确。结合4名学生的答题情况，基于有效教学、差异教学等理论进行逆向分析教学行为，其优点是教师示范讲解诗的首联、颈联，缺点是详细讲解修辞手法、抒情手法、描写手法、表现手法和结构手法等表达技巧，容量大、用时多，而给学生复习表达技巧和思考规范答题的时间过短。深究其教学设计的内在机理是"(师)精讲示例→(生)记忆掌握→(生)实践应用→(师生)订正答案"，不符合复习课的教学思路;从具体行为表现看，教师关注更多的是在规定时间内完成教学任务，而忽视学生真的"学会"，其教学理念仍是以"教"为本位的。另外，就学生差异看，男生相对理性，容易抓住问题的本质，但语言不够圆润，而女生相对感性，虽然语言流畅但却不能在关键处用力。基于此，我们建议教师能理解"少即多"的原则，在教学中真正做到"少讲多练"，同时尊重男女生的性别差异，采多样化教学手段，让学生学有所得、学有所成。

二是纵横对比式诊断，即采取"对比法"诊课，先呈现两节课中相类似的教学行为，再通过分析两者的优劣，并讨论对学生学习与发展的影响，最后提出合理化建议，甚至探寻出影响教学行为的关键性因素，或揭示出教学行为所体现的教育理念。在对比诊断时，要求呈现相近行为，即就相近行为进行再现教学情境，描述具体行为;要求分析两者优劣，即通过对比来分析两者教学的优点所在、不足之处;要求提出指导意见，即提出转化优点、改进行为的具体意见。也就是说，教师教学诊断要做到呈现相近行为、分析两者优劣、提出指导意见。

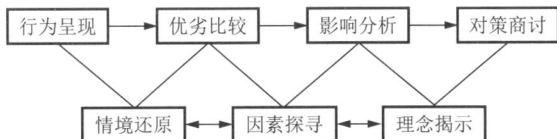

图5.2.3　纵横对比式诊断框架

例如，2019年5月24日，在某乡镇小学就两节习作指导课进行研讨，以教师示范讲解环节进行切片诊断。A老师出示的选文片段是:"秋日里的林荫道风景如画，真美啊！道路两旁的树木，被秋风染成了金黄的，橘黄的，墨绿的……相互交错，色彩斑斓。树旁矮小的灌木丛，像两道绿色的花边装饰在道路的两旁。小路上布满落叶，像大树的手掌，把小路编织成一块印满创意图画的彩色地毯。风伯伯吹过来,树叶就翩翩起舞,发出沙沙地响声,好像在说:'这个世界真美妙啊!'细密的秋雨中,孩子们捡着被雨水刷得发亮的树叶,捡起了美丽的童年!"B老师出示的选文片段是:"小草偷偷地钻地面。小草偷偷地从土里钻出来,嫩嫩的,绿绿的。园子里,田野里,瞧去,一大片一大片满是的。坐着,躺着,打两个滚,踢几脚球,赛几趟跑,捉几回迷藏。风轻悄悄的,草软绵绵的。"A老师出示的片段有病句、有错别字、有标点符号运用不规范,经询问得知她是根据网上音频整理形成的;B老师出示的片段节选自朱自清《春》一文,语句优美,富有节奏。再询问得知,A老师是新手教师,正处于适应期;B老师是骨干教师,已处于成熟期。因此,我们建议,A老师用经典或范文对学生进行习作指导,平时多向老教师取经,多自学研修,增强自身对课程与教学的理解。

三是切片剖析式诊断,即采取"解剖法"诊课,先以录像切片(或实录片段)的形式再现课堂教学行为,再找出教学存在的具体问题,深入分析问题产生的原因,最后提出相应的解决对策、改进措施,甚至透析其隐含的教学假设,追问支撑假设的教育理论。在深剖诊断时,要求播放录像片段,即依据教研主题、拟解决的关键性问题来播放相关的教学录像切片;要求剖析教学病理,即依据教学病理学,查找"病灶"、说明"病证"、分析"病因"、探讨"病理";要求开出优质药方,即在综合分析与论证的基础上,提出解决存在问题的优质方案。也就是说,教师教学诊断要做到再现问题表现、剖析问题成因、透析教学假设。

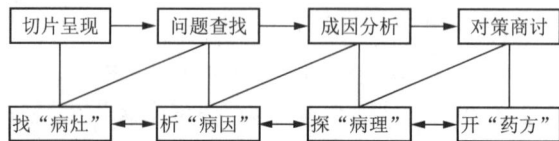

图 5.2.4　切片剖析式诊断框架

(三)"把脉问诊"的诊断技巧

从教学病理学视角看,教师要像医生那样对课堂教学进行"把脉问诊"。这就需要掌握必要的诊断技巧,找到课堂教学的"病灶",分析"病因",开出"药方"。在实践中,我们提炼出以下三种具有很强操作性的课堂教学诊断技巧。

一是"观、问、听、切"的诊断感知技巧。"观"就是观察(或阅读、观看等),观察师生在教学全过程中的活动表现、情感态度和作品成果等;"问"就是问询,问询教师的教学设计意图、学生的真实想法和内心感受等;"听"就是倾听,倾听师生在教学活动中交流发言、质疑问难等；"切"就是切入（或切片），选取相应的诊断切入点或课例视频片段。教师采用诊断感知技巧，可以依据研究主张，快速找到课堂诊断的证据。

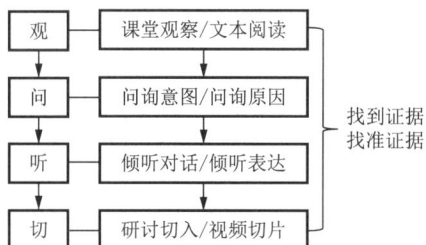

图 5.2.5　诊断感知技巧框架

二是"列、指、探、析"的诊断透析技巧。"列"就是列出病状/表现，按照重要性程度由高到低地罗列出课堂教学存在的问题或精彩的行为表现；"指"就是指出病灶/部位，具体呈现出问题或精彩表现的所在之处；"探"就是探求病因/成因，探寻问题或精彩表现产生的原因；"析"就是分析病理/机理，分析教学问题发生的原理或精彩表现所体现的先进教学理念。教师采用诊断透析技巧，可以透过行为表现找到教学问题产生的深层原因，找到精彩表现所体现出的先进理念或其背后隐含的教学规律，做到课堂诊断有深度、有高度、有力度。

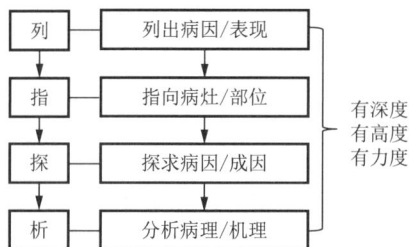

图 5.2.6　诊断透析技巧框架

三是"描、找、揭、提"的诊断表达技巧。"描"就是描述现象，采用白描方法再现教学情境；"找"就是找出问题/优点，准确地找出课堂教学存在的问题或所有表现的优点；"揭"即揭示原因/理念，揭示问题产生的原因或教学成功的理念；"提"就是提出对策/建议，提出改进问题的对策或借鉴教学策略的建议。教师采用诊断表达技巧，可以做到课堂诊断言之有序、言之有据、言之有理。

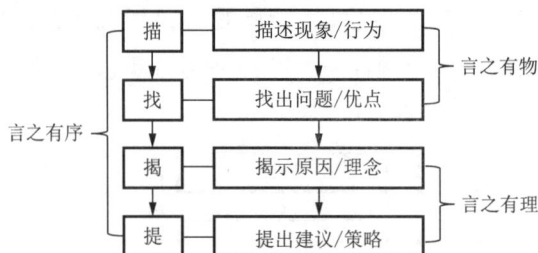

图 5.2.7　诊断表达技巧框架

三、诊断管理：基于课例研究的实践模型

（一）"集智透析"的诊断模型

根据课堂教学临床研究成果，优化课堂教学诊断流程，将教后反思、分组剖析、集体评议有机结合起来，能够形成较为稳固的课堂教学诊断模式。我们倡导教研、科研和师训等多部门联动，整合县区和学校两个层面的研究力量，集众人之智，对课堂教学进行解构、透视和剖析，不仅能够有效落实学科育人价值，而且能够切实促进教师专业发展。基于实践反思，我们构建起三种课堂教学诊断模型。

一是"一课三诊"模型，即对同一节课进行初诊、复诊和会诊。初诊就是基于诊断量规对课堂教学的整体性进行诊断，以雷达图的形式呈现出执教者自我诊断、同伴诊断和专家诊断情况，借此分析课堂架构尤其是"学、评、教"一体化设计的优点和不足；复诊是专题分析课堂教学的一致性，以折线图的形式呈现学、评、教与学习目标之间的匹配程度，借此讨论学、评、教三者是否保持高度一致；会诊是聚焦于诊断主题，重点分析学科育人价值的开发、转化和落实情况，以柱状图的形式呈现学生知识、能力等方面的前测、后测数据，借此探讨课堂教学的发展性，透析影响学生学习与发展的教学理念、策略或困扰、难点。

表 5.2.1　"学本"课堂教学一致性评判分值标准

学的指标	评的指标	教的指标	等级
学习状态良好	评价任务清晰	问题设计合理	0～10 分
学习方式多样	评价方式多样	精讲点拨到位	0～10 分
学习目标达成	评价指向目标	活动聚焦目标	0～10 分

—— 自我诊断　—— 同事诊断　—— 专家诊断

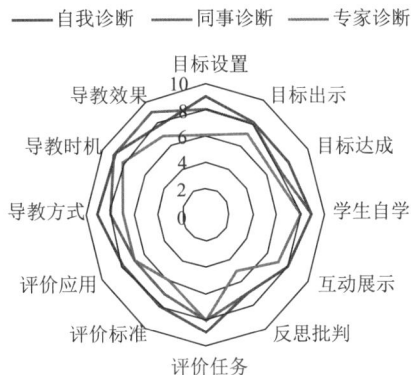

图 5.2.8　指向学科育人价值的课堂教学整体性诊断

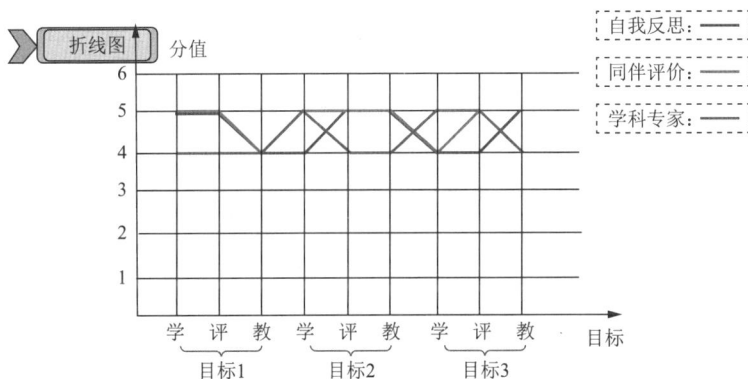

图 5.2.9　指向学科育人价值的课堂教学一致性诊断

语文阅读课学生核心素养发展性诊断（详）

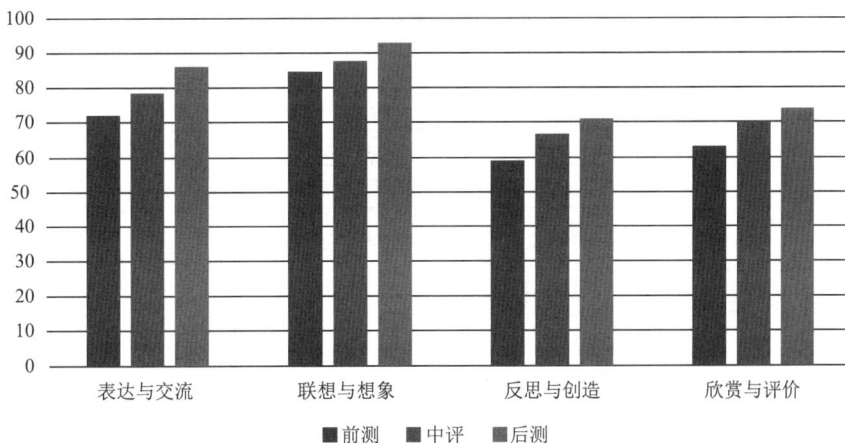

图 5.2.10　学生学科关键能力发展性诊断

二是"两课对诊"模型,即对两节课进行对比性诊断。对异课同构的对诊,侧重于分析课堂架构的完善程度,分析相同组合的活动板块在不同课时的有效性,分析相同相类问题情境的创设,分析活动板块中学、评、教的一体化情况,提炼出有效开发与转化学科育人价值的教学实践模型;对同课同构的对诊,侧重于分析学科本质的体现程度,分析学习主题的统摄性、探究性和挑战性,分析问题设置、活动安排、评价任务与学习目标的匹配度,探寻有效转化学科育人价值的通用策略;对同课异构的对诊,侧重于分析育人价值的开发程度,分析课程内容统整的适切性、核心问题的开放性和活动板块的逻辑性,分析学生在学习进步幅度上的差异,探寻更多的促进学生学习增值的有效组织形式和学习方式。

三是"三课连诊"模型,即对探究课、常态课、示范课进行连续性诊断。对前期的探究课做可行性诊断,重看策略创新,分析教学设计理与课堂教学现实之间的差距,探讨学科育人价值在转化过程中遇到的问题、困惑和有效策略,以便形成优质的通用教案;对中期的常态课做有效性诊断,重看行为规范,分析课堂教学在开发与转化学科育人价值方面存在的问题,并分析原因,提出相应的解决对策;对后期的示范课做赏析性诊断,重看理念引领,分析教学行为的科学性,"对教学过程中的质优环节或要素进行优势聚焦、归因分析和经验总结,从而提炼出对课堂教学或学科本体的规律性认识"。简要地说,探究课诊断倡导焦点思维,关注理念转化,致力学科育人价值的挖掘与转化;常态课诊断倡导原点思维,关注目标导向,强调"学、评、教"一体化的教学行为规范;示范课诊断倡导亮点思维,关注精致处理,重在探讨规律。

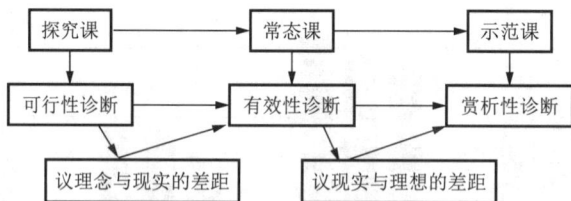

图 5.2.11 "三课连诊"实践模型

(二)"说诊议评"的课堂诊断流程

我们将课堂教学诊断操作流程概括为"教后说课→分组诊课→集体议课→专家评课"四步,其操作要点是"说诊议评"。

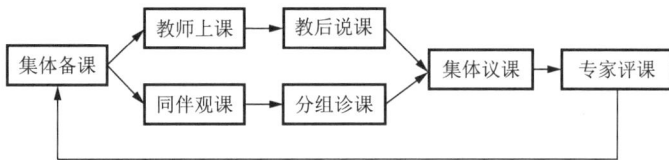

图 5.2.12　学科育人价值导向的课堂诊断流程

（1）教学后课。教后说课是教师对自己教学全过程的客观审视，有利于缩小理想方案与现实行为之间的差距。一要倡导整体把握，能总体评价教学情况，并呈现整体课堂教学结构与设计意图，最好有学科知识结构图、课堂教学结构图。二要倡导局部剖析，能聚焦一点、一处，深入挖掘，详细分析，不面面俱到。三是倡导富有主见，能提出自己的教学见解甚至是教学主张，依据教学见解（或教学主张）来分析课堂教学情况。教师课后自我反思时间一般为 5～10 分钟。

（2）分组诊课。分组诊课是教师同伴按照不同专题对其教学进行诊断，有利于教师看见自己未曾省察之处。在内容呈现上，一要强调学本，即坚持"以学论教"的原则进行课堂诊断，以学的状态、方式、结果等来分析教的有效性、一致性。二要讲究证据，即基于课堂观察证据进行诊断，即结合照片、视频切片等证据深入分析教与学的行为。三要聚焦素养，即围绕着学科核心素养来多维度分析学生的学习情况。在具体操作上，一要分组汇报，以 2～3 个组为宜，最多 4 个组，每组可 1 人汇报，也可 1 人汇报、其他人补充；二要形式多样，用文字、照片、视频切片等再现教学情景；三要思维可视，即用雷达图（适用于整体性诊断）、折线图（适用于一致性诊断）、柱状图（适用于发展性诊断）等来呈现教学的情况。在时间上一般以 30 分钟为宜，每组汇报时间 8～10 分钟为宜。

（3）集体议课。集体议课是集众人之智，探索课堂教学得失之因，共议教学改进的可行之策。在内容呈现上，一要议教学之精彩，破解成功密码；二要议教学之不足，揭示问题成因；三要议教学之改进，修订课时方案。在具体操作时，一要多维互动，议课人与讲课人之间互动、议课人与议课人之间互动，旨在实现智慧众筹。二是情景再现，可以用图表、照片、视频切片等形式再现教学情景，旨在做到循证议课。三要方案共商，就教学中存在的问题，经过共同商讨，形成一致性的解决方案或改进措施，旨在达到共同成长。在时间上一般以 20～25 分钟为宜。

（4）专家点评。专家点评是校内外专家对教师教学进行高位引领。其人员要求是学校学科首席专家、学科教研员、区域名师等，以 2～3 人为宜。在内容呈现上，一要有专业性，直指学科本质；二要有深刻性，揭示问题成因；三要有引领性,指出努力方向。在时间上根据需要确定。

(三)"五三三"诊断范型

在实践中,我们提炼出课堂教学诊断的"五三三"教研范型。具体来说,所谓"五"就是指"定主题、研设计、观教学、诊课堂、议改进"的五步操作流程;第一个"三"就是指"自我问诊、同伴互诊、专家会诊"的多主体诊断方式;第二个"三"就是"理论学习、课例研究、集体反思"三个校本研修阶段。

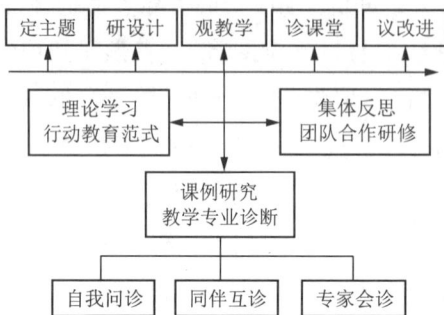

图 5.2.13 "五三三"课堂教学诊断范型

1.课堂教学诊断的"五步"教研流程

为了让学校便于组织学科育人价值导向的课堂教学诊断活动,我们精心设计出"定主题→研设计→观教学→诊课堂→议改进"的教研流程,其步骤如下。第一步,定主题,即确定本次诊断的教研主题是什么,尤其是要明确拟解决的关键性问题是什么。第二步,研设计,即集体研究课标、学情和教材等,共同设计出课时教学方案,重点明确"预期学习结果、确定评估证据、规划教学活动"三大任务,具体研究基于学习目标的学生学习、学习评价、教师导教三者的一体化。第三步,观教学,即其运用课堂观察表搜集课堂教学一致性的相关证据,尤其倡导捕捉课堂教学的关键事件和典型细节。第四步,诊课堂,即采用诊断技巧对课堂教学行为进行诊断,倡导按照"以学论教"的原则,基于证据进行逆向推断式诊断,指出存在的问题,找出问题成因。须指出,通常是分组汇报诊课情况。第五步,议改进,即就存在的主要问题或突出问题进行研讨,共同商议出具体可行的改进对策,甚至重新设计课时教学方案。

2.课堂教学诊断的"三诊"教研方式

为了全面诊断学科育人价值导向的课堂教学,我们提倡诊断主体多元化,从教者、同伴、专家三个视角进行课堂诊断,做到"自我问诊、同伴互诊、专家会诊"相结合。

一是自我问诊。课堂诊断的最终目的是促进教师形成关注审视自身课堂，进行自我反思、自我诊断的良好习惯。教者自我问诊包括：教后说课，重在自我反问学习目标、学生学习、课堂评价、教师导致是否存在一致性；议后反思，重在追问课堂教学的整体性、一致性、关联性（或发展性）还有哪些有待改进之处。

二是同伴互诊。根据观察维度、观察点，组建课堂诊断小组，每小组 3～5 人，分别针对各自承担的任务，进行课堂观察，实证、数据的采集、获取。以小组为单位，对采集到数据进行汇总分析，形成相应观察维度的诊断报告。在汇报诊断情况时，先要根据课堂诊断评价标准，做出分值评定；再要按照"描、找、揭、提"的诊断表达要求，描述行为表现，找出优点和问题，揭示优点所蕴含的先进教学理念，或者揭示问题的成因或影响问题产生的关键因素，并提出具体可行的对策和建议。

三是专家会诊。为了确保课堂诊断的相对客观、科学、合理，提升课例研究的品质，组织区域内教科研人员和校内业务领导等组成专家团队，对教师课堂教学的整体性、一致性和关联性进行深度诊断。专家在诊断时往往能够从教学理论的高度审视课堂教学的具体行为，挖掘出教师课堂教学中存在的深层次问题，并深入剖析其成因所在，高屋建瓴地提出相应对策和改进建议，有利于对教师进行专业引领。

3.课堂教学诊断的"三段"教研模型

根据国际教师学研究，教师研修应凸现三大定律："越是贴近教师的内在需求越是有效；越是扎根教师的鲜活经验越是有效；越是基于教师自身实践的反思越是有效。"[1] 可以说，基于教师的需求、经验的课例研讨，能让教师开放课堂，分享经验，实现实践性知识与教学智慧的共生共长。我们根据"理论、行动、反思"的三个阶段，组织教师理论学习、课例研究和集体反思。

具体操作时，首先是理论学习，清楚"学、评、教"一体化等具体要求，了解最新的研究动态，借鉴已有的先进成果，为学科育人价值导向的课堂教学诊断提供理论支撑；然后是课例研讨，按照"定主题、研设计、观教学、诊课堂、议改进"的流程，开展课例研讨活动，从自我、同伴、专家三个视角分别进行课堂教学诊断，在民主协商中议论教学的更多可能性，探寻更适合学生学习的教学方案；最后是集体反思，组织二次上课、二次观课、二次诊课，撰写课例研究报告。

[1] 钟启泉. 课堂分析：教师成长的密码 [J]. 基础教育课程，2011（12）：59-60.

当然，在整个过程中都由教研团队提供具体的行动支持。

第三节　课堂评议 [①]

　　课堂评议即议课，就是在课堂观察与诊断的基础上，依据相应的评价标准、基于观察时收集到的事实，对授课者的课堂教学做出客观公正的评定；并通过多方的深度反思来探讨教学中存在的问题及其成因，商定解决对策，甚至设计更优质的教学方案。我们倡导教师有主见地议课，关注课堂的整体架构，关注学生的深度学习，议出内在联系、议出优质方案、议出实践理性，议出一种真诚协商、破解问题、致力成长的教研文化。

一、议课内涵：强调民主协调的校本研修活动

　　1997 年 12 月，四川省华蓥市教研室雷树福对"议课"概念进行了探讨，他认为，"议课"的"议"有"商议"之意，"议课"可以表述为"为了解决某课教学的某些问题而进行讨论"。议课与评课有明显不同。从关注重点看，议课重在讨论某节课教学的具体问题，评课重在评判某节课教学的优缺点；在解决问题的思路看，议课尽量让教师参与讨论的过程，在过程中受到启发、得到提高，评课则尽量对某节课教学得出比较正确的结论，让教师从结论中受到教育、提高认识；从依靠对象看，议课主要依靠参加该次教研活动的每一个教师，评课则主要依靠参加该次教研活动的学校领导、教研组长以及骨干教师；从各自优势看，议课的优势是利于解决教学的具体问题，评课的优势是利于加强教学管理。[②]

　　相对而言，议课比评课更重视讨论问题，更符合教研活动的基本精神。议课主要是讨论某节课教学的具体问题，不一定要对整节课教学做出高度的概括和准确的评价，因此议课比评课难度小，更利于教师的广泛参与。议课主要是讨论教学中亟须解决的问题，议课比评课的实效更明显，更利于激发教师讨论的兴趣。议课较少涉及教师教学水平的评判，少受人际关系的干扰，更利于教师各抒己见，畅所欲言。[③] 可以说，议课比评课要更有利于形成民主、真诚、宽松、和谐的教研气氛，更有利于教师解决教学问题、提高教学能力。

① 本节内容经删减后，以"课堂评议，让教师揭示教学机理"为题发表于《中小学教师培训》2022 年第 2 期。

② 雷树福．议课初探［J］．教学与管理，1997（12）：26-27.

③ 雷树福．教研组议课好处多［J］．教学与管理，1998（3）：45.

陈大伟倡导从"听课评课"到"观课议课"。他认为:"评课与议课比较,'评'是对课的好坏下结论、作判断;'议'是围绕观课所收集的课堂信息提出问题、发表意见,'议'的过程是展开对话、促进反思的过程。'评'有被评的对象,下结论的对象,有'主''客'之分;'议'是参与者围绕共同的话题评等交流,'议'要超越'谁说了算'的争论,改变教师在评课活动中的'被评'地位和失语现象。评课活动主要将'表现、展示'作为献课取向,执教者重在展示教学长处;议课活动以'改进、发展'为主要献课取向,不但不怕出现问题,而且鼓励教师主动暴露问题以获得帮助,求得发展。评课需要在综合全面分析课堂信息的基础上,指出教学的主要优点和不足;议课强调集中话题,超越现象,深入对话,促进理解和教师自主选择。如果说评课是把教师看成等待帮助的客体的话,议课则把教师培养成具有批判精神的思想者和行动者,帮助他们实现自身的解放。"①

我们认为,课堂评议是一种基于课例的民主协商式校本研修活动,它重要的不在于"评",而在于"议",议出更多的内在联系、更多的优质方案、更多的教学规律。也就说,我们倡导在课堂研究中要从"评课"走向"议课",以民主协商的方式改进方案设计、改进教学行为甚至改进心智模式,以便能更好地促进学生学习。

二、评议指标:关注教师课堂重构,更关注学生深度学习

在课堂深度变革中,我们倡导教师更加全面地审视课堂,分析课堂教学的内在规律及发生机理。尤其是随着对学科育人价值的探索,我们坚持以学评教、以学论教的原则,逐步研发出一些课堂评议指标,引导教师从课堂重构、关键能力、深度学习等视角来评议课堂教学的有效性。

(一)指向学科育人的课堂评议指标

1. 主题探究

主题探究的评议包括主题转化、资源利用和问题解决三个要点。具体来说,主题探究的评议要看是否有明确的探究主题,有利于学生进行有意义学习;看是否注重课程整合,有利于学生进行整体学习,使知识归类或结构化;看是否将主题转化成问题(或任务),组织学生对大问题、问题链(或大任务、任务链)等进

---

① 陈大伟,余慧娟. 为了教师的批判精神——关于"观课议课"文化的对话 [J]. 人民教育,2006(7):29-31.

行探究，并对学生进行价值引领或思想教育，是否将问题（或任务）情境化，联系生活实际，引发学生的认知冲突，等等。

2. 板块结构

板块结构的评议包括板块组合、任务驱动和活动组织三个要点。具体来说，板块结构的评议要看是否按照学生的认知逻辑按照学习任务板块，使课堂板块结构变得相对简约而灵动，板块之间既彼此独立又相互联系，构成一个完整的学习过程；看是否根据学情来确定学习任务板块的呈现顺序、活动组织、时间分配等，能有效激发学生学习兴趣，并且促进学生沿着"学习理解→实践应用→迁移创造"的路径实现学习层次攀升；看是否将学生的"学"、对学习的"评"与教师的"教"三者融为一体，将探学、展学和省学有机结合起来，促使学生"学思用贯通、知情意统一"。

3. 智慧导学

智慧导学的评议包括思维发展、情感陶冶和生命关爱三个要点。具体来说，智慧导学的评议要看教师是否尊重学生个体差异，灵活地采用具有针对性的教学策略对学生进行点拨、指导、引领等，促使学生深刻思考、灵活思维，或以问题助推的方式引发学生的深度思考和深度对话，明确提升认知水平；看是否富有教学情趣，促使学生在情感交融的状态中明理悟道、净化情感、陶冶情操；看是否关照每一类学生，尊重学生已有的生命体验，对学生进行价值观念、学科思维方法的引领和指导。

表 5.3.1　指向学科育人的"学本"课堂评议

维度	要点	行为指向
主题探究	主题转化	主题富有明确的育人价值；主题有利于学生进行有意义学习
	资源利用	挖掘文本中的育人价值；整合学科内、学科间乃至跨学科的课程资源
	问题解决	问题情境化，紧密联系生活；问题探究化，能引发认知冲突
板块结构	板块组合	课堂板块结构简约；板块之间相互联系
	任务驱动	活动任务明确，操作要求细致；能激发学生学习兴趣
	活动组织	学习、评价、导教一体化；探学、展学、省学有机结合
智慧导学	思维发展	学生思考深刻，思维灵活，认知水平明显提升
	情感陶冶	教学富有情趣，学生情感、道德等方面的素养都得到充分发展
	生命关爱	尊重学生差异，对各类学生适度关怀；对学生进行价值引领

(二)聚焦关键能力的课堂评议

在课堂深度变革中,教师还需要对学生关键学习能力进行培育。我们认为,关键学习能力是指在丰富多样的学习情境中运用记忆、观察、理解、推理等一般认知能力来提出问题、解决问题的能力。为此,研发出聚焦关键能力的课堂评议指标。

1. 质疑能力

质疑能力的评议包括发现问题、提出问题和澄清问题三个要点。具体来说,质疑能力的评议看是否在阅读、讨论等学习情境中,产生疑问,提出困惑;看是否主动地运用提问的方式提出真实而有价值的问题;看是否对提出的问题进行澄清,对问题进行反复追问与讨论,对有关问题的细节、条件等进行说明,等等。

2. 理解能力

理解能力的评议包括知识联系、情境联系和人际联系三个要点。具体来说,理解能力的评议看是否与旧知或经验产生联系,对所学过的概念或方法等进行联系、对比和分析等;看是否在真实情境中联系以往的知识经验,将学习到的概念或方法等运用到真实的生活情境;看是否学习过程中运用倾听、讨论、展示等方式与同伴、老师(即成人)进行学习性交流,表达自己的见解和观点,等等。

3. 表达能力

表达能力的评议包括理性表达、多元表达、个性表达三个要点。具体来说,表达能力的评议看是否运用证据、事实等表达自己对所学内容的理解,并按照一定的原理或步骤等推导出相应的结论;看是否运用多个视角、多种手段表达自己的观点、想法、感受和学习反思等;看是否提出新的看法、想法或结论,富有个性地表达自己的观点、思考和意图等,设计出具有一定创意的作品或产品,等等。

表 5.3.2 聚焦关键能力的课堂评议

关键能力	能力指标	行为指向	具体表征
质疑能力	发现问题	产生疑问、提出困惑	如:我发现,这样对 / 行吗?
	提出问题	主动提问,陈述问题	如:我质疑,我的问题是……?
	澄清问题	明确问题、限定条件	如:我追问,如果……,但不能……;我认为,只有……,才能……

续表

关键能力	能力指标	行为指向	具体表征
理解能力	知识联系	回顾旧知、概念比较	如:我分析,这和以前……;比较这两种方法……
	情境联系	回归生活、能力迁移	如:我认为,在…条件下,就可以……
	人际联系	小组讨论、观点辩论	如:我认同,……;我反对,……;我补充,……
表达能力	理性表达	基于证据,推导结论	如:根据……,我认为……;由于……,就…
	多元表达	切换视角,更换方式	如:我还认为,……;我认为,还可以……
	个性表达	陈述己见、设计作品	如:我有新想法,……;我作品的创意是……

(三)指向深度学习的课堂评议

美国威廉和弗洛拉·休利特基金会在文献研究和广泛征求专家意见的基础上,将"深度学习"界定为"是学生胜任 21 世纪工作和公民生活必须具备的能力,这些能力可以让学生灵活地掌握和理解学科知识以及应用这些知识去解决课堂和未来工作中的问题,主要包括掌握核心学科知识、批判性思维和复杂问题解决、团队协作、有效沟通、学会学习、学习毅力六个维度的基本能力"。美国国家研究委员会"为了区别深度学习和 21 世纪能力框架中的能力体系,特将深度学习能力分为认知领域、人际领域和个人领域,这三个领域正好可以完全包含休利特基金会定义的深度学习的六个能力"。[①] 基于此,我们将把深度学习能力分可分认知、人际和个人三个领域。从认知领域确定出知识掌握、意义建构、问题解决三种基本能力;从人际领域确定出团队协作、有效沟通、成果展示三种能力;从个人领域确定出自我监控、自我矫正、自我激励三种基本能力,进而设计出核心素养导向的深度学习观察框架,对每项能力指标都拟定了行为指向,并提供了相应的具体表征,以便于教师在实践中运用。

1.认知领域

认知领域的能力评议主要包括知识掌握、意义建构和问题解决三个要点。

---

① 卜彩丽、冯晓晓、张宝辉. 深度学习的概念、策略、效果及启示——美国深度学习项目(SDL)解读与分析[J]. 远程教育杂志,2016(5):75-82.

具体来说,认知领域的能力评议看知识掌握的程度,是否能回忆事实、背诵概念、复述原理等;看意义建构的情况,是否能解释概念、阐述原理、推论定理等;看问题解决的过程及结果,是否能提出猜想、设计可行性方案、验证结论等。

2. 人际领域

人际领域的能力评议主要包括团队协作、有效沟通、成果展示三个要点。具体来说,人际领域的能力评议看团队协作情况,成员分工是否合理,组织讨论是有序展开,成员之间是否互教互学、共同提高等;看有效沟通情况,是否清晰地表达自己的观点,是否认真倾听对方发言,就观点的争论是否真诚友善等;看成果展示情况,是否有理有据地分享自己小组的观念或观点,是否对小组陈述进行及时补充,是否客观公正地进行自我评价,或对其他小组学习成果展示进行评价等。

3. 个人领域

个人领域的能力评议主要包括自我监控、自我矫正、自我激励三个要点。具体来说,个人领域的能力评议看自我监控,是否具有明确的目标,是否自我调节学习过程,自主地进行学习结果评价等;看自我矫正情况,是否对自己学习中的错误进行及时订正,是否对自己的观点、想法和结论等进行适度调整,是否对解决问题的思路、方法等进行必要的完善等;看自我激励情况,是否积极参与学习活动,是否具有饱满的学习热情,是否对自己的深刻见解表示满意等。

表 5.3.3　指向深度学习的课堂评议

学习领域	能力指标	行为指向	具体表征
认知领域	知识掌握	事实回忆,概念背诵,原理复述	如:我知道……
	意义建构	概念解释,原理阐述,定理推论	如:我理解……
	问题解决	提出猜想,设计方案,验证结论	如:我能做……
人际领域	团队协作	成员分工;组织讨论;互教互学	如:我们一起……
	有效沟通	清晰表达;认真倾听;友善争论	如:我们应该……
	成果展示	观念分享;及时补充;公正评价	如:我们汇报……
个人领域	自我监控	目标确定;过程调节;结果评估	如:我能自主……
	自我矫正	错误订正;观点调整;思路完善	如:我已修订……
	自我激励	参与积极;情绪饱满;见解深刻	如:我要更加……

表 5.3.4　学生思维可视化评价表

思维品质	思维状态	思维特点	
准确性	混沌—清晰	思维迷茫，思路不清，结果不准	方向正确，思路清晰，结果准确
敏捷性	迟缓—灵活	思维迟缓，信息过多，时间较长	思维简洁，信息精准，时间较短
深刻性	浅层—深层	感性认知，关注实事，关联较少	理性分析，揭示规律，关联较多
批判性	认同—质疑	全面接收，缺少主见，持原观点	产生怀疑，富有主见，有新观点

表 5.3.5　学生问题解决的思维策略评价表

思维状态	策略表现
策略缺失	没有分析和排除干扰信息，选项过多或过少，有的是盲目选择，有的是没有思考过程的猜测
策略依赖	对图书信息资源有较多依赖，对实验测试等选择较少
策略复杂	对图书信息资源依赖较少，但对实验测试、实验装置、实验数据等选择过多
策略可行	正确筛选信息，排除干扰信息，发现规则和关系，有效解决问题

三、评议要求：努力揭示课堂教学的运行机理

课堂评议不能敷衍了事、人云亦云，教师应当有主见地议课。因此，课堂评议不仅要从实践的视角多维度反思课堂教学行为，共议问题的产生原因及解决方案，还要从理论的视角来审视课堂教学，探讨教学行为表现与学生学习效果的内在关联，研讨支撑教学行为的教育理论，揭示课堂教学的运行机理乃至基本规律。这样的课堂评议才能更好地激活授课者、议课者以及外来专家的思想因子，实现对课堂教学的深刻理解和改进。

（一）聚焦学习效果，议出内在联系

议课要议出联系，尤其要发现教学中的内在关联。在课堂上，教师的教育价值观念支撑并影响着教的行为，教的行为则引起、维持并促进学生学的行为，学的行为直接影响并导致学习效果。因此，议课要帮助教师认识学的效果、学的行为、教的行为、教学设计、教学理念之间的具体联系，从教师行为和学生行为的关键处、核心点入手，反思教学理念、改进方案设计，追求更好的学习效果。

1. 关注认知发展度，议"结果-行为-设计"的联系

"课堂教学应当做到知识与能力的同步提高，认知与情感的和谐发展，让学生体验到课堂学习的乐趣和智慧生成的快乐，使课堂成为学生痴迷留恋的场

所、心灵放飞的地方。"① 衡量一堂课的教学是否有效乃至优质,关键看促进学生学习与发展的程度。议课的目的是为了改进教学、促进学生发展。我们主张,教师议课应按照逆向推论式课堂诊断,坚持以"学生学得如何"为逻辑起点,反向推论教学活动安排、方法选择、资源配置、内容处理、评价设计、目标确定等诸多课程因素的合理性、适配性和科学性。对于学生"学得如何",教师需关注学生的认知发展度。

议课时,教师要议"结果-行动-设计"之间的内在联系,从学习结果推论教学行为适配性、针对性、有效性等情况,再由教学行为推论教学设计的系统性、科学性、适切性,探寻隐藏在教学行为之中的教学理念、教学设计体现出的教学规律等,进而更加理性地思考教学设计、教学行为对学生学习结果的影响,商讨有效促进学生学习与发展的更多可能性。在议课时,教师还要通过学生学习前测与后测的数据分析,以精准地确定学生的认知发展程度。当然,对学生认知发展度的分析,不仅要关注全体学生的发展情况,还要关注不同认知类型、不同学习基础学生的发展情况,甚至要关注一些特殊学生的认知进步幅度。

在实践中,我们提炼出以"学"为中心的议课模型,要求教师坚持"以学论教"的原则,由学习结果逆向推论方案设计的科学性,依据学生认知发展程度来讨论教学假设的合理性,围绕学习目标分析"学、评、教"一体化活动的有效性,进而促使教师教学设计做到"因学定教"、教学实施力求"顺学而导"。

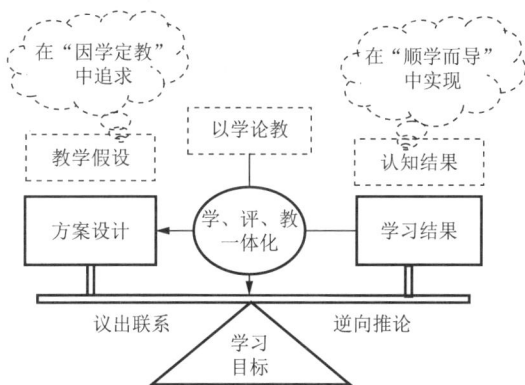

图 5.3.1　以"学"为中心的议课模型

---

① 管锡基. 和谐高效思维对话——新课堂教学的理论研究[M]. 北京:教育科学出版社,2009:332.

2. 关注教学整体性,议"学习-评价-导教"的联系

课堂教学是基于学习目标由教师的"教"、学生的"学"以及对学习的"评"等诸多要素构成的完整系统。教师应按照"整体架构→局部处理→细节推敲"的步骤进行教学设计,着重强调目标、评价和教学活动三者的一致性。在实践中,我们倡导变革教学模型,引导教师将课堂结构由"线性流程"变为"立体板块",使每个活动任务板块的学生学习、学习评价、教师导教都是浑然一体的。因此,议课时要关注课堂教学活动的整体性,深入学生的"学"、对学习的"评"、教师的"教"三者之间的内在联系。

议课时,教师应基于学习目标审视并思考"为什么学、为什么学这些、怎么学""学到什么程度、学习成功有什么标准""为什么教、为什么教这些、什么时间教、究竟应该怎么教"等基本问题,并探讨"学习-评价-导教"三者的适配度、融合度,以有效增强课堂教学的整体性。

为了便于教师操作,我们提炼出"学、评、教"一体化课堂活动板块评议模型,指导教师讨论学-评、评-教、教-学、学-评-教的联系,分析学、评、教三者的相互影响,探讨评价、教学对学习的促进作用,寻找课堂教学行为存在的问题或不足,基于证据来论证课堂教学活动的合理设计,逐渐发现有效教学的基本法则,即在教学设计上需体现目标-学评教一致性,在教学实施上要体现目标——"学、评、教"一体化。通过议"学习-评价-导教"的联系,可以促使教师明确"目标为课标负责、教学为目标负责、评价为教学负责",切实增强课程意识,提升课堂教学的设计能力与组织能力。

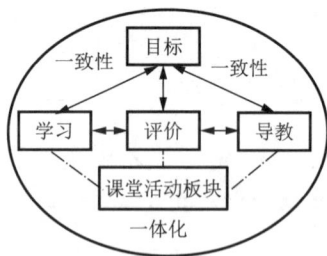

图 5.3.2 "学、评、教"一体化课堂活动板块评议模型

3. 关注思维深刻性,议"观点-思考-问题"的联系

对话是课堂教学的基本形式,对话不仅要形式多样,更要思维深刻,因为课堂教学的有效性主要体现在思维的高质量上。无论采取何种教学组织形式,都要创设真实的问题情境,引发学生深度思考,不仅能抓住关键问题和主要矛盾

展开推论,更重要的是在富有挑战性的探究活动中实现高阶思维能力的发展。我们主张把思维对话作为深度课堂构建的基本原则,将思维深刻性作为评议课堂教学成功与否的重要标准。

议课时,教师要讨论"观点-思考-问题"的内在联系,分析学生的观点或结论是否正确、完整和深刻,思考的方式、过程及用时等是否合理,论证问题设计的难易程度、开放性等是否科学,探讨观点、思考、问题三者的相互影响,进而引导教师关注学生思维的深刻性,把学生深度思考作为评价课堂教学成功与否的重要标准。这样,教师就会根据学生思维产出的结果来审视、考虑问题的设计,倒逼自己基于目标、学情和教材去设计优质问题。

在实践中,我们提炼出指向深度学习的问题解答评议模型,指导教师就"观点-思考-问题"进行逆向推论,就主要观点的正确性、深刻性、逻辑性来讨论学生在问题解决过程中深度思考所表现出的灵活性、批判性、敏捷性,进而再议学科问题设计的合理性、探究性、情境性和开放性,最终经共同商讨确定学科问题设计的优劣,明确尚需改进之处。在评议过程中,教师就自然而然地知晓学科问题设计的重要性,也会经共同商定而设计出更有利于引发学生深度思考的优质问题。

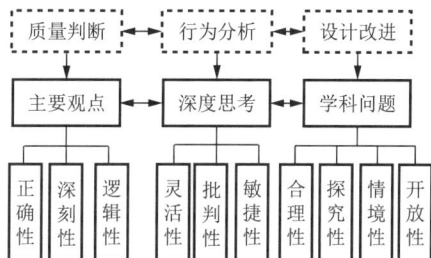

图 5.3.3　指向深度学习的问题解答评议模型

(二)坚持智慧众筹,议出优质方案

教学是受多种因素影响和控制的,具有发展变化的多种可能性。可以说,课时教学方案没有最好,只有更好。议课,就是要议出优质的课时教学方案。在议课时,教师要明确议课的任务并非追求唯一的、权威的最佳教案,而是为了讨论和揭示更多发展可能以及实现这些可能需要的条件、受到的限制,在商讨、比较和论证中筛选出更符合学情、更有利于促进学生发展的教学方案。同时,也促使参与议课的教师智慧众筹、拓宽视野、开阔思路,达到共进步、同成长的研修目的。

1.倡导变革结构,让板块更加合理

只有触及结构的课堂变革才是深层次的。课堂结构是指反映特定教学理论逻辑轮廓、为完成某种教学任务而设置的相对稳定具体的教学活动结构。它要遵循学科知能固有之序、学生认知发展之序。在课堂深度变革中,我们倡导课堂结构能由"线性流程"改变为"立体板块",教师按照"整体架构→局部处理→细节推敲"的步骤创设教学活动,使课堂结构能体现出"理解→应用→迁移(或创造)"的学习路径,进而确保学生学习进阶。

在实践中,有的教师设计的学习任务板块不够合理,往往是按照自己"教"的需要安排教学活动,而不是基于学生的学习需要和认知逻辑。因此议课时,教师要先考虑学习任务板块的整体设计,分析学习任务板块之间的组合顺序以及各板块的用时长短、容量大小、学习难易程度等是否合理;再考虑每个学习任务板块的具体设计,分析学习任务指令的明确性、问题情境创设的合理性、活动组织方式的适配性以及学、评、教三者的整体性。当然,教师既要基于观察证据查找问题、分析成因,更要提出优化板块设计的可能性,讲清楚教学改进的理论依据或案例参考。

基于实践反思,借鉴学科能力表现研究成果,我们提炼出一个较为简易的学习进阶视域下课堂结构评议模型,指导教师就课堂板块之间的内在逻辑关系进行讨论,探析学生学习进阶的实践路径,着重分析学习任务的能力指向及目标达成,分析学、评、教一体化设计存在的问题及成因,商议改进的可能性及具体措施,进而形成更契合学生认知发展顺序、更有利于学生学习能力提升的教学方案。

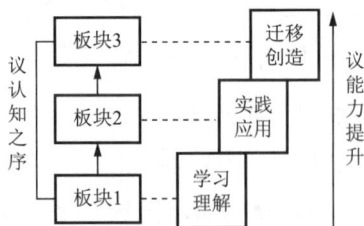

图 5.3.4 学习进阶视域下课堂结构评议模型

【案例】

某青年教师执讲《比与比例》(复习)一课,课堂整体架构是"留心生活,比中之美""观看视频,整体回顾""导图展示、整理运用""梳理易错,挑战答题"
四个板块,分别由闪亮、阳光、智慧、奋进四个小组承担展示任务。在议课时,教
师们认为这是一种简单的板块组合,按照任务分割法进行学习成果展示。这四
板块实质上就是"找生活中的比""说比例关系""用导图分类""挑战比赛",分
别指向"了解""应用(解比例、找关系量)""解释(讲比的知识)和应用(当堂练
习)""总结(梳理易错题)和应用(小组 PK 游戏)"的认知层次。

　　基于分析,我们提出可以按照"合作 + 竞赛"的思路进行教学设计,将学
习任务分为"小组 PK""大组对抗""全班共享"三大部分,先要求同任务小组
用思维导图展示学习内容,比知识整理的完整性、系统性和陈述的条理性;再当
堂练习,以基础题、拓展题的正确率来比较大组学习的优劣;最后,反思梳理,完
整知识体系,并在全班内共享。相比较而言,这种"展、练、结"三板块的课堂结
构更加简约,能体现结构板块化、方式多元化、思维可视化的特点,更有利于学
生全面梳理已学知识,更能充分调动学生学习的积极性。

　　2. 倡导变革方式,让学习更加深度

　　学习方式是学生获取知识的重要方法,更是师生在教学活动中信息交流、
情感交融、观念沟通的基本结构。它最为核心的是学生思维发展、情感升华和
价值观念构建的方式。因此,我们把学习方式变革视为课堂深度变革的突破口,
大力推行"探学""展学""省学"等学习方式,让学生学习更有深度、更有意义、
更有成就感。

　　但在实践中,有的教师选用的学习方式与学习内容并不匹配,这就需要考
虑究竟哪一种学习方式才是最适合的。因此议课时,教师要在商讨中有理有据
地提出恰当的学习方式。所谓"探学",即探究性学习,教师设计"大问题",激
发学生认知好奇和探究欲;所谓"展学",即展示性学习,教师鼓励学生"大碰
撞",通过建立社会性互动规则,让所有学生都投身于学习成果展示,在智慧共
享、观念交锋和价值辩论中形成高品质的思维能力和与同伴互动交流的言语习
惯;所谓"省学",即反思性学习,教师促使学生"大输出",应用可视化思维工
具,让学生将所学所思外显出来,暴露他们的知识缺陷与思维漏洞,促进学生个
体与集体的深度反思。

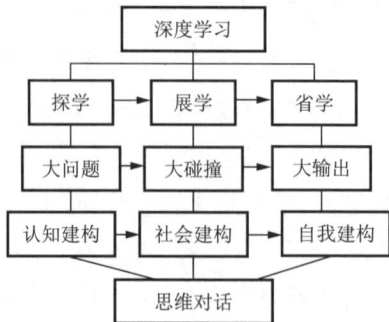

图 5.3.5　多重思维对话的深度学习评议模型

依据佐藤学的"三重对话"理论,我们提炼出多重思维对话的深度学习评议模型,指导教师就问题探究、成果展示、反思交流的行为表现来探讨认知建构、社会建构、自我建构的有效性,议大问题设计是否合理,议大碰撞是否深刻,议大输出是否优质,进而商议如何对探学、展学、省学进行适度调整,以便更好地实现对学科育人价值的深度挖掘与有效转化。

【案例】

某教师设计的《花钟》(人教版三年级语文下册第四单元第13课)教学方案,目标是"能体会用不同说法表达鲜花开放的好处,并借鉴课文的表达进行仿写"。其教学片段如下:

学习任务:交流喜欢的花,赏析写作的细致。你最喜欢哪朵花?读给大家听。

(1)牵牛花:为什么说是小喇叭? 来看,牵牛花的样子,就像小喇叭,带着动作读一读。

(2)蔷薇:嘻嘻、呵呵、哈哈,带着笑来读。

(3)睡莲:刚睡醒你会做什么动作? 轻轻地读。

(4)万寿菊:欣然怒放是愤怒的意思吗? 有个词是心花怒放,指什么样的心情? 激动、开心,读!

(5)月光花:胳膊打开,做一做舒展的动作。

(6)昙花:为什么说它是含笑一现呢? 昙花从开花到枯萎总共不到四小时,但这短短的时间里,昙花却向我们展示了它最美的姿态,所以作者用含笑一现。我们读得慢一些,留下她的笑。

请一位报时员来报时,我们来读。

花儿们都开在你们心中了! 配乐背诵。

在议课时,经过集体研讨,教师们发现学生通过做动作、想象等并不能清晰地把握课文中表达鲜花开放的好处。有的教师指出教学参考用书的设计举例是这样处理的。

出示改写的句子:

凌晨四点,牵牛花开了;五点左右,蔷薇开了;七点,睡莲开了;中午十二点左右,午时花开了;下午三点,万寿菊开了;傍晚六点,烟草花开了;月光花七点左右开放;夜来香在晚上八点开放;昙花在九点左右开放……

学生读,说说更喜欢哪种表达。

学生交流,发现文章语言的丰富、生动。

小结:文章用自不同的语言介绍了花的开放,生动而又充满情趣。

教师们认为这样处理的确更好。教研组长追问:"我们能不能超越这一举例呢?"经过商讨,教师们认为学生"联系上下文,通过换、删等方法比较关键词语表情达意的作用",这样更有利于学生理解"用不同说法表达鲜花开放的好处"。

3. 倡导变革评价,用驱动更加有力

评价驱动是指在课堂教学中,持续地通过评价任务与评价标准的介入和干预,以收集、反馈学生学习信息的方式来驱动"学"与调控"教",进而引发、促进和完善学生的学习表现,同时,也促使教师执行、调节和改进自己的助学、促学行为。我们倡导变革评价模型,要求教师在课堂中以学习目标为支点,以学习评价标准为杠杆,通过评价驱动学生学习,确保学生学习有所增值。具体来说,在"为学定标-案例探究"阶段,教师指导学生对典型案例进行探究,由师生共同商定形成明确的学习评价标准;在"依标而学-问题探究"阶段,组织学生依据评价标准,对关键问题进行探究,形成解决问题的具体方案;在"以标促学-成果探究"阶段,组织学生展示学习成果,并参照、运用评价标准,对学习成果进行评判和改进。

因此,议课时,教师要分析评价任务标准的设计是否合理,介入是否及时,运用是否恰当,并探讨如何改进更有利于促进学生学习与发展。尤其要关注是否用评价标准持续驱动学生学习,让不同层次的学生都能清晰地看到自己的进步与成长,从获得学习的成就感与自豪感。

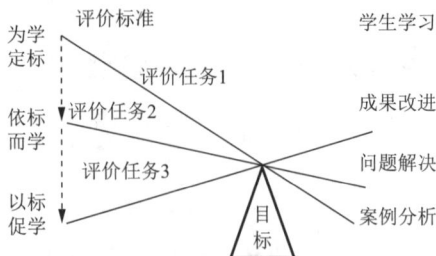

图 5.3.6　促进深度学习的评价驱动评议模型

借鉴国内已有研究成果,我们提炼出促进深度学习的评价驱动评议模型,指导教师就评价标准的介入和运用来探讨学生的学习建构、迁移应用与完善提升,议论如何才能将学习评价标准更好地"落地",议论怎样才能更好地引发学生的深层次学习动机,议论怎样才能更好地促进学生深度思考、深度体验和深度判断,让学生做到"学思用贯通、知情意统一"。

(三)追求真实成长,议出实践理性

实践理性是人们运用理性决定在特定情势下如何行动才算正当。课堂评议就是基于实事展开平等对话与理性反思,探讨如何教学更加合理、更加有效,进而在交流与分享实践经验中培育教师洞察学习的可能性,增强教师根据情境做出选择与判断的实践理性。因此,教师应基于课例进行研修活动,在改善课堂实践的同时也实现自身的专业成长,成为一名真正的批判反思型教师。

1. 关注"真问题",创生教研文化

迈克尔·富兰认为:"在这个世界里,变革是一次走向未知的目的地的旅行;在这里,问题是我们的朋友,寻求帮助是力量的象征;在这里,自上而下和自下而上同时发生的创新结合在一起;在这里,同事关系和个人主义同时共存于有成效的紧张工作之中。"[1] 我们认为,课堂教学是一门充满遗憾的艺术,在实际教学中,总会存在这样或那样的问题,而正是这些问题的存在说明教师具有极大的成长空间。

在议课中,教师应直面教学实践中的"真问题",共同协商如何缩小"三个差距":一是议如何缩小预期教研目标与实际教学效果之间的差距,寻找更合理的问题解决方案;二是议如何缩小先进教学理念与教师教学行为之间的差距,寻找更合理的教学策略;三是议既定学习目标与学生学习效果之间的差距,

----

① (加)迈克尔·富兰. 变革的力量——透视教育改革 [M]. 北京:教育科学出版社,2004:
2.

寻找更合理的教学活动安排。通过议如何缩小"三个差距"，解决教学实践中的"真问题"，形成更加求真务实的教研风气，创生出一种"破解问题、致力成长"的新型教研文化。

2.组织"真研究"，议出基本规律

教师的教授是"看不见的实践"，学生的学习活动也是"看不见的实践"。[①]而借助课例研究，教师可以洞察课堂教学行为背后隐含的理念和假设，发现并揭示学的效果、学（包含评）的行为、教（包含评）的行为、教学设计乃至教学假设、教学理念之间的内在联系，把"看不见的实践"转化成"看得见的实践"。

为了让议课成为一种基于课例的"看得见"的实践研究，我们倡导教师追求"三个深度"：其一，深度追问，议出因（如教学策略）与果（如学习效果）之间的基本关系；其二，深层剖析，议出教学现象背后的深层问题并揭示成因；其三，深度探寻，议出执教者行为蕴含的教育理念乃至教学规律。这种议课促使教师做"真研究"，充分认识到"教学是一门科学。因为，教学过程是有一定规律可循的"，同时"把教学实践建立在一个清晰的可理解的基本原理之上"，"不再依靠随机的和臆断的方法。如果有人问他们为什么选择这种可能性而不选其他时，他们就可以根据自己的检验过的基本原理给出其中的原因"。[②]

3.追求"真蜕变"，转换心智模式

议课时，教师往往不自觉地从自身的视角来思考"应如何施教"。"只有自己从实践角度认真思考过如何理解和变革，议课的意见也才更有意义和价值，才能赢得对方的信任和接纳。"[③]其实，基于不同的立场，议课要求也不尽相同。

我们倡导教师基于"三个视角"审视课堂，力求更加科学合理地改进课堂：其一，教者视角，即尊重客观现实，议帮助教者的提升之处，提出根据教者情况改进课堂的可行之策；其二，自我视角，即抱着虚心求教的态度，议"假如我来施教"有哪些可学之处，从中受到的启发和学到的方法，谋求自己在专业方面的真实成长；其三，学生视角，即秉持"成全学生"的宗旨，议学生学习的应调适之处，力求更好地促进学生差异化学习与发展。这样用多维视角审视课堂，共

① 钟启泉. 课堂转型［M］. 上海：华东师范大学出版社，2018：175.

②（美）Stephen D. Brookfield. 批判反思型教师 ABC［M］. 张伟，译. 北京：中国轻工业出版社，2002：327.

③ 陈大伟. 观课议课的三个点理性认识［J］. 今日教育，2015（11）：34-35.

商改进对策,有利于教师实现心智模式的转换,告别消极参与、简单点评的"听评课",以积极、兴奋的心态投身教学改革,形成一种成长创造的职业幸福观。

后 记

感恩生命中的贵人

追求课堂教学高效率、高质量，一直是广大教师持续关注、深入研究的重大课题。虽说课堂是一方师生思维对话、情感交流、生命彼此影响的小小场域，但其教学却是极为复杂多变的动态过程、包罗"天地万象"的生态系统，其中隐含着无数值得深思深究甚至值得付出毕生精力进行探索的奥妙。

如今，我不再躬耕教学实践年数已久，可对课堂改革总有一种别样的情愫。或许这要追溯于1998年初发表于《山东教育科研》的《素质教育与课堂教学》一文。这是我首次发表在全国中文核心期刊上的学术论文，论文从教学目标、教学时间、教学内容、教学结构、教学方法、教学技能、教学效率等七个维度对课堂教学构成要素进行了较为全面而科学的分析，并主张科学合理地配置这七个要素，能够促进教师保时、保质、保量地完成课堂教学任务，大幅度提高课堂教学效率。之后，就创新学习、生命化课堂等专题展开了理论研究与实践探索，发表了一些学术论文，执笔编写了《新课程与创新学习》《新课程师资培训模式研究》等多部专著。

回首过去，我已设计出多个县域课堂教学改革方案。2006年，设计了《关于开展构建"有效课堂、高效课堂"研究活动的实施意见》（海教研〔2006〕12号），该文件在8月28日印发，明确提出将课程标准分解成课堂教学目标的要求，把有效备课、有效施教、有效激励作为课堂教学精细化研究的重点内容，并倡导教师运用现代教学理论、教育心理学指导教学实践。还设计了与其配套的文件《关于实施小课题研究的实施意见》（海教研〔2006〕13号），旨在追求"课堂研究课题化、课题研究课堂化",提高教学改革的科学性。设计的《海阳市深入推进"和谐高效思维对话"型课堂建设实施方案》(海教研〔2012〕6号)经过一年多时间的论证,在2012年2月24日印发。该方案明确提出"逐渐实现课堂建设中心由注重教师'教'向注重学生学'学'的转变,提高学生学习能力和课堂教学质量"的基本目标,为学校提供了《深入推进"和谐高效思维对话"型课堂建设的基本构想》,倡导课堂教学改革整体设计,做到"分科三循环、一课四板块、单元双过关",即根据学科特点让学生在每个单元或模块都经历"自主学习、合作展示、巩固提升"的学习循环,每节课都大致划分为"学、讲、练、评"四个板块,并体现"主题设计、板块结构、问题推进、题组训练"的基本特点,每个单元学习结束后都先组织学业水平测试,没达标的学生经过矫正辅导后进行二次测试,确保学生异步发展、同步达标。2014年,设计的《海阳市中小学"学本"课堂精致化研究实施方案》(海教研〔2014〕13号)在9月2日印发,该方案创造性地提出"整体规划、逐年推进;三课联动、四步循环"的总体思路,所谓"三课联动"就是通过课程统整、课堂重构、课题精研做到课程改革、课堂创新、课题研究三方面相互配合、彼此融合,基于每年的教研主题都组织教师进行"研标、定标、学标、达标",沿着"教师主导→师生共导→学生自导"的实践路径梯次实现"学本"课堂的螺旋循环式发展。2015年,设计的配套文件《海阳市中小学"学本"课堂教学评价指导意见》(海教研〔2015〕1号)在3月9日印发,为学校开展"学本"课堂教学提供了具体可行的4维度20窗口评价框架。这些教改方案的设计与检验为课堂深度变革奠定了坚实的实践基础。

2019年,在省级教改项目、规划课题申报之后,基于实践反思,设计的《关于深入推进全市中小学"学本"课堂建设的意见》(海教研〔2019〕12号)和《学科育人价值导向的课堂深度变革研究方案》(海教研〔2019〕13号)于5月13日印发,这标志着课堂深度变革框架已经系统地建构起来。2020年,拟定的《海阳市"新课堂"研究行动方案》经过半年多时间论证于9月14日印发,该方案将课堂深度变革的理想课堂命名为"新时代品质课堂",把构建适合学情的学科课程群落、探索育人本位的教学实践模型、改进学为中心的课堂诊断行为作为重点任务,使"学科育人价值导向的课堂深度变革"体系更加完善。2021年1月,我来到烟台经济技术开发区工作,设计的《核心素养导向的深度课堂教学改革方案》(烟教开〔2021〕39号)在6月30日由烟台市教育局开发区分局印发,该方案以课程规划、教学评价、课堂转型为重点任务,通过课堂诊断、课堂研究、课改论坛将教研、科研、行政力量整合,积极构建"学、评、教"一体化的新型课堂,旨在解决教师教学随意化、师生知识碎片化、学生学习浅表化等突出问题,设计的配套文件《核心素养导向的深度课堂教学指导意见》(烟开教研〔2021〕2号)于9月24日出台,至此"学科育人价值导向的课堂深度变革"体系更具科学性、先进性和操作性。

可以说,15年来的课堂改革经历了"追求效率→发展思维→培育素养"三阶跃进的深刻转变,"育人本位、课程立意、学习中心"的核心理念逐步形成、日渐丰盈,富有特色的新时代教学策略体系初步构建起来。

伴随着教改方案的落实,对课堂变革的思考逐步深入,于是就有了论文发表和成果获奖。自2012年起,《教师如何真正做到"因学定教"》《"顺学而导"的生本教学组织策略探析》《如何将"以学论教"理念落实到教师行为改进中》等文章在《中国教育学刊》《现代中小学教育》《教学与管理》等中文核心期刊发表。2014年,主编了《反思与重构:课堂教学的行动研究》《和谐高效思维对话·初中课例卷》两本专著,《以学为中心的课堂教学行动研究》在山东省基础教育教学成果评选中获奖。2018年,《"学本"课堂建设:中小学课堂转型的县域探索》《基于小课题研究的校本研修创新与实践》均获山东省基础教育教学成果一等奖。2021年,《学科育人价值导向的课堂教学诊断研究》《秉持课程立意的课堂深度改革》等论文在《中小学教师培训》《江苏教育研究》等教育学术期刊发表。同时,海阳课堂改革逐渐在省内外有了影响力。2017年3月,《现代教育》以"海阳专页"形式推介了"学本"课堂建设经验。2018年10月,海阳的课堂教改、课程建设经验被全国目标教学研讨会推介;11月,海阳承办了全国生命化教育大问题教学研讨会。2020年6月,《现代教育》以"烟台海阳专页"形式推介"新时代品质教育",着重推介了"学、评、教"一体化课堂深度改革以及课程建设等研究成果。2021年1月,《山东教育》以"海阳:从'新'出发"为题对海阳新时代品质教育进行了长篇报道,着重介绍了"新课堂"研究的做法、经验和成效,引起较好的社会反响;10月,《人民教育》第20期推介了海阳"课堂深度变革"成果。2022年5月,《育人本位的课堂深度变革》获山东省基础教育教学成果一等奖。

这些许成绩的取得,或许有不忘初心的原因。至今还清晰地记得大学毕业之际所写的那句自我励志语——"一个人应该追求大写的'人'字,即使不能伟大,但平凡而决不平庸。"但更为重要的是,遇见了一位又一位生命中的贵人。一路走来,有那么多领导、专家、校长、教师和同事令我感动,让我感叹,每每念起总能倍增前行的勇气和力量。感谢烟台市教育科学研究院管锡基院长17年来的厚爱、培养和引领,让我在差异教育研究、教育专著编撰、教育科研培训和成果培育指导中快速成长。感谢海阳市教育和体育局纪卫东局长以及海阳市教学研究王振海、于建涛、刁伟波历任领导的信任和支持,让我有机会设计一个又一个课堂改革方案,到外地考察学习,到学校参与研讨,不断开阔自己的研究视野,增强对课堂教学的专业理解;感谢徐英俊、初向伦、王洪政、梁世臣、李京富、姜洪钊等科研基地学校校长的强力支持,以及王金德、刘云霞、高阿静、林清华、王洁、鞠爱宠、祁允彦等中层领导、实验教师的辛勤付出,让我能够看到"学本"课堂理念转化为具体而鲜活的教学经验。感谢山东省教育科学研究院张斌博士、江苏省吴江市实验小学张菊荣校长、河南省郑州市教研室卢臻主任等专家的传经送宝和现场指导,让我在基于课程标准的教学研究之路上稳步前行。感谢海阳英才实验学校王玉梅、烟台经济技术开发区实验中学李环和实验小学官海燕、龙口市实验中学赵剑锋、牟平区宁海街道中心小学王振华和招远市泉山路学校王恒波等时任联盟学校校长的信任,让课堂深度变革在烟台6个区市、18所学校生根发芽。感谢烟台市教育局开发区分局领导,让我整体规划课堂教学改革,拥有了践行并完善课堂深度变革理论构想的又一片沃土。最后,还要感谢我的家人,感谢她们对我的全力支持、为我的默默付出,让我能在每天晚上、休息日、节假日静心敲打键盘,将研究的思考和实践的心得等都流淌成一行行文字、转化成一张张图表。

对于本书,我竭尽所能使之臻于完善,但遗憾总是难免的。山东省基础教育教学改革项目"学科育人价值导向的课堂教学诊断研究"和山东省教育科学规划课题"学科育人价值导向的课堂深度变革研究"先后申报,均在2019年7月通过立项。前者研究聚焦于课堂诊断的理念、方式、技巧和教研模型,而后者研究内容涉及面相对宽泛,包括课程统整、课堂重构、课堂诊断三大任务。随着研究的深入推进,发现有一些关键问题刚刚破解,有一些核心技术刚刚研发,就已临近结项阶段。2020年11月,书稿已完成四章,但由于防疫服务、工作变动等种种原因,导致停笔7个多月。等初稿完成后,联系多家出版社结果均不理想,数月已过,省级教改项目和规划课题研究成果已于2021年12月通过了专家鉴定。2022年3月,山东省基础教育教学成果奖申报结束后,发现书稿还有许多不如意的地方,于是即便在紧张而充实的防疫服务期间,每天也挤出时间对书稿进行增删调改,尽可能使图表更丰富、论述更简洁、语句更顺畅。在教育部印发义务教育课程方案和课程标准(2022年版)后,我对书稿再次修订,努力使书稿呈现出来的新时代教学策略更加完善,更能体现我国中小学课堂教学改革的新趋向、新要求。

简而言之,本书坚持以"理论指导实践,技术助力改革"为指导思想,就"课堂深度变革:新时代教学策略"进行理性阐释和操作介绍,呈现出诸多有关"育人本位、课程立意、学习中心"教学理念的简要观点,研制出一系列有关新时代课堂教学设计、组织、评价、诊断的理念、策略、技术和工具。例如,富有创意地提炼出"学、评、教"一体化课堂新样态以及"为核心价值而教、为深度理解而教"等教学主张,提炼出学期纲要、单元规划、课时方案的设计板块和评议要点,提炼出多维转型、多链推进、多场营建等创新策略和操作要点,提炼出"课堂透视"的课例研究主张、"循证议课、剖课析理"的课堂诊断理念以及集智透析的诊断模型、解析寻道的诊断方式、把脉问诊的诊断技巧等,旨在倡导育人价值导向的课堂深度变革能成为一种扎根实践的行动研究,成为一种基于理论的行动自觉。真心希望这些新时代教学策略能对一线教师、基层学校乃至区域教育机关、研究院所的课堂教学改革研究与实践有所启迪和帮助。也希望广大读者就书稿修改提出宝贵意见和建议,后期我将进一步完善书稿,丰富案例,使之更贴近实践、更贴近读者。

本书出版得到了中国海洋大学出版社有关领导和责任编辑的鼎力相助。特别是高悦午先生、邹伟真主任和赵孟欣编辑的专业精神与严谨态度令人敬佩,他们对本书的出版与编辑给予了真诚的指导,并提供了许多宝贵的意见,在此深表谢忱!

车言勇

2022 年 6 月 28 日